中铁隧道集团三处施工技术丛书

KEYUN ZHUANXIAN SUIDAO SHIGONG JISHU JIAODI HUIBIAN

# 客运专线隧道施工技术交底汇编

主　编◎李少利

副主编◎张永峰　张建设　李丰果

人民交通出版社股份有限公司
China Communications Press Co.,Ltd.

## 内 容 提 要

随着国内客运专线铁路的开工建设和营运,国内客专的设计施工技术日趋成熟完善,并被业内认可。客专隧道的断面形式、大小,支护类型等设计原则、参数基本相同或类似,施工方法和工艺基本相同。本书集中了大量工程建设中技术交底资料的经验和教训,全面客观地对沪昆客运专线铁路隧道修建技术交底进行疏理、总结和提升,方便广大建设人员学习及参考。

全书共分8章,涉及洞口工程、洞身开挖、初期支护、仰拱及填充、衬砌、明洞工程、弃渣场和轨道工程8个隧道分部工程,1个分部工程构成1章。每个技术交底至少包含设计参数、施工工艺、施工方法、质量验收标准、质量保证措施、安全文明保证措施、环水保注意事项等方面的内容。

本书可供我国隧道及地下工程修建中的设计、施工、科研技术人员以及广大师生使用和学习,亦可供国外同行参阅和交流。

**图书在版编目(CIP)数据**

客运专线隧道施工技术交底汇编 / 李少利主编. —北京 : 人民交通出版社股份有限公司, 2015.3
ISBN 978-7-114-12070-1

Ⅰ. ①客… Ⅱ. ①李… Ⅲ. ①客运专线—铁路隧道—隧道施工—技术 Ⅳ. ①U459.1

中国版本图书馆 CIP 数据核字(2015)第 032255 号

中铁隧道集团三处施工技术丛书
**书　　名:** 客运专线隧道施工技术交底汇编
**著 作 者:** 李少利
**责任编辑:** 温鹏飞
**出版发行:** 人民交通出版社股份有限公司
**地　　址:** (100011)北京市朝阳区安定门外外馆斜街3号
**网　　址:** http://www.ccpress.com.cn
**销售电话:** (010)59757973
**总 经 销:** 人民交通出版社股份有限公司发行部
**经　　销:** 各地新华书店
**印　　刷:** 北京鑫正大印刷有限公司
**开　　本:** 787×1092　1/16
**印　　张:** 11.5
**字　　数:** 340千
**版　　次:** 2015年3月　第1版
**印　　次:** 2015年3月　第1次印刷
**书　　号:** ISBN 978-7-114-12070-1
**定　　价:** 48.00元

# 编审委员会

# 序

客运专线铁路的建设和运营，给广大人民群众提供了更加方便快捷的交通方式，中国铁路总公司也看到全国铁路大发展的希望，中国的客运专线建设迎来了如火如荼的建设高潮期。继武广客运专线之后，相继修建了广深港客专、厦深客专、京石客专等几条大线。国内客专的设计施工技术已经成熟，客专隧道的断面形式、大小，支护类型等设计原则、参数基本相同或类似，所采用的施工方法亦相当成熟，并形成各级工法专著。然而，技术交底作为施工技术管理的重要组成部分，目前缺乏国家、行业乃至企业管理的标准化技术管理文件，本书即是以沪昆客专长昆湖南段Ⅵ标段隧道工程作为客专隧道施工技术交底标准化管理试验项目，实施隧道工程施工技术交底标准化，并形成适用于国内客专隧道施工技术交底的标准化技术管理文件，为企业铁路项目技术管理服务。

《客运专线隧道施工技术交底汇编》这本专著是在中铁隧道集团建设的各条客运专线工程的基础上，历时 3 年之久，由李少利、张建设两位同志组织中铁隧道集团三处有限公司数十名施工技术人员、建设管理人员及专家学者，将隧道施工中的经验与教训、理念与创新进行了总结，全面、客观地将客运专线铁路隧道技术交底进行整理、修改总结出来的，书中的资料均来自于工程实践，资料真实、宝贵。

总之，本书集中了中铁隧道集团有限公司修建隧道的技术经验，针对客运专线隧道施工技术的 8 个方面进行了总结，不但对铁路隧道有指导意义，也可对公路、市政等地下工程提供可借鉴的关键性技术，具有较强的参考价值。我相信，本书的出版必将对读者大有裨益，对今后我国隧道及地下工程的技术进步产生重要的推动作用！

**2014 年 11 月**

# 前　言

在山岭地区修建客运专线隧道，将显著缩短铁路里程，改善原有普通铁路运营条件，提高运输质量，方便旅客出行。并且，随着建设技术的发展，在复杂山区隧道中采用钻爆法施工的关键技术取得了较大突破，为修建长大公路隧道及克服各种复杂地质条件的能力奠定了坚实的基础。

沪昆铁路湖南段地质结构复杂，交通困难，主要地质特点是：一是湖南段特别是怀化段属典型的山区，山重水复、地形恶劣；二是地质灾害多，几乎云集了所有山区地质灾害，经常有危岩、断层、围岩裂隙水、突泥涌水、有毒有害气体、高地应力等地质病害作祟，给施工安全带来了极大风险；三是地区生态脆弱，环境保护难度大。以上因素汇集在一起，使客运专线的建设面临着极大的考验，其建设难度可想而知。然而，面对隧道设计施工中各类复杂的地质问题，参建的所有技术人员以严谨科学的态度，迎难而上，凭着强烈的责任心和创新精神，以高标准、高要求、精细化的管理理念以及科学的、有针对性的、开创性的工作，一一破解了这些难题。

本书是一些常年在施工一线的施工管理技术人员，经过不断创新、完善、总结多年客运专线施工经验，历时3年而完成的，本书应该是客运专线铁路隧道施工领域第一部全面系统的学术专著！

本书共分8章，涉及洞口工程、洞身开挖、初期支护、仰拱及填充、衬砌、明洞工程、弃渣场和轨道工程8个隧道分部工程，1个分部工程构成1章。每个技术交底至少包含设计参数、施工工艺、施工方法、质量验收标准、质量保证措施、安全文明保证措施、环水保注意事项等方面的内容。技术交底的编制与现场施工同步，自2010年9月开始至2013年9月结束，历时3年时间，于2013年12月审核完成。

本书在编写过程中得到了许多基层技术人员的支持与帮助，在此一并向他们致以诚挚的感谢！

由于编著时间仓促,资料来源和编者水平有限,不足之处在所难免,敬请读者不吝赐教,以利改进。

李少利

**2014 年 11 月**

# 目　录

# 第一章 洞口工程

# 截排水天沟施工技术交底

工程名称：沪昆客专铁路长昆（湖南段）CKTJ-6 标梨子坪隧道　　编号：LZPCK001 号

| 施工单位 | 中铁隧道集团沪昆项目部 | 作业班组 | 截排水天沟施工班 |
|---|---|---|---|
| 交底部位 | 隧道进口截水天沟 | 交底时间 | 年　月　日 |

**一、设计参数**

梨子坪隧道进口处自然坡坡角为65°，水沟设在仰坡开挖边线外 5～10m 处，截排水天沟开挖后采用 C25 钢筋混凝土现浇，钢筋采用 ϕ8@200×200 光圆钢筋，沟底、沟侧混凝土厚度均为 30cm。

**二、施工工艺**

测量组根据设计资料对洞口的地形地貌进行复测，仔细核对洞口位置等，重点是复核设计资料与现场实际情况是否相符。

施工顺序：测量确定边仰坡开挖边线→结合地形条件选定截排水天沟位置→清表→开挖→沟底及沟侧钢筋安装→沟底混凝土浇筑→沟侧模板安装→沟侧混凝土浇筑→覆盖并洒水养护。

**三、施工方法**

1. 测量放线

测量组根据交底资料中边仰坡坡度、边仰坡坡脚位置，推算出边仰坡开挖边线位置，准确测量放样边仰坡开挖边线，并在边仰坡边线外一定距离设置护桩，以便于施工时使用及现场保护。根据边仰坡开挖边线外放 3～5m，结合地形条件，现场放出截排水天沟位置，确保截排水天沟线形圆顺，沟底不积水。

2. 截水天沟施工

（1）洞顶截排水天沟设在洞口开挖线外 5～10m 处，结合现场实际情况布设，自低处向高处分段人工开挖和浇筑混凝土。截排水天沟分排段长度一般以 15～20m 为宜，也可根据现场实际情况进行调整，施工缝处环向涂抹遇水膨胀止水胶进行防水处理。截排水天沟必须在边仰坡施工前完成，确保坡面稳定。

（2）截排水天沟开挖宽度为 120cm，深度为 90cm。开挖时严格控制超挖，开挖成型后基底务必清理干净，确保基底无松土、杂质；且基础必须夯实。开挖过程中现场技术人员可根据地形适当调整水沟坡度，确保沟底排水顺畅，坡度不小于 1%。

（3）截排水天沟在地形高点设置人字坡向两边排水，且与线路排水沟连通，避免积水。

（4）截排水天沟线形要圆顺，转角处设曲线连接过渡。

（5）截排水天沟沟体施工时先施工沟底混凝土，其厚度为 30cm。浇筑前铺设 ϕ8 钢筋网，单层布置，钢筋间距为 20cm（见图 1），钢筋净保护层厚度不小于 4cm，可在钢筋网下垫 4cm 厚垫块或安装定位钢筋。浇筑混凝土时，均匀振捣，收面时保证底面平整。坡率较大处，可在浇筑沟底混凝土时安设片石，减缓水速；沟底混凝土初凝后插入沟身结构钢筋，准备下步施工。

（6）沟身混凝土厚 30cm，模板安装要牢靠，线形圆顺，保持与截排水天沟走向一致，钢筋网安装定位准确。浇筑混凝土时，均匀振捣，沟体顶面平整光滑。

（7）混凝土施工完成后必须及时养护，主要是洒水养护，保持混凝土表面湿润，常温下养护期不得少于 14d；混凝土未达到设计强度前，不得受到碰撞振动。

（8）混凝土达到设计强度后，对水沟两侧有露空处采用灰土分层回填密实，确保雨水沿地表全部流入沟内。

**四、质量验收标准**

截排水天沟尺寸偏差及检验方法见表 1。

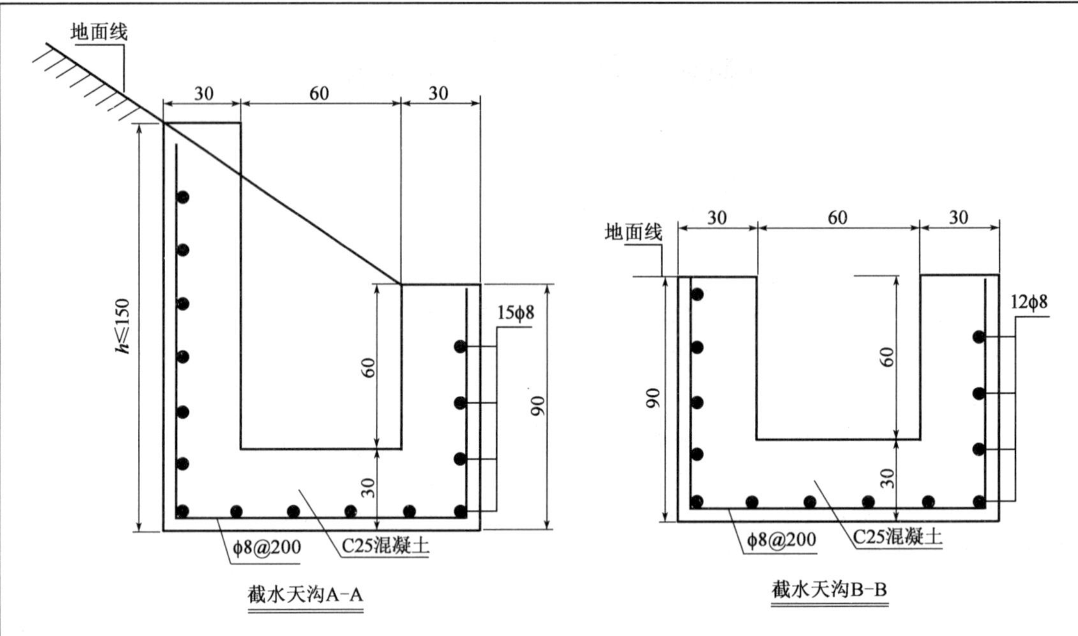


图1　截水天沟大样图(尺寸单位:cm)

**截排水天沟尺寸偏差及检验方法**　　表1

| 序　　号 | 项　　目 | 允许偏差(mm) | 检 验 方 法 |
|---|---|---|---|
| 1 | 设置范围 | ±200 | 测量每条水沟不小于2处 |
| 2 | 沟底高程 | ±20 | |
| 3 | 水沟纵坡 | 设计坡度5%且无积水 | |
| 4 | 水沟宽度 | +300 | 测量每条水沟不小于2处 |
| 5 | 水沟高度 | -10 | |
| 6 | 沟身厚度 | +10 | |

**五、质量控制要点**

(1)钢筋网片在钢筋加工厂内集中加工成型。

(2)钢筋搭接必须满足规范要求(1~2个网格)。

(3)原材料必须经试验检查合格后方可使用。

(4)浇筑混凝土前,必须将基底虚碴、污物和基坑内积水排除干净,严禁向有积水的基坑内倾倒混凝土干拌合物。

(5)混凝土在运输过程中不应发生离析、漏浆、严重泌水及坍落度损失过多等现象。当运至浇筑地点发生离析现象时,应在浇筑前进行二次搅拌,禁止随意加水。

(6)混凝土运输的允许延续时间不宜超过标准规定(温度在20~30℃范围内,混凝土从拌和到混凝土送到最终位置的最长允许时间为60min)。

(7)混凝土强度达到8MPa时方可拆模,拆模宜按立模顺序逆向进行,不得损伤混凝土,并减少模板破损。

(8)沟底、沟身混凝土浇筑时,采用振捣棒均匀振捣,确保混凝土内实外美。

(9)沉降缝要用沥青麻筋填塞密实后用沥青灌缝。

(10)沟身外侧不得露空,用灰土将露空部位填实,确保地表上部雨水沿地表流入水沟。

<table>
<tr><td colspan="6">

**六、安全注意事项**

(1)在施工时,要先确认下方无人作业,严禁上下同时重叠作业,确保安全。现场设置安全警戒线或醒目的安全警示牌。

(2)施工机械要专人负责、专人操作,严格按操作规程进行作业。施工用电要有专人负责,严格按照用电规程办理。

(3)加强施工现场照明管理工作。

(4)现场施工人员工作时间必须佩戴安全帽。

**七、环水保注意事项**

(1)必须在规定范围内清表,严禁超范围清表。

(2)开挖土体不得堆放在红线以外。

(3)模板、钢筋废料要做到工完料清,不得随意乱丢。

(4)每段混凝土量要严格控制,严禁将多余混凝土随意倾倒。

(5)作业人员不得将材料和机具放置于红线外,不得到红线外随意活动,避免将植物破坏。

(6)作业人员不得在现场吸烟、动火,使用电焊机时远离易燃物,避免发生火灾。

</td></tr>
<tr><td>交底人</td><td colspan="4"></td><td>年 月 日</td></tr>
<tr><td>复核人</td><td colspan="4"></td><td>年 月 日</td></tr>
<tr><td rowspan="3">接受人</td><td>工种</td><td>签名</td><td>工种</td><td>签名</td><td rowspan="3">年 月 日</td></tr>
<tr><td></td><td></td><td></td><td></td></tr>
<tr><td></td><td></td><td></td><td></td></tr>
</table>

# 洞口开挖施工技术交底

工程名称:沪昆客专铁路长昆(湖南段)梨子坪隧道　　　　　　　　　　编号:LZPCK002 号

| 交底项目 | 中铁隧道集团沪昆项目部 | 作业班组 | 开挖班 |
|---|---|---|---|
| 交底部位 | 洞口开挖 | 交底时间 | 年　月　日 |

**一、设计参数**

梨子坪隧道进口处原始地表自然坡角为65°,临时边坡坡度为1∶1,永久边坡坡度为1∶1.25,临时仰坡坡度为1∶0.75。

**二、施工工艺**

测量组根据设计资料对洞口的地形地貌进行复测,确定洞口位置。

施工顺序:测量放线→处理危石、地表处理→洞口截排水沟施工→按设计进行地表预加固→洞口土石方分层开挖→边仰坡喷锚支护。

**三、施工方法**

1. 测量放线

根据洞口边仰坡坡度、平台宽度、明暗洞交界点、边仰坡起坡点设计高程、宽度,同时结合现场地形情况,进行洞口边仰坡开口线测量放样。

2. 地表处理

根据测量放线确定了边仰坡开挖边线,对开挖范围内地表进行清理,主要清除地表树木和杂草,确保开挖范围内没有植被覆盖,便于施工操作和坡度控制;对施工范围内外的危石进行处理,以免影响施工安全。

3. 截水天沟施工

(1)洞顶截水沟设在洞口开挖线外5~10m处,结合现场实际情况布设。自低处向高处分段人工开挖和浇筑,可根据现场实际情况进行分段。分段长度根据天沟坡度来确定,一般情况下,为15~20m。截水天沟必须在边仰坡施工前完成,确保坡面稳定。

(2)截水天沟开挖宽度为120cm,底边深度为90cm。开挖时严格控制超挖,开挖成型后基底务必清理干净,确保基底无松土、杂质;且基础必须夯实。开挖过程中现场技术人员可根据地形适当调整水沟坡度,确保沟底排水顺畅,但坡度不小于1%。

4. 洞口土石方开挖

根据洞口地层情况,选择机械直接开挖或采用钻孔控制爆破开挖。若为松软砂土层和石块层,可直接选用机械开挖;若为中强风化岩层,无法直接用挖掘机开挖时,采用小型松动爆破等控制爆破方法,以尽量减少围岩的扰动,并及时按设计进行临时支护。

根据测量放样所做标记,自上而下进行开挖。边坡开挖高度较高时,可分层施工,分层高度为1.5m。仰坡施工不分层。

开挖采用机械配合人工开挖,挖掘机首先开挖至离设计坡面30cm厚处改为人工刷坡。人工修整采用刷标准槽+拉线控制面的方法,每间隔5~10m开挖出一30cm宽掏槽直到设计坡面;定好控制桩,再拉线逐层人工修整;并且随时利用坡度尺或挂坡度线检查,保证边坡坡度准确,坡面平顺一致,确保边坡一次准确开挖到位,杜绝坡面高低起伏现象。

对洞口段开挖线以外10~15m范围内的漏斗、洼地、危石等进行处理,防止地表水向下渗漏或陷穴等继续扩大影响隧道安全,确保边仰坡稳定。

边仰坡施工时,预留台阶做大管棚操作平台。

5. 边仰坡防护

隧道洞口边仰坡坡面防护采用M10浆砌片石嵌补,洞口及洞口段边仰坡的防护应与隧道相邻工程的防护一致,以使周围环境协调统一;当地质条件较差、临时边坡较高时,应对临时坡面进行必要的锚网喷防护;坡面零星分布危岩落石,进行清除。

**四、质量验收标准**

洞口开挖尺寸偏差及检验方法见表1。

**洞口开挖尺寸偏差及检验方法**　　表1

| 序　　号 | 项　　目 | 允许偏差(mm) | 检验方法 |
| --- | --- | --- | --- |
| 1 | 超欠挖 | +100 | 全断面扫描 |
| 2 | 钻孔深度 | ±50 | 钢卷尺量测 |
| 3 | 钻孔间距 | ±50 | |

**五、质量控制要点**

(1)严格按照图纸规定坡度进行测量放线,确保测量精度。

(2)预留人工开挖层,必须先挖出标准槽,再拉线大面积刷坡,确保边仰平整、美观。

(3)开挖至大管棚施工高程时,停止开挖;待大管棚施工完成后再继续开挖至设计高程。

**六、安全注意事项**

(1)开挖人员到达工作地点时,首先检查工作面是否处于安全状态,如有松动的石、土块或裂隙应先予以清除。

(2)作业平台要求搭设牢固;并设防护围栏,高空作业人员必须拴安全绳,穿防滑鞋。

(3)爆破器材加工房设在洞口50m以外的安全地点,严禁在加工房以外的地点改制和加工爆破器材;爆破作业和爆破器材加工人员严禁穿着化纤衣物;进行爆破时,所有人员撤离至安全距离;设专人警戒,统一指挥,以保证人身财物安全。

(4)边仰坡自上往下开挖,严禁挖"神仙土",开挖后及时进行坡面防护。

(5)边仰坡地质条件不良时,开挖前采取稳定措施,如采用抗滑桩、钢管桩、地表注浆等方法对洞口地表进行加固处理,其施工质量应符合国家现行有关标准的规定和设计要求。边仰坡施工过程中应随时检查地表及坡面情况,发现开裂、滑动等现象时应立即采取加固措施保证边仰坡稳定和施工安全。

(6)洞口施工前,先检查边仰坡以上的山坡稳定情况,清除悬石、处理危石。施工期间实施不间断监测和防护。

(7)洞口工程与相邻工程的连接应符合下列要求:

①紧邻洞口的桥、涵、路基挡护等工程的施工,应结合隧道施工场地布置,适应出碴进料的需要,及早完成。

②隧道洞口的截、排水系统应与路基排水系统顺接,不得冲刷路基坡面、桥涵锥体、农田房舍。

**七、环水保注意事项**

(1)与洞口相邻工程统筹安排及早完成,施工要避开雨季及严寒季节。

(2)洞顶地表水的处理应满足以下要求:

①结合现场地形,洞口边、仰坡应及早做好坡面防护,确保洞口稳定。若采用喷锚或砌石护面,坡顶、坡脚宜绿化处理,以防止仰坡范围内地表水下渗对坡面的冲刷。

②洞顶有溪沟或排水沟槽时要加强保护,确保水流畅通。

③充分贯彻"早进晚出、保护环境"的原则,开挖应力求早进洞,避免出现深路堑或高边坡,尽量减少对山体的破坏,防止水土流失。

(3)不得破坏边坡以外的植被。

(4)不得向水体排放、倾倒工业废渣、生活垃圾。

<table>
<tr><td>交底人</td><td colspan="4"></td><td>年　月　日</td></tr>
<tr><td>复核人</td><td colspan="4"></td><td>年　月　日</td></tr>
<tr><td rowspan="3">接受人</td><td>工种</td><td>签名</td><td>工种</td><td>签名</td><td rowspan="3">年　月　日</td></tr>
<tr><td></td><td></td><td></td><td></td></tr>
<tr><td></td><td></td><td></td><td></td></tr>
</table>

# 边仰坡临时锚喷支护施工技术交底

工程名称:沪昆客专铁路长昆(湖南段)梨子坪隧道　　　　编号:LZPCK003 号

| 施工单位 | 中铁隧道集团沪昆项目部 | 作业班组 | 支护班 |
|---|---|---|---|
| 交底部位 | 边仰坡临时锚喷支护 | 交底时间 | 年　月　日 |

**一、设计参数**

梨子坪隧道进口原始地貌自然坡角为65°,临时边坡坡度为1∶1,永久边坡坡度为1∶1.25,临时仰坡坡度为1∶0.75。采用喷锚支护,支护参数为ϕ25 砂浆锚杆:$L=4.0$m,间距1.5m×1.5m,梅花形布置;ϕ8钢筋网,网格尺寸25cm×25cm;C25 喷射混凝土,厚15cm。

**二、施工工艺**

开挖面质量验收→开挖面初喷→锚杆孔位放样→钻锚杆孔→锚杆杆体插入→砂浆注入→挂钢筋网→喷射混凝土。

**三、施工方法**

1. 初喷

坚持随开挖随支护的施工原则,即开挖一层支护一层,边仰坡开挖完成并经检查坡度符合要求后,先喷射4~5cm 厚混凝土进行坡面封闭。

2. 砂浆锚杆施工

支护采用ϕ25 砂浆锚杆,长度分为3m、4m、5m 三种,按梅花形布置,环向及纵向间距均为1.5m。

采用YT-28 气腿式凿岩机钻孔,高压风冲洗后,插入杆体,采用排气法注浆,将内径4~5mm、壁厚1~1.5mm 的软塑料排气管沿锚杆全长固定于杆体上,并在孔外留1m 左右的富余长度。将锚杆缓慢送入钻孔中至设计位置。将长25~30cm,外径25mm 的薄壁钢管用早强水泥固定在孔口位置,并将孔口堵塞,在确认注浆管畅通后开始注浆,直到排气管不排气或者溢出稀浆时停止,待砂浆达到强度后安装垫板拧紧螺帽。

3. 钢筋网施工

钢筋网采用ϕ8 盘条制作成25×25cm 的网片,在初喷混凝土后的坡面上铺设,铺设时保证平顺,横平竖直,搭接1~2 个网格。铺设时与锚杆绑扎连接(或点焊焊接)牢固。

4. 喷射混凝土

(1)喷射混凝土为C25,厚度为15cm。采用湿喷工艺,喷射混凝土前用高压风将受喷面吹洗干净,喷射作业采取分段、分片、分层自下而上顺序进行。对于较大的凹处,首先喷射填平。喷嘴与岩面保持垂直,且距受喷面0.8~1.2m。喷头呈螺旋移动,喷混凝土时控制好风压和速凝剂掺量,减少回弹,喷射压力控制在0.4~0.5MPa。

(2)施工中经常检查出料弯头、输料管和管路接头,处理故障时断电、停风,发现堵管时先关机后停风。

(3)喷射混凝土完成后,坡面表观要平整,不能凹凸不平,可挂坡度线检查,对不合格部位要进行补喷或修整。

**四、质量验收标准**

边仰坡喷锚支护验收标准见表1。

**边仰坡喷锚支护验收标准**　　表1

| 序　号 | 项　目 | 允许偏差(mm) | 检验方法 |
|---|---|---|---|
| 1 | 超欠挖 | +100 | 全断面扫描 |
| 2 | 锚杆安装深度 | ±50 | 钢卷尺量测 |
| 3 | 锚杆间距 | ±50 | |
| 4 | 喷混凝土平整度 | ±10 | 3m 长靠尺检测 |

**五、质量控制要点**

(1)支护中所用的原材料:锚杆、钢筋网、砂、石、水泥、外加剂等必须经检验为合格产品。

(2)锚杆施工时,钻孔深度不小于设计深度+10cm,顶入长度不小于设计值的95%,孔口使用锚固剂填塞密实。

(3)钢筋网加工误差不大于10mm,安装时搭接1~2个网格。

(4)喷射混凝土厚度必须满足设计要求15cm。

**六、安全注意事项**

(1)喷浆处于高空作业,所有上架作业人员务必按规范要求系好安全带、安全绳,戴好安全帽,谨防高空坠落及坠物伤人。

(2)施工机具摆放在安全地段,以免高空坠物伤人。

(3)施工中定期检查电源线路和设备电器部件,确保用电安全。

(4)喷射混凝土施工作业中,要经常检查出料弯头、输料管、注浆管和管路接头等有无破损、击穿或松脱现象,发现问题及时处理。

(5)处理机械故障时,必须使设备断电、停风。向施工设备送电、送风前应通知有关人员。

(6)喷射混凝土施工用的工作台架应牢固可靠,必要时设置安全栏杆。

(7)施工中,喷头和注浆管前方严禁站人。

(8)喷射混凝土作业人员工作时,必须佩带防尘口罩、防护眼罩等用品。

**七、环水保注意事项**

(1)喷射混凝土前,在边仰坡以外适当地进行遮挡,避免喷混凝土将开挖范围以外的草木污染。

(2)各种料具不得放置于开挖线以外。

(3)做好作业区的卫生工作,保持工地清洁,做到工完料清,定时打扫,垃圾定点存放。

(4)控制好砂浆搅拌量,严禁将剩余砂浆随意倾倒。

(5)控制好喷混凝土回弹率,将回弹物清理后用于养路,不得与土方一起挖弃。

<table>
<tr><td>交底人</td><td colspan="4"></td><td>年　月　日</td></tr>
<tr><td>复核人</td><td colspan="4"></td><td>年　月　日</td></tr>
<tr><td rowspan="3">接受人</td><td>工种</td><td>签名</td><td>工种</td><td>签名</td><td rowspan="3">年　月　日</td></tr>
<tr><td></td><td></td><td></td><td></td></tr>
<tr><td></td><td></td><td></td><td></td></tr>
</table>

# 混凝土挡墙施工技术交底

工程名称:沪昆客专铁路长昆(湖南段)梨子坪隧道　　　　编号:LZPCK004 号

| 施工单位 | 中铁隧道集团沪昆项目部 | 作业班组 | 挡墙施工班 |
|---|---|---|---|
| 交底部位 | 混凝土挡墙施工 | 交底时间 | 年　月　日 |

**一、设计参数**

适用于沪昆客运专线隧道洞口各强度等级钢筋混凝土挡墙施工。

**二、施工工艺**

测量放线→基坑开挖→地基承载力检测→安装模板并加固→安装泄水孔→浇筑混凝土→养护→墙背回填。

**三、施工方法**

1. 基础测量放线

根据设计图纸,按混凝土挡墙中线、高程点测放挡土墙的平面位置和纵断高程。精确测定出挡土墙基座主轴线和起讫点,伸缩缝位置,每端的衔接是否顺直,并按施工放样的实际需要增补挡土墙各点的地面高程,并设置施工水准点,在基础表面上弹出轴线及墙身线。

2. 基坑开挖

混凝土挡墙基坑采用挖掘机开挖,人工配合进行清底。基坑开挖应采用跳槽开挖,以防止上部失稳,基坑分段长度为 10 ~ 15m。基坑用挖掘机开挖时,应有专人指挥,在开挖过程中严格控制超(欠)挖,避免扰动基底原状土。槽边堆土距基槽上口边缘不得小于 1.5m,高度不得超过 1.2m。

3. 地基承载力检测

基坑开挖至设计高程和几何尺寸满足图纸要求后,通知试验室和监理工程师,用动力触探仪作地基承载力试验,检查是否满足设计要求,若不能满足设计要求,应与监理工程师协商处理方案,直至符合设计要求为止;基坑底高程、几何尺寸、地基承载力等符合要求后报监理工程师检验,在得到监理工程师的认可后方可进行下道工序的施工。

4. 立模

采用钢模,钢模板外侧背钢管,穿拉杆固定,每次立模高度为 2m。利用冲击钻在地基上打孔安装钢筋定位,使用拉杆加固,保证模板在浇筑过程中的稳定。

5. 安装泄水孔

墙身在高出地面部分或常水位以上部分分层设置泄水孔。泄水间距为 2 ~ 3m,上、下排交错布置,孔内预埋外径 5cm 的 PVC 管,PVC 管伸出墙背 5cm,其端部 15cm 用土工滤布包裹,最下面一排泄水孔出口保证排水顺畅不阻塞,在泄水孔进水口处设置粗颗粒材料反滤层以利排水。最低一排泄水孔高出路基边缘 30cm;并铺设一层土工布隔离层。

6. 浇筑混凝土

分层浇筑混凝土,层厚不得大于 30cm,采用插入式振捣器振捣,振捣时间控制在 10 ~ 20s,振捣点间距 45cm 且距离模板不得小于 10cm,振捣时要快插入、慢抽出。

7. 养护

砌筑好的基础、墙身等用草袋将其覆盖好,并及时洒水养护,养护时间不得少于 14d。

8. 墙背回填

回填采用砂砾石分层回填,严禁使用含有淤泥、淤泥质土、腐殖土及有机物的土方填料。墙体强度达到设计强度的 75% 后,方可进行墙背回填。根据回填部位,选用适当的机具进行分层回填、夯(压)实,保证压实度达到 95% 以上。采用冲击式打夯机分层回填,每层松铺厚度不超过 20cm。

四、质量验收标准

(1)模板的结构及材料的规格必须符合施工工艺设计要求。

(2)模板安装必须稳固牢靠,接缝严密不漏浆。模板表面必须清洁干净,涂抹脱模剂。

(3)混凝土挡墙厚度必须满足设计要求,斜切坡度及设计坡度满足设计要求。混凝土挡土墙结构尺寸允许偏差和检验方法,详见表1。

混凝土挡土墙结构尺寸允许偏差及检验方法　　表1

| 序　号 | 项　目 | 允许偏差(mm) | 检验方法 |
|---|---|---|---|
| 1 | 基础边缘平面位置 | ±10 | 尺量每边不小于4处 |
| 2 | 基础宽度 | ±10 | |
| 3 | 基础顶面高程 | ±20 | |
| 4 | 端墙平面位置 | +100 | |
| 5 | 端墙顶面高程 | ±20 | |
| 6 | 表面平整度 | ±10 | 3m靠尺测量,墙身不小于4处 |

五、质量控制要点

(1)为防止出现漏浆现象,模板的拼缝应结合紧密,拼缝处可用砂浆或海绵条进行封堵。

(2)为防止混凝土表面出现气泡、麻面、水波纹等缺陷,混凝土的浇筑应严格按技术交底中要求进行,每层浇筑厚度不大于30cm,振捣密实,不漏振、不过振。

(3)模板安装及加固要牢固,确保浇筑过程不变形。

(4)为防止泄水孔堵塞,在墙背后填筑反滤材料,反滤材料的级配要按设计要求施工,外包滤布,防止泥土流入。用含水率较高的黏土回填时,可在墙背设置用渗水材料填筑而成的厚度大于300mm的连续排水层,以防止泄水孔堵塞;汇水孔按测量角度安装并固定好。

(5)混凝土终凝后开始洒水养护,养护时间不得少于14d。

六、安全注意事项

(1)所有进入工地人员必须戴安全帽。

(2)工地电线按有关规定架设。电闸箱内开关及电器必须完整无损,具有良好的防漏电保护装置,接线正确。各类接触装置灵敏可靠,绝缘良好,无灰、无杂物、固定牢固。

(3)基槽两侧安装护栏。防护栏杆用架子管搭设,高1.2m,上下设两道横杆。

(4)钢筋及混凝土吊装作业时,由专人指挥,吊臂下不得站人,非施工人员不得进入吊装作业现场。

(5)混凝土振捣过程中,振捣器由两人操作,操作人员必须戴绝缘手套,穿绝缘鞋。

七、环水保注意事项

(1)做好模板检查,避免水泥浆沿模板缝隙流出。

(2)混凝土浇筑量要控制好,避免搅拌混凝土过多而浪费。

| 交底人 | | | | | 年　月　日 |
|---|---|---|---|---|---|
| 复核人 | | | | | 年　月　日 |
| 接受人 | 工种 | 签名 | 工种 | 签名 | 年　月　日 |
| | | | | | |
| | | | | | |

# 砌体工程施工技术交底

工程名称：沪昆客专铁路长昆（湖南段）梨子坪隧道　　　　编号：LZPCK005 号

| 施工单位 | 中铁隧道集团沪昆项目部 | 作业班组 | 挡土墙施工班 |
|---|---|---|---|
| 交底部位 | 浆砌片石挡墙施工 | 交底时间 | 年　月　日 |

**一、设计参数**

适用于沪昆客运专线隧道洞口所有规格浆砌片石挡土墙的施工。

**二、施工工艺**

施工准备→测量放样→基坑开挖→砂浆拌制→片石砌筑→勾缝养护。

**三、施工方法**

1. 施工准备

施工前测量人员标示出挡土墙大体位置，对标示区域的树木及杂物进行清理，但不能超出红线。

2. 基础测量放线

使用全站仪根据设计图纸测设出挡墙的中轴线，并打出控制点，现场用钢尺定出基础的边线并用水准仪测量各点的高程，确定下挖深度。

3. 基坑开挖

挡土墙基坑采用挖掘机开挖，人工配合清底。基础开挖应采用跳槽办法开挖，以防止上部失稳，基坑分段长度为 10 ~ 15m。基坑用挖掘机开挖时，应有专人指挥，挖掘机开挖至距底部 20 ~ 30cm 后，由人工开挖至设计高程，在开挖过程中严格控制超（欠）挖，避免扰动基底原状土。基坑清底时要预留 0.2∶1 的反坡（即内低外高）。预留反坡的作用是防止墙内土的挤压力引起挡土墙向外滑动。在基槽边弃土时，应保证边坡稳定。当土质好时，槽边的堆土应距基槽上口边缘 1.5m 以上，高度不得超过 1.5m。

4. 砂浆拌制

砂浆采用拌和站集中拌制，混凝土运输车运至施工现场。砂浆坍落度控制在 50 ~ 70mm 之间；砂浆拌制应采用质量比，砂浆应随拌随用，保持适宜的稠度，一般宜在 3 ~ 4h 内使用完毕；气温超过 30℃时，在 2 ~ 3h 内使用完毕。发生离析、泌水的砂浆，砌筑前应重新拌和，已凝结的砂浆不得使用。

5. 片石砌筑

（1）放线：基础开挖完再次进行测量放样，用全站仪放出挡土墙的控制线，并根据测量放样控制点定出墙身内外边线，以及各伸缩沉降缝的位置，检查每端的衔接是否顺直。

（2）基础砌筑时，石块间较大的空隙应先填塞砂浆，后用碎石块嵌塞，不得采用先摆碎石块，后塞砂浆或干填碎石块的方法。

（3）基础灰缝厚 20 ~ 30mm，砂浆应饱满，石块间不得有相互接触现象。

（4）砌筑前应将石料表面泥垢清扫干净，并用水湿润。砌筑时必须两面立杆挂线或样板挂线，外面线应顺直整齐，内面线可大致适顺以保证砌体各部尺寸符合设计要求，浆砌石底面卧浆铺砌，立缝填浆补实，不得有空隙和立缝贯通现象。

（5）砌筑工作中断时，可将砌好的石层孔隙用砂浆填满，再砌时表面要仔细清扫干净、洒水湿润。

（6）分段位置宜在伸缩缝和沉降缝处，各段水平缝应一致。

6. 勾缝养护

施工时先将遗留在原缝内的水泥砂浆或小石块等清理干净。勾缝采用凹缝；勾缝砂浆用过筛砂；勾缝砂浆强度不应低于砌体砂浆强度；勾缝应嵌入砌缝内 20mm；勾缝前必须对墙面进行修整，再将墙面洒水湿润；勾缝的顺序是从上到下，先勾水平缝后勾竖直缝。勾缝后应用扫帚用力清除余灰，做好成品保护工作。砌筑好的基础、墙身等用草袋将其覆盖好，并及时洒水养护。

## 四、质量验收标准

浆砌片石挡土墙结构尺寸允许偏差和检验方法见表1。

浆砌片石挡土墙结构尺寸允许偏差和检验方法　　表1

| 序　　号 | 项　　目 | 允许偏差(mm) | 检 验 方 法 |
|---|---|---|---|
| 1 | 基础边缘平面位置 | ±10 | 尺量，每边不小于4处 |
| 2 | 基础宽度 | ±10 | |
| 3 | 基础顶面高程 | ±20 | |
| 4 | 端墙平面位置 | +100 | |
| 5 | 端墙顶面高程 | ±20 | |

## 五、质量控制要点

(1)为了控制好墙身内外侧的坡度，在砌筑前，首先用松木板钉好坡度架，其坡度按各段设计图纸进行控制。坡度架制作好后立于砌筑段的两端，并拉小线进行砌筑。

(2)片石及块石原材料的选择应符合最小厚度大于30cm的要求，不合格的石材严禁使用。

(3)砌筑顺序以分层进行为原则。底层极为重要，它是以上各层的基石，若底层质量不符合要求，则要影响以上各层。分层砌筑时，应先角石、后边石或面石，最后才填腹石。

(4)按图纸设计要求分段砌筑。分段位置设在变形缝或伸缩缝处，各段水平砌缝一致。相邻砌筑高差不超过1.2m。缝板安装应位置准确、牢固，缝板材料符合设计规定。

(5)相邻挡土墙设计高差较大时应先砌筑高墙段。挡土墙每天连续砌筑高度不得超过1.2m。砌筑中墙体不得移位变形。

(6)砌筑挡土墙应保证砌体宽(厚)度符合设计要求，砌筑中应经常校正挂线位置。

(7)砌石底面应卧浆铺砌，立缝填浆捣实，不得有空缝和贯通立缝。砌筑中断时，应将砌筑好的石层空隙用砂浆填满。再砌筑时石层表面应清扫干净，洒水湿润。工作缝应留斜茬。

(8)挡土墙外露面留深10~20mm的勾缝槽，按设计要求勾缝。

(9)片石分层砌筑以2~3层石块组成一工作层，一丁一顺或一丁二顺砌筑，每工作层的水平缝大致平齐，竖缝应错开，不能贯通。

(10)片石砌筑时要采用挤浆法砌筑，严禁使用灌浆法。

(11)较大的砌块使用于下层，石块宽面朝下，石块之间均要有砂浆隔开，不得直接接触，竖缝较宽时可在砂浆中塞以碎石块，但不得在砌块下面用小石子支垫。

(12)砌体中的石块大小搭配、相互错叠、咬接密实并备有各种小石块，作挤浆填缝之用，挤浆时可用小锤将小石子敲入缝中。

(13)预埋泄水管位置要准确。泄水孔每隔2m设一个，渗水处适当加密，上下排泄水孔应交错设置。

(14)泄水孔向外横坡坡度为3%，最底层泄水管距地面高度为30cm。进水口填级配碎石反滤层进行处理。

## 六、安全注意事项

(1)作业人员按规定佩戴好各种安全防护用品。

(2)严禁在砌体上用大力进行石块的解体。

(3)传石料时，要有专人指挥，避免传递路径不当而伤人。

(4)1.2m以上作业要搭设脚手架。脚手架上堆放材料不得超过规定荷载值，一块脚手板上操作人员不得超过两人。不准用不稳固的工具或物品在脚手板上垫高操作，更不准在未经计算和加固的情况下，在脚手板上再随意叠搭一层脚手板。按规定搭设安全网。

## 七、环水保注意事项

(1)搅拌砂浆数量要控制好，避免过多浪费。

<table>
<tr><td colspan="6">(2)砌筑砂浆时要使用专用盛装工具,禁止随意用铁锹传递、满地洒落。<br>(3)砌筑时撬下的小石块,要集中堆放,不得随意丢弃。<br>(4)下雨之前做好遮盖,避免雨水将砂浆冲走。<br>(5)勾缝时,掉落砂浆清理集中,用于养路。<br>(6)进出场便道,经常洒水养护,避免造成尘土飞扬,污染周围环境。</td></tr>
<tr><td>交底人</td><td colspan="4"></td><td>年　月　日</td></tr>
<tr><td>复核人</td><td colspan="4"></td><td>年　月　日</td></tr>
<tr><td rowspan="3">接受人</td><td>工种</td><td>签名</td><td>工种</td><td>签名</td><td rowspan="3">年　月　日</td></tr>
<tr><td></td><td></td><td></td><td></td></tr>
<tr><td></td><td></td><td></td><td></td></tr>
</table>

# 第二章

# 洞身开挖

# 洞身开挖技术交底(一)

工程名称:沪昆客专铁路长昆(湖南段)CKTJ-6 标梨子坪隧道　　　　编号:LZPCK006 号

| 施工单位 | 中铁隧道集团沪昆项目部 | 作业班组 | 开挖班 |
|---|---|---|---|
| 交底部位 | 洞身开挖 | 交底时间 | 年　月　日 |

**一、设计参数**

梨子坪隧道岩性为硅质岩、砂质板岩、弱风化,薄~中厚层状,岩体较破碎,碎石结构,断层通过,富含水,可能突泥突水。

设计参数见表1。

**设　计　参　数**　　　　表1

| C30 喷射混凝土 | | ф10 钢筋网 | | 锚　杆 | | | 钢　架 | | |
|---|---|---|---|---|---|---|---|---|---|
| 位置 | 厚度(cm) | 设置部位 | 网格间距(cm) | 设置部位 | 间距(环×纵)(m) | 长度(m) | 规格(mm) | 位置 | 立拱间距(m) |
| 拱墙 | 25 | 拱墙 | 20×20 | 拱墙 | 1.2×1.2 | 3.5 | I18 | 全环 | 1.0 |
| 仰拱 | 25 | | | | | | | | |

本交底适用于Ⅳ级围岩Ⅳc 型复合式衬砌断面,采用预留核心土法开挖。开挖作业遵循“短进尺、弱爆破、强支护、早封闭、勤量测”的原则,以保证洞身施工安全。

**二、施工工艺**

弧形开挖预留核心土开挖法的施工顺序和工艺流程(见图1)如下:

(1)上部弧形导坑环向开挖,施作拱部初期支护。

(2)上部核心土开挖。

(3)下部左右错开开挖,施作初期支护。

(4)下部预留核心土开挖。

(5)隧底开挖,施作隧底初期支护。

每部开挖后均应及时支护,隧底初期支护后应及时施作仰拱,尽早封闭成环。

**三、施工方法**

1. 施工作业

(1)采用弧形开挖预留核心土开挖法,应将超前地质预报纳入施工工序,并根据工程水文地质变化情况,及时调整各部台阶长度或施工方法,采取相应的技术措施,及早封闭成环,保证施工安全。

(2)根据工程水文地质条件,按设计要求做好超前支护,防止围岩松弛,保证隧道开挖安全。在断层段自稳性较差或富水地层中,超前支护应按设计要求进行加强。

(3)弧形开挖预留核心土开挖法施工应符合下列要求:

①以机械开挖为主,必要时辅以弱爆破。

②弧形导坑应沿开挖轮廓线环向开挖,预留核心土,开挖后及时支护。

③其他分步平行开挖,平行施作初期支护,各分部初期支护衔接紧密,及时封闭成环。

④仰拱紧跟下台阶,及时闭合构成稳固的支护体系。

⑤施工过程通过监控量测,掌握围岩和支护的变形情况,及时调整支护参数和预留变形量,保证施工安全。

⑥完善洞内临时防排水系统,防止地下水浸泡拱墙脚基础。

弧形开挖预留核心土开挖法工序横断面与纵断面见图2 和图3。

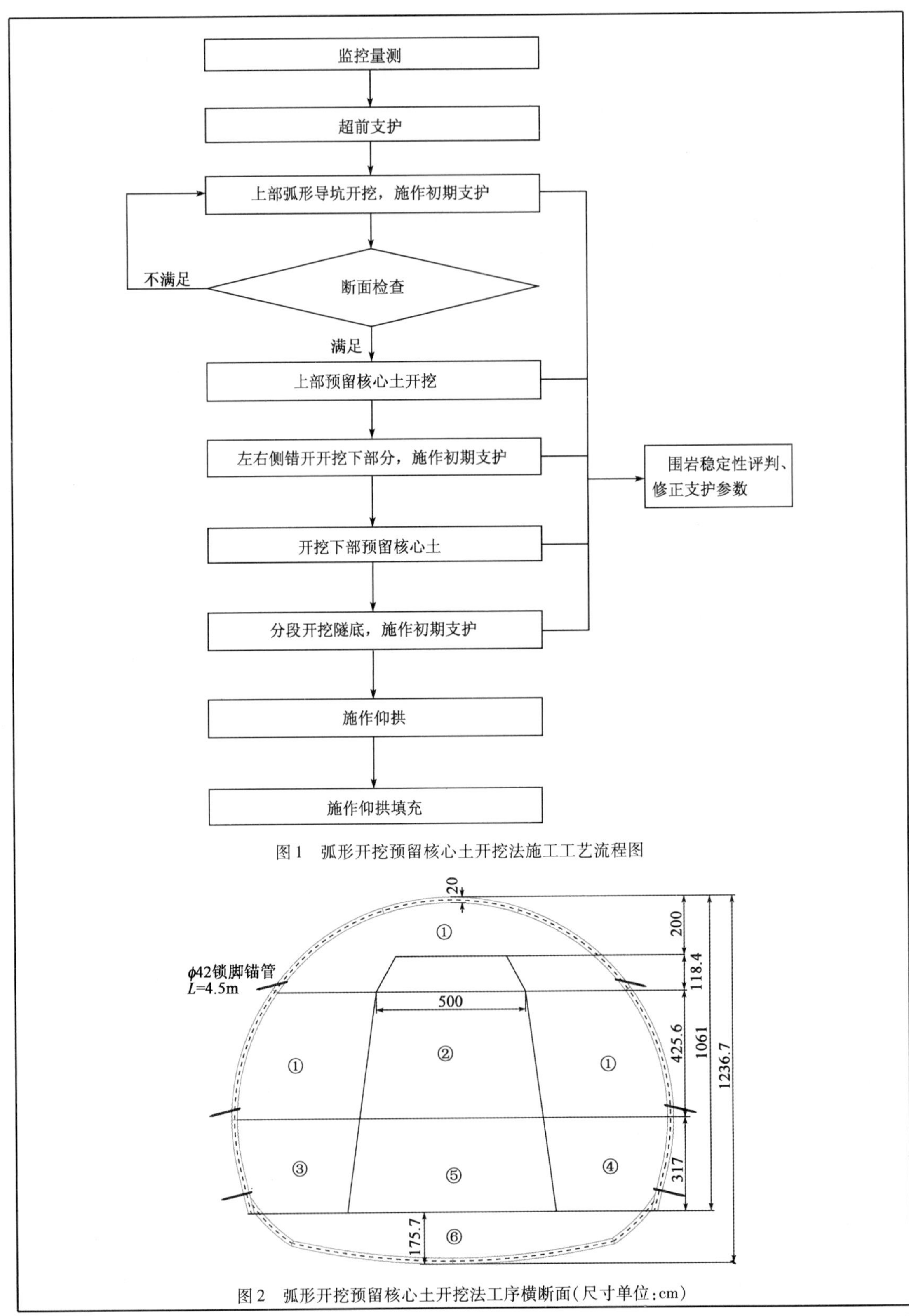

图1　弧形开挖预留核心土开挖法施工工艺流程图


图2　弧形开挖预留核心土开挖法工序横断面(尺寸单位:cm)

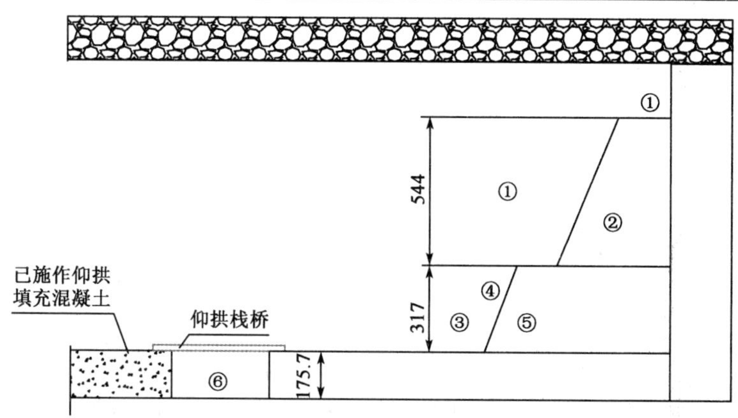


图3 弧形开挖预留核心土开挖法工序纵断面图(尺寸单位:cm)

2. 施工步骤

第1步,上部弧形导坑开挖:在拱部超前支护后进行,环向开挖上部弧形导坑,预留核心土,核心土长度宜为3~5m,宽度宜为隧道开挖宽度的1/3~1/2。开挖循环进尺应根据初期支护钢架间距确定,最大不得超过1.0m,开挖后立即初喷3~5cm厚混凝土。上台阶开挖矢跨比应大于0.3,开挖后应及时进行喷、锚、网系统支护,架设钢架。在钢架拱脚以上30cm高度处,紧贴钢架两侧边沿下倾角30°打设锁脚锚管,拱脚锚管和钢架牢固焊接,复喷混凝土至设计厚度。

第2步,预留核心土开挖:预留核心土一次开挖完成,注意开挖进尺不能超过支护面。

第3、4步,左、右侧下部开挖:开挖进尺应根据初期支护钢架间距确定,最大不得超过1.0m,开挖高度一般为3~3.5m,左右侧台阶错开2~3m,开挖后立即初喷3~5cm混凝土,及时进行喷、锚、网系统支护,接长钢架。在钢架拱脚以上30cm高度处,紧贴钢架两侧边沿下倾角30°打设锁脚锚管,拱脚锚管和钢架牢固焊接,复喷混凝土至设计厚度。

第5步,下部预留核心土开挖:预留核心土一次开挖完成,注意开挖进尺不能超过支护面;

第6步,隧底开挖:隧底开挖应采用全幅分段施工,上面架设仰拱栈桥,每循环开挖长度宜控制在2~3m。当仰拱施工滞后下部台阶开挖面30~40m时,应停止前方工作面开挖或短距离跳槽进行隧底开挖。隧底开挖后,应及时清除虚碴、杂物、泥浆、积水,立即初喷3~5cm厚混凝土封闭岩面,按照设计要求安装仰拱钢架,复喷射混凝土至设计厚度,使初期支护及时封闭成环。

**四、质量验收标准**

隧道允许超挖值见表2。

**隧道允许超挖值**(单位:cm) 表2

| 开挖部位 \ 围岩级别 | | Ⅰ | Ⅱ~Ⅳ | Ⅴ、Ⅵ |
|---|---|---|---|---|
| 拱部 | 平均线性超挖 | 10 | 15 | 10 |
| | 最大超挖 | 20 | 25 | 15 |
| 边墙线性超挖 | | 10 | 10 | 10 |
| 仰拱、隧底 | 平均线性超挖 | 10 | | |
| | 最大超挖 | 25 | | |

**五、质量控制要点**

(1)弧形开挖预留核心土开挖法施工应做好工序衔接,工序安排应紧凑,尽量减少围岩暴露时间,避免因长时间暴露引起围岩失稳。

①初期支护应及时封闭成环,全断面初期支护闭合时间宜控制在15d左右,有条件时应尽量缩短闭合时间。

②仰拱应超前施作,仰拱距上台阶开挖工作面宜控制在30~40m,铺设防水板、二次衬砌等后续工作应及时进行。

③二次衬砌距仰拱宜保持2倍以上衬砌循环作业长度,但不得大于50m。

(2)在满足作业空间和台阶稳定的前提下,应尽量缩短台阶长度,核心土长度应控制在3~5m,宽度宜为隧道开挖宽度的1/3~1/2。

(3)弧形开挖预留核心土开挖法施工应严格控制开挖进尺,根据围岩地质情况,合理确定循环进尺,每次开挖进尺不得超过1.0m;开挖后立即初喷3~5cm混凝土,以减少围岩暴露时间。

(4)严格按设计要求施作超前支护,控制好超前支护外插角,严格按注浆工艺加固地层,保证隧道开挖在超前支护的保护下施工。

(5)隧道周边部位应预留30cm人工开挖,其余部位宜采用机械开挖,局部需要爆破时,必须采用弱爆破,不得超挖。施工时应严格控制装药量,减少对周边围岩的扰动。

(6)下部左右侧开挖应错开,严禁对开,左右侧错开距离宜为2~3m。

(7)应加强监控量测工作,根据量测结果,及时调整支护参数,确定二次衬砌施作时间,进行信息化施工管理。

(8)应完善洞内临时防排水系统,严禁积水浸泡拱(墙)脚及在施工现场漫流,防止基底承载力降低。当地层含水量大时,上台阶开挖工作面附近宜开挖横向水沟,将水引至隧道中部或两侧排水沟排出洞外。

**六、安全注意事项**

(1)施工期间,应对支护的工作状态进行定期和不定期检查。在不良地质地段,应由专人每班检查。当发现支护变形或损坏时,应立即修整加固,当险情危急时,应将人员撤出危险区。

(2)构件支撑的立柱不得置于虚碴和活动石块上。在软弱围岩地段,立柱底面应加设垫板或垫梁。

(3)在爆破完后,需要对隧道开挖面进行找顶,找顶完后方可进行下步施工。

(4)在开挖过程中随时注意围岩动态,当发现围岩不稳定时必须采取相应的加固措施,直到确定无危险后方可继续施工。

(5)根据量测结果及时进行支护参数的调整,防止塌方。以不塌为原则。

**七、环水保注意事项**

(1)在现场施工过程中,施工人员的生产管理符合施工技术规范和施工程序要求,不违章指挥,不蛮干。对不服从统一指挥和管理的行为,按处罚条例严格执行。

(2)开展文明教育,加强班组建设,提高班组整体素质。

(3)工程实施过程中全面开展创建文明工地活动,工区、作业队设文明施工负责人,定期与不定期检查文明施工措施落实情况,切实搞好文明施工。

(4)建筑材料按区域分类堆放整齐,生产区与生活办公区分隔,场容场貌整洁、有序、文明。

(5)施工现场设置以明沟、集水池为主的临时排水系统,施工污水经明沟引流、集水池沉淀过滤后,间接排入下水道,同时,落实“防台”、“防汛”和“雨季防涝”措施,配备三防器材和值班人员,做好“三防”工作。

<table>
<tr><td>交底人</td><td colspan="4"></td><td>年 月 日</td></tr>
<tr><td>复核人</td><td colspan="4"></td><td>年 月 日</td></tr>
<tr><td rowspan="3">接受人</td><td>工种</td><td>签名</td><td>工种</td><td>签名</td><td rowspan="3">年 月 日</td></tr>
<tr><td></td><td></td><td></td><td></td></tr>
<tr><td></td><td></td><td></td><td></td></tr>
</table>

# 洞身开挖技术交底(二)

工程名称:沪昆客专铁路长昆(湖南段)CKTJ-6标梨子坪隧道　　编号:LZPCK007号

| 施工单位 | 中铁隧道集团沪昆项目部 | 作业班组 | 开挖班 |
| --- | --- | --- | --- |
| 交底部位 | 洞身开挖 | 交底时间 | 年　月　日 |

**一、设计参数**

本交底适用于梨子坪隧道出口Ⅴ级围岩段三台阶临时仰拱法施工。设计参数见表1。

设　计　参　数　　表1

<table>
<tr><td colspan="7">Ⅴ级围岩(浅埋段)支护参数表</td></tr>
<tr><td colspan="2">C30喷射混凝土</td><td colspan="2">$\phi$8钢筋网</td><td colspan="3">$\phi$22组合中空锚杆</td></tr>
<tr><td>设置部位</td><td>厚度(cm)</td><td>设置部位</td><td>网格间距(cm)</td><td>设置部位</td><td>间距(环×纵)(m)</td><td>长度(m)</td></tr>
<tr><td>拱墙</td><td>30</td><td rowspan="2">拱墙</td><td rowspan="2">20×20</td><td rowspan="2">拱部</td><td rowspan="2">1.2×1.0</td><td rowspan="2">4</td></tr>
<tr><td>仰拱</td><td>30</td></tr>
</table>

<table>
<tr><td colspan="3">$\phi$22砂浆锚杆</td><td colspan="3">$\phi$42超前小导管</td><td colspan="2">I22a型钢拱架</td></tr>
<tr><td>设置部位</td><td>间距(环×纵)(m)</td><td>长度(m)</td><td>设置部位</td><td>间距(环×纵)(m)</td><td>长度(m)</td><td>设置部位</td><td>每榀间距(m)</td></tr>
<tr><td>边墙</td><td>1.2×1.0</td><td>4</td><td>拱部</td><td>0.3×2.4</td><td>4</td><td>全环</td><td>0.6</td></tr>
</table>

**二、施工工艺**

施工步骤为:上台阶超前支护→上台阶开挖→初期支护→中台阶开挖→初期支护→下台阶开挖→初期支护。

**三、施工方法**

1. 上台阶超前支护

施作隧道超前支护,采用$\phi$42超前小导管,小导管长4m,环向间距30cm。

2. 上台阶开挖

人工配合机械开挖上台阶,开挖高度4.45m。

3. 初期支护

施作上台阶周边的初期支护,即初喷4cm厚混凝土,打锚杆,铺设钢筋网,架立Ⅰ22a钢架,并设锁脚锚管。上台阶底部喷8cm厚混凝土,施作上台阶临时仰拱,复喷混凝土至设计厚度。

4. 中台阶开挖

在滞后于上台阶10~15m距离后,人工配合机械开挖中台阶,开挖高度为3.22m。

5. 初期支护

施作中台阶周边初期支护,即初喷4cm厚混凝土,打锚杆,铺设钢筋网,架立Ⅰ22a钢架,并设锁脚锚管。中台阶底部喷8cm厚混凝土,施作中台阶临时仰拱。复喷混凝土至设计厚度。

三台阶临时仰拱法施工流程见表2。

6. 下台阶开挖

在滞后于中台阶10~15m距离后,人工配合机械开挖下台阶,开挖高度为2.96m。

7. 初期支护

施作下台阶周边初期支护，即初喷 4cm 厚混凝土，打锚杆，铺设钢筋网，架立Ⅰ22a 钢架，并设锁脚锚管，隧底周边部分喷混凝土至设计厚度。灌筑仰拱及仰拱填充(仰拱及仰拱填充要分开施作)。根据监控量测结果分析，待初期支护收敛后，拆除临时仰拱。利用衬砌模板台车一次性浇筑衬砌。

**三台阶临时仰拱法施工流程** 表 2

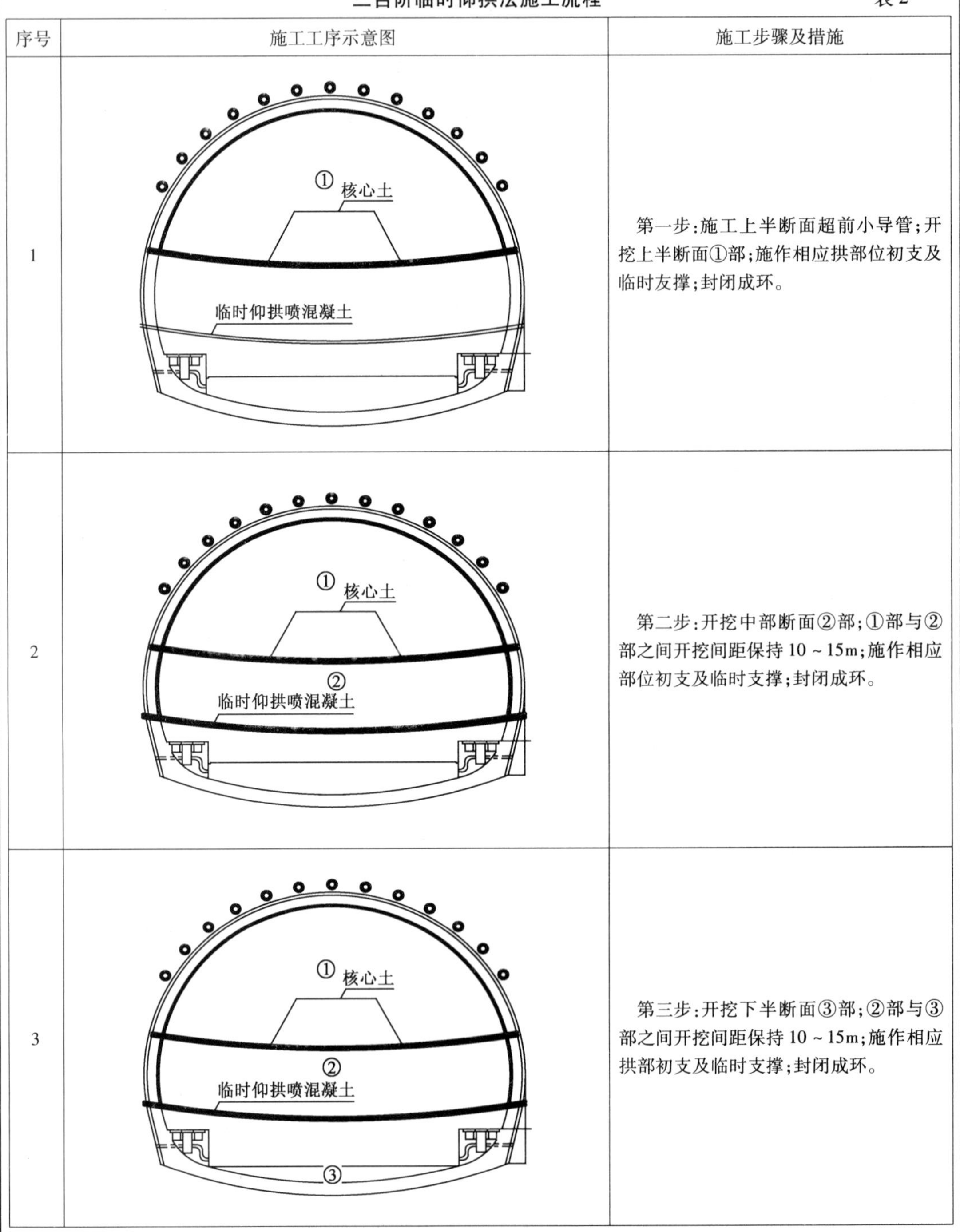


| 序号 | 施工工序示意图 | 施工步骤及措施 |
|---|---|---|
| 1 | | 第一步：施工上半断面超前小导管；开挖上半断面①部；施作相应拱部位初支及临时友撑；封闭成环。 |
| 2 | | 第二步：开挖中部断面②部；①部与②部之间开挖间距保持 10 ~ 15m；施作相应部位初支及临时支撑；封闭成环。 |
| 3 | | 第三步：开挖下半断面③部；②部与③部之间开挖间距保持 10 ~ 15m；施作相应拱部初支及临时支撑；封闭成环。 |

**四、质量验收标准**

隧道允许超挖值见表3。

**隧道允许超挖值**(单位:cm) 表3

| 开挖部位 \ 围岩级别 | | Ⅰ | Ⅱ~Ⅳ | Ⅴ、Ⅵ |
|---|---|---|---|---|
| 拱部 | 平均线性超挖 | 10 | 15 | 10 |
| | 最大超挖 | 20 | 25 | 15 |
| 边墙线性超挖 | | 10 | 10 | 10 |
| 仰拱、隧底 | 平均线性超挖 | 10 | | |
| | 最大超挖 | 25 | | |

**五、质量控制要点**

(1)隧道洞口应严格执行“早进晚出”原则。加强洞口段超前支护和边仰坡防护设计,埋深较浅的隧道洞口段应采用明洞或半明半暗法进洞。

(2)隧道洞口边仰坡工程应自上而下逐级开挖支护,及时完成洞口边仰坡加固、防护及防排水工程。

(3)隧道洞口按设计完成超前支护后,方可开始正洞的施工。洞口段应及时形成封闭结构,严禁采用长台阶施工。

(4)上台阶每循环开挖支护进尺:Ⅴ、Ⅵ级围岩不应大于1榀钢架间距,Ⅳ级围岩不得大于2榀钢架间距;边墙每循环开挖支护进尺不得大于2榀;仰拱开挖前必须完成钢架锁脚锚管施工,每循环开挖进尺不得大于3m。

(5)隧道开挖后初期支护应及时施作并封闭成环,Ⅳ、Ⅴ级围岩封闭位置距离掌子面不得大于35m。

(6)双线Ⅳ、Ⅴ级围岩隧道采用台阶法施工时,必须设置锁脚锚管等控制拱(墙)脚位移的措施。双线Ⅴ级围岩隧道采用台阶法施工时应设置横向临时支撑或临时仰拱,临时支撑采用型钢,纵向每2榀设一处。

(7)初期支护钢架应工厂化制造,出厂前必须进行检验、试拼装。当采用格栅钢拱架时,应采用八字结格栅拱架。

(8)喷混凝土应采用湿喷工艺,特殊地质条件下可另行设计。

三台阶临时仰拱法施工纵剖面见图1。

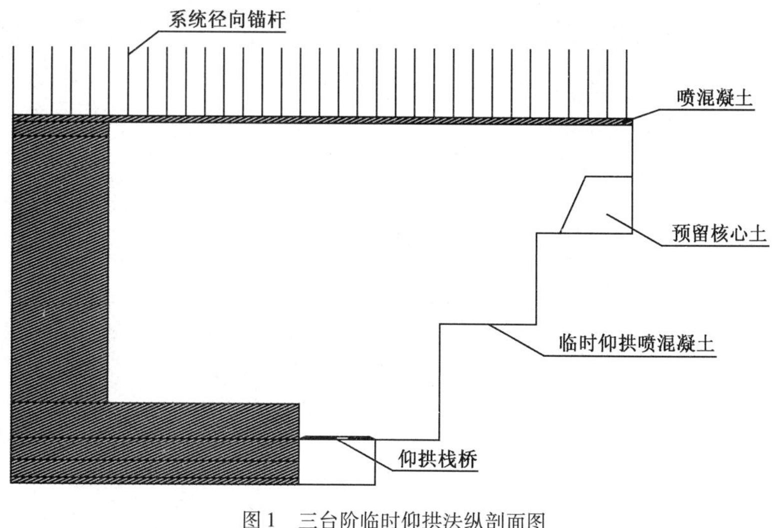


图1 三台阶临时仰拱法纵剖面图

**六、安全注意事项**

(1)施工期间,应对支护的工作状态进行定期和不定期检查。在不良地质地段,应由专人每班检查。当发现支护变形或损坏时,应立即修整加固,当险情危急时,应将人员撤出危险区。

(2)构件支撑的立柱不得置于虚碴和活动石块上。在软弱围岩地段,立柱底面应加设垫板或垫梁。

(3)在爆破完后,需要对隧道开挖面进行找顶,找顶完后方可进行下步施工。

(4)在开挖过程中随时注意围岩动态,当发现围岩不稳定时必须采取相应的加固措施,直到确定无危险方可继续施工。

**七、环水保注意事项**

(1)在现场施工过程中,施工人员的生产管理符合施工技术规范和施工程序要求,不违章指挥,不蛮干。对不服从统一指挥和管理的行为,按处罚条例严格执行。

(2)开展文明教育,加强班组建设,提高班组整体素质。

(3)工程实施过程中全面开展创建文明工地活动,工区、作业队设文明施工负责人,定期与不定期检查文明施工措施落实情况,切实搞好文明施工。

(4)建筑材料按区域分类堆放整齐,生产区与生活办公区分隔,场容场貌整洁、有序、文明。

(5)施工现场设置以明沟、集水池为主的临时排水系统,施工污水经明沟引流、集水池沉淀过滤后,间接排入下水道,同时,落实"防台"、"防汛"和"雨季防涝"措施,配备三防器材和值班人员,做好"三防"工作。

<table>
<tr><td>交底人</td><td colspan="4"></td><td>年　月　日</td></tr>
<tr><td>复核人</td><td colspan="4"></td><td>年　月　日</td></tr>
<tr><td rowspan="3">接受人</td><td>工种</td><td>签名</td><td>工种</td><td>签名</td><td rowspan="3">年　月　日</td></tr>
<tr><td></td><td></td><td></td><td></td></tr>
<tr><td></td><td></td><td></td><td></td></tr>
</table>

# 洞身开挖技术交底(三)

工程名称:沪昆客专铁路长昆(湖南段)CKTJ-6 标梨子坪隧道　　编号:LZPCK008 号

| 施工单位 | 中铁隧道集团沪昆项目部 | 作业班组 | 开挖班 |
|---|---|---|---|
| 交底部位 | 洞身开挖 | 交底时间 | 年　月　日 |

**一、设计参数**

梨子坪隧道进口岩性为硅质岩、砂质板岩、弱风化,薄～中厚层状,岩体较破碎,碎石结构,断层通过,富含水,可能突泥突水。设计参数见表1。

设　计　参　数　　表1

| C30 喷射混凝土 | | φ8 钢筋网 | | 锚　杆 | | | 钢　架 | | |
|---|---|---|---|---|---|---|---|---|---|
| 位置 | 厚度(cm) | 设置部位 | 网格间距(cm) | 设置部位 | 间距(环×纵)(m) | 长度(m) | 规格(mm) | 位置 | 立拱间距(m) |
| 拱墙 | 28 | 拱墙 | 20×20 | 拱墙 | 1.2×1.0 | 4.0 | I20b | 全环 | 0.6 |
| 仰拱 | 28 | | | | | | | | |

本交底适用于Ⅴ级围岩 Vb 型(断层)复合式衬砌断面,采用三台阶七步法开挖。开挖作业遵循"短进尺、弱爆破、强支护、早封闭、勤量测"的原则,以保证洞身施工安全。

**二、施工工艺**

三台阶七步开挖法的施工工艺流程见图1。

三台阶七步开挖法的主要施工步骤:

(1)上部弧形导坑环向开挖,施作拱部初期支护。

(2)中、下台阶左右错开开挖,施作初期支护。

(3)中间预留核心土开挖、隧底开挖,施作隧底初期支护。每部开挖后均应及时支护,隧底初期支护后应及时施作仰拱,尽早封闭成环。

**三、施工方法**

(1)采用三台阶七步开挖法,应将超前地质预报纳入施工工序,并根据工程水文地质变化情况,及时调整各部台阶长度及施工方法,采取相应的技术措施,及早封闭成环,保证施工安全。

(2)根据工程水文地质条件,按设计要求做好超前支护,防止围岩松弛,保证隧道开挖安全。在断层段自稳性较差或富水地层中,超前支护应按设计要求进行加强。

(3)三台阶七步开挖法施工应符合下列要求:

①以机械开挖为主,必要时辅以弱爆破。

②弧形导坑应沿开挖轮廓线环向开挖,预留核心土,开挖后及时支护。

③其他分步平行开挖,平行施作初期支护,各分部初期支护衔接紧密,及时封闭成环。

④仰拱紧跟下台阶,及时闭合构成稳固的支护体系。

⑤施工过程通过监控量测,掌握围岩和支护的变形情况,及时调整支护参数和预留变形量,保证施工安全。

⑥完善洞内临时防排水系统,防止地下水浸泡拱墙脚基础。

三台阶七步开挖法工序横断面与纵断面见图2 和图3。

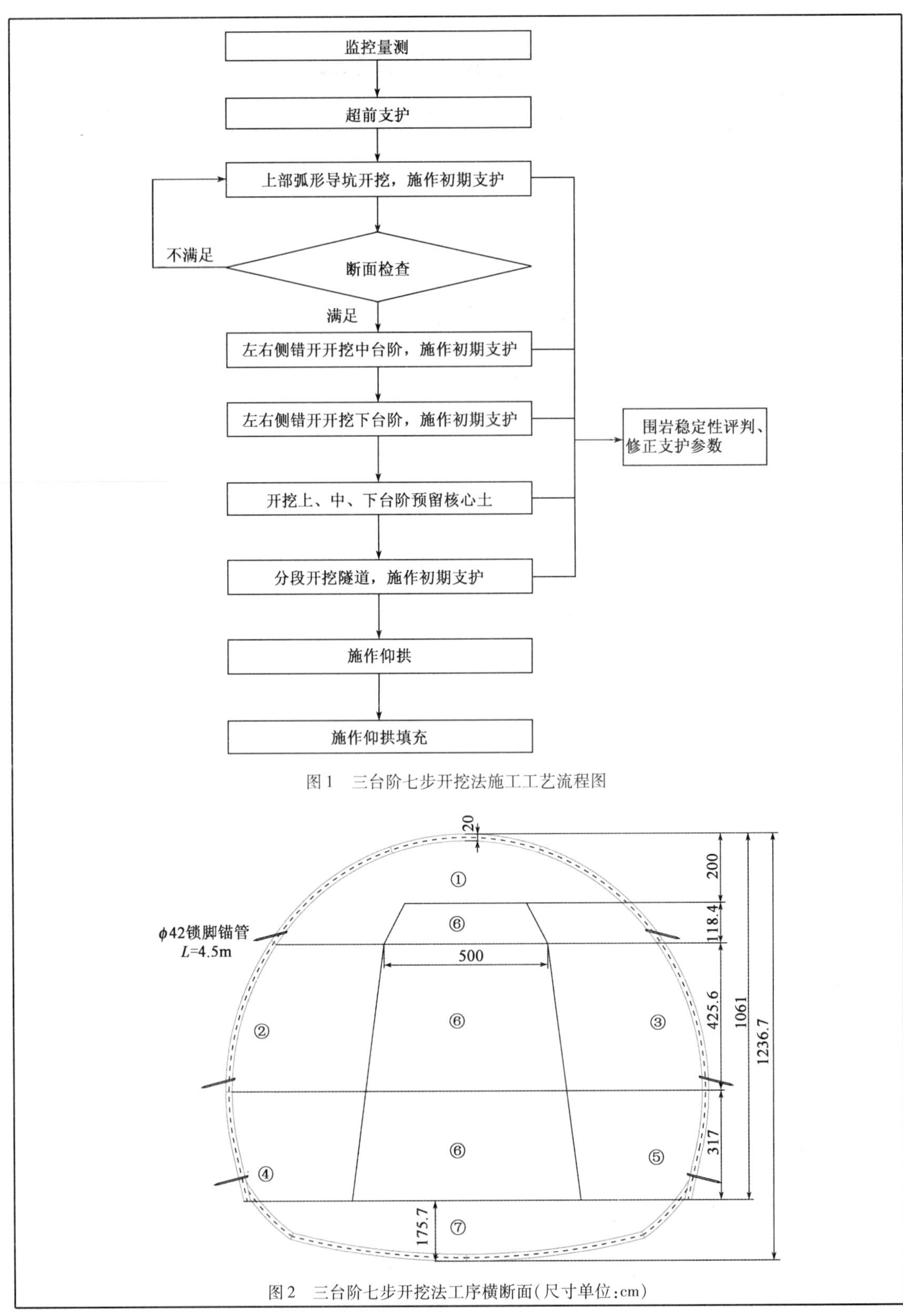


图1　三台阶七步开挖法施工工艺流程图



图2　三台阶七步开挖法工序横断面(尺寸单位:cm)

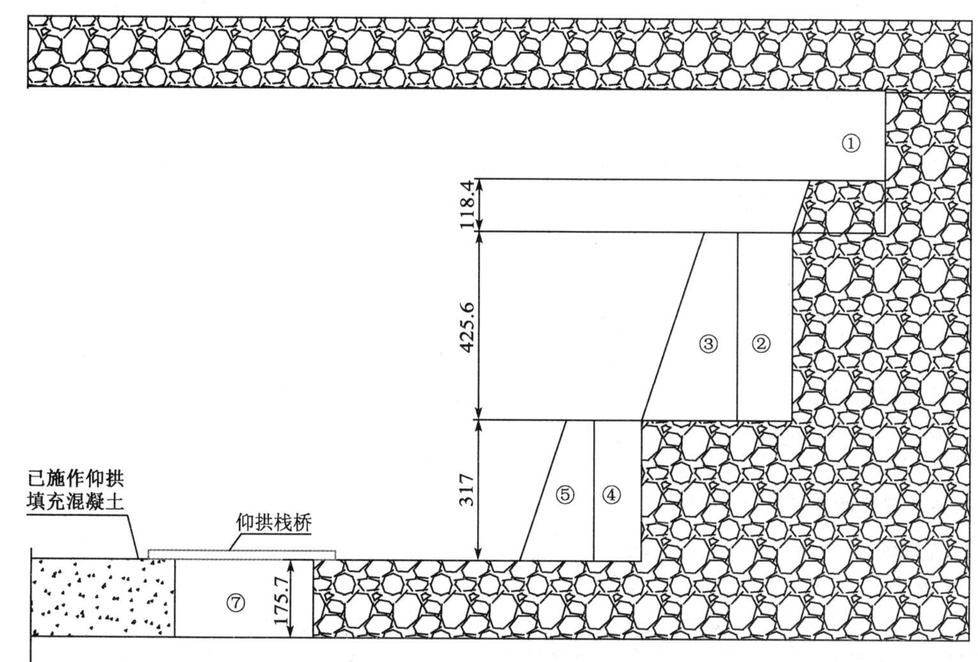

图3 三台阶七步开挖法工序纵断面图(尺寸单位:cm)

**四、质量验收标准**

隧道允许超挖值见表2。

**隧道允许超挖值**(单位:cm) 表2

| 开挖部位 \ 围岩级别 | | Ⅰ | Ⅱ~Ⅳ | Ⅴ、Ⅵ |
|---|---|---|---|---|
| 拱部 | 平均线性超挖 | 10 | 15 | 10 |
| | 最大超挖 | 20 | 25 | 15 |
| 边墙线性超挖 | | 10 | 10 | 10 |
| 仰拱、隧底 | 平均线性超挖 | 10 | | |
| | 最大超挖 | 25 | | |

**五、质量控制要点**

(1)三台阶七步开挖法施工应做好工序衔接。工序安排应紧凑,尽量减少围岩暴露时间,避免因长时间暴露引起围岩失稳。

①初期支护应及时封闭成环,全断面初期支护闭合时间宜控制在15d左右,有条件时应尽量缩短闭合时间。

②仰拱应超前施作,仰拱距上台阶开挖工作面宜控制在30~40m,铺设防水板、二次衬砌等后续工作应及时进行。

③二次衬砌距仰拱宜保持2倍以上衬砌循环作业长度,但不得大于50m。

(2)在满足作业空间和台阶稳定的前提下,应尽量缩短台阶长度,核心土长度应控制在3~5m,宽度宜为隧道开挖宽度的1/3~1/2。

(3)三台阶七步开挖法施工应严格控制开挖长度，根据围岩地质情况，合理确定循环进尺，每次开挖长度不得超过1.0m；开挖后立即初喷3～5cm混凝土，以减少围岩暴露时间。

(4)严格按设计要求施作超前支护，控制好超前支护外插角，严格按注浆工艺加固地层，保证隧道开挖在超前支护的保护下施工。

隧道周边部位应预留30cm人工开挖，其余部位宜采用机械开挖，局部需要爆破时，必须采用弱爆破，不得超挖。施工时应严格控制装药量，减少对围岩的扰动。

**六、安全注意事项**

(1)施工期间，应对支护的工作状态进行定期和不定期检查。在不良地质地段，应由专人每班检查。当发现支护变形或损坏时，应立即修整加固，当险情危急时，应将人员撤出危险区。

(2)构件支撑的立柱不得置于虚碴和活动石块上。在软弱围岩地段，立柱底面应加设垫板或垫梁。

(3)在爆破完后，需要对隧道开挖面进行找顶，找顶完后方可进行下步施工。

(4)在开挖过程中随时注意围岩动态，当发现围岩不稳定时必须采取相应的加固措施，直到确定无危险方可继续施工。

**七、环水保注意事项**

(1)在现场施工过程中，施工人员的生产管理符合施工技术规范和施工程序要求，不违章指挥，不蛮干。对不服从统一指挥和管理的行为，按处罚条例严格执行。

(2)开展文明教育，加强班组建设，提高班组整体素质。

(3)工程实施过程中全面开展创建文明工地活动，工区、作业队设文明施工负责人，定期与不定期检查文明施工措施落实情况，切实搞好文明施工。

(4)建筑材料按区域分类堆放整齐，生产区与生活办公区分隔，场容场貌整洁、有序、文明。

(5)施工现场设置以明沟、集水池为主的临时排水系统，施工污水经明沟引流、集水池沉淀过滤后，间接排入下水道。同时，落实"防台"、"防汛"和"雨季防涝"措施，配备三防器材和值班人员，做好"三防"工作。

(6)中、下台阶左、右侧开挖应错开，严禁对开，左右侧错开距离宜为2～3m。

(7)应加强监控量测工作，根据量测结果，及时调整支护参数，确定二次衬砌施作时间，进行信息化施工管理。

(8)应完善洞内临时防排水系统，严禁积水浸泡拱(墙)脚及在施工现场漫流，防止基底承载力降低。当地层含水量大时，上台阶开挖工作面附近宜开挖横向水沟，将水引至隧道中部或两侧排水沟排出洞外。

(9)隧道施工应加强洞内通风，作业环境应符合职业健康及安全标准。

<table>
<tr><td>交底人</td><td colspan="4"></td><td>年　月　日</td></tr>
<tr><td>复核人</td><td colspan="4"></td><td>年　月　日</td></tr>
<tr><td rowspan="3">接受人</td><td>工种</td><td>签名</td><td>工种</td><td>签名</td><td rowspan="3">年　月　日</td></tr>
<tr><td></td><td></td><td></td><td></td></tr>
<tr><td></td><td></td><td></td><td></td></tr>
</table>

# 洞身开挖技术交底(四)

工程名称:沪昆客专铁路长昆(湖南段)CKTJ-6 标梨子坪道　　编号:LZPCK009 号

| 施工单位 | 中铁隧道集团沪昆项目部 | 作业班组 | 开挖班 |
|---|---|---|---|
| 交底部位 | 洞身开挖 | 交底时间 | 年　月　日 |

**一、设计参数**

梨子坪隧道岩性为硅质岩、砂质板岩、弱风化,薄 ~ 中厚层状,岩体较破碎,碎石结构,断层通过,富含水,可能突泥突水。设计参数见表 1。

**设 计 参 数**　　表 1

| C25 喷射混凝土 | | φ10 钢筋网 | | 锚　杆 | | | 钢　架 | | |
|---|---|---|---|---|---|---|---|---|---|
| 位置 | 厚度(cm) | 设置部位 | 网格间距(cm) | 设置部位 | 间距(环×纵)(m) | 长度(m) | 规格(mm) | 位置 | 立拱间距(m) |
| 拱墙 | 23 | 拱墙 | 25×25 | 拱墙 | 1.2×1.5 | 3.0 | 高 150,φ22 格栅 | 拱墙 | 1.0 |
| 仰拱 | 12 | | | | | | | | |

**二、施工工艺**

本交底适用于Ⅲ级围岩Ⅲc 型复合式衬砌断面,采用上下台阶法开挖。开挖作业遵循"短进尺、弱爆破、强支护、早封闭、勤量测"的原则,以保证洞身施工安全。

上下台阶法开挖的施工顺序和工艺流程见图 1。

上下台阶法开挖施工顺序:

(1)上台阶开挖,施作拱部初期支护。

(2)下台阶开挖,施作初期支护。

(3)隧底开挖,施作隧底初期支护。

每部开挖后均应及时支护,隧底初期支护后应及时施作仰拱,尽早封闭成环。

**三、施工方法**

1. 上下台阶法开挖,应将超前地质预报纳入施工工序,并根据工程水文地质变化情况,及时调整各部台阶长度或施工方法,采取相应的技术措施,及早封闭成环,保证施工安全。

2. 根据工程水文地质条件,按设计要求做好超前支护,防止围岩松弛,保证隧道开挖安全。在断层段自稳性较差或富水地层中,超前支护应按设计要求进行加强。

3. 上下台阶法开挖法施工应符合下列要求:

(1)以爆破开挖为主,必要时辅以机械开挖。

(2)上下台阶平行开挖,平行施作初期支护,上下初期支护衔接紧密,及时封闭成环。

(3)仰拱紧跟下台阶,及时闭合构成稳固的支护体系。

(4)施工过程通过监控量测,掌握围岩和支护的变形情况,及时调整支护参数和预留变形量,保证施工安全。

(5)完善洞内临时防排水系统,防止地下水浸泡拱墙脚基础。

弧形开挖预留核心土开挖法工序横断面见图 2。上下台阶法开挖工序纵断面见图 3。

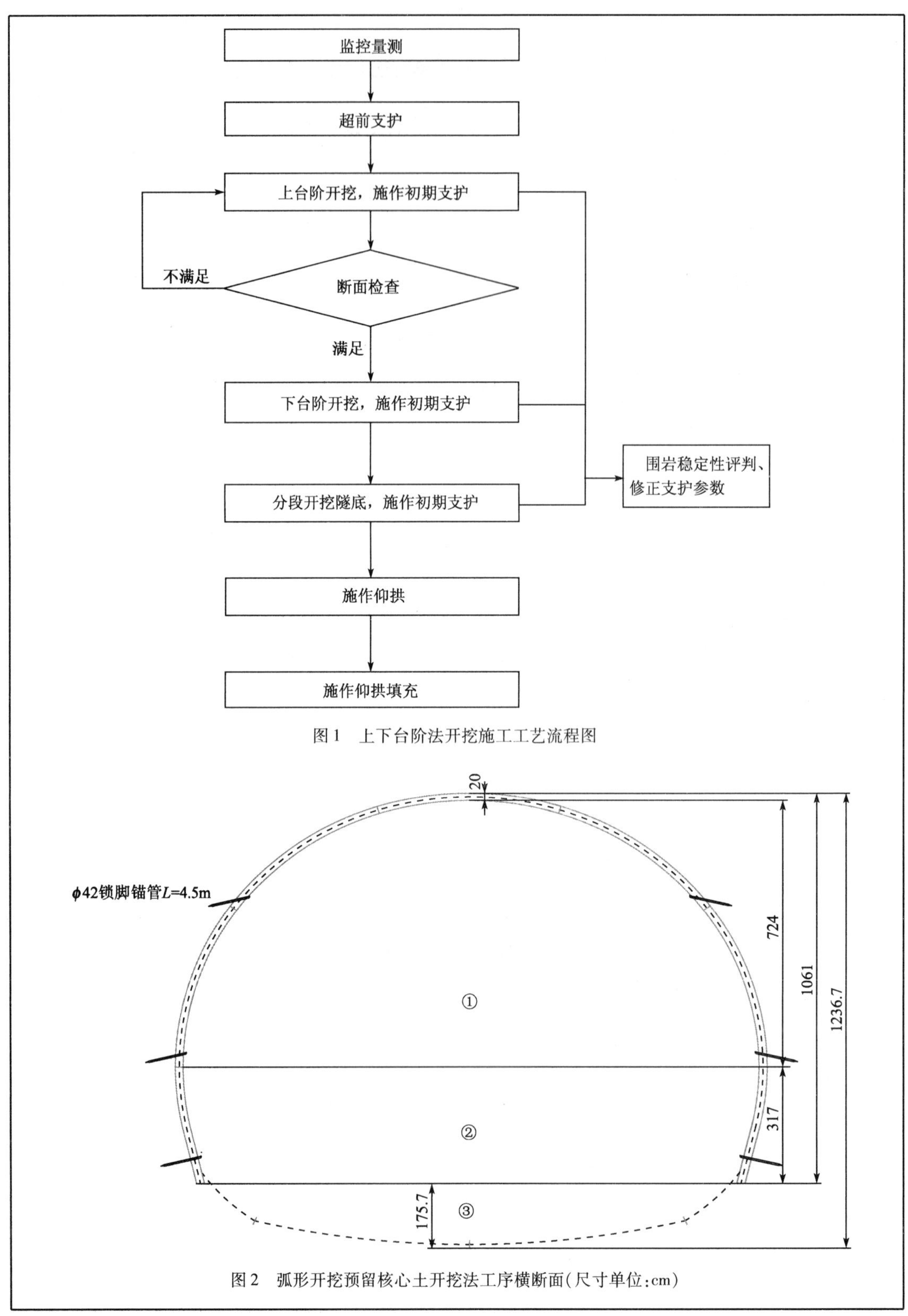


图1　上下台阶法开挖施工工艺流程图



图2　弧形开挖预留核心土开挖法工序横断面(尺寸单位:cm)

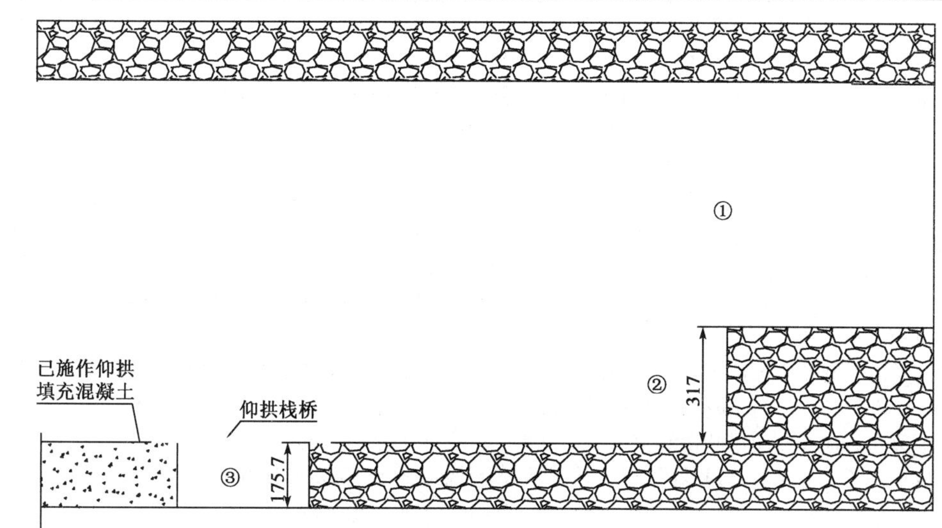

图3 上下台阶法开挖工序纵断面图(尺寸单位:cm)

4. 施工步骤

第1步:上台阶开挖长度宜为3~10m,开挖循环进尺应根据初期支护钢架间距确定,最大不得超过2m,开挖后立即初喷3~5cm混凝土。开挖后应及时进行喷、锚、网系统支护,架设钢架,在钢架拱脚以上30cm高度处,紧贴钢架两侧边沿下倾角30°搭设锁脚锚管,拱脚锚管和钢架牢固焊接,复喷混凝土至设计厚度。

第2步:下台阶开挖进尺应根据初期支护钢架间距确定,最大不得超过2.0m,开挖高度一般为3~3.5m,开挖后立即初喷3~5cm混凝土,及时进行喷、锚、网系统支护,接长钢架,在钢架拱脚以上30cm高度处,紧贴钢架两侧边沿下倾角30°搭设锁脚锚管,拱脚锚管和钢架牢固焊接,复喷混凝土至设计厚度。

第3步:隧底开挖应采用全幅分段施工,上面架设仰拱栈桥,每循环开挖长度宜控制在2~3m。当仰拱施工滞后下部台阶开挖面30~40m时,应停止前方工作面开挖或短距离跳槽进行隧底开挖。隧底开挖后,应及时清除虚碴、杂物、泥浆、积水,立即初喷3~5cm厚混凝土封闭岩面,复喷射混凝土至设计厚度,使初期支护及时封闭成环。

## 四、质量验收标准

隧道允许超挖值见表2。

**隧道允许超挖值(单位:cm)** 表2

| 开挖部位 \ 围岩级别 | | Ⅰ | Ⅱ~Ⅳ | Ⅴ、Ⅵ |
|---|---|---|---|---|
| 拱部 | 平均线性超挖 | 10 | 15 | 10 |
| | 最大超挖 | 20 | 25 | 15 |
| 边墙线性超挖 | | 10 | 10 | 10 |
| 仰拱、隧底 | 平均线性超挖 | 10 | | |
| | 最大超挖 | 25 | | |

## 五、质量控制要点

(1)上下台阶法开挖施工应做好工序衔接。工序安排应紧凑,尽量减少围岩暴露时间,避免因长时间暴露引起围岩失稳。

①初期支护应及时封闭成环，全断面初期支护闭合时间宜控制在15d左右，有条件时应尽量缩短闭合时间。

②仰拱应超前施作，仰拱距上台阶开挖工作面宜控制在70～90m，铺设防水板、二次衬砌等后续工作应及时进行。

③二次衬砌距仰拱宜保持2倍以上衬砌循环作业长度，但不得大于50m。

(2)在满足作业空间和台阶稳定的前提下，应尽量缩短台阶长度，台阶长度宜控制在3～10m。

(3)上下台阶法开挖施工应严格控制开挖长度，根据围岩地质情况，合理确定循环进尺，每次开挖长度不得超过2.0m；开挖后立即初喷3～5cm混凝土，以减少围岩暴露时间。

(4)严格按设计要求施作超前支护，控制好超前支护外插角，严格按注浆工艺加固地层，保证隧道开挖在超前支护的保护下进行。

(5)隧道周边部位应预留30cm人工开挖，其余部位宜采用机械开挖，局部需要爆破时，必须采用弱爆破，严格控制超(欠)挖。施工时应严格控制装药量，减少对围岩的扰动。

(6)下部左右侧开挖应错开，严禁对开，左右侧错开距离宜为2～3m。

(7)应加强监控量测工作，根据量测结果，及时调整支护参数，确定二次衬砌施作时间，进行信息化施工管理。

(8)应完善洞内临时防排水系统，严禁积水浸泡拱(墙)脚及在施工现场漫流，防止基底承载力降低。当地层含水量大时，上台阶开挖工作面附近宜开挖横向水沟，将水引至隧道中部或两侧排水沟排出洞外。

**六、安全注意事项**

(1)施工期间，应对支护的工作状态进行定期和不定期检查。在不良地质地段，应由专人每班检查。当发现支护变形或损坏时，应立即修整加固，当险情危急时，应将人员撤出危险区。

(2)构件支撑的立柱不得置于虚碴和活动石块上。在软弱围岩地段，立柱底面应加设垫板或垫梁。

(3)在爆破完后，需要对隧道开挖面进行找顶，找顶完后方可进行下步施工。

(4)在开挖过程中随时注意围岩动态，当发现围岩不稳定时必须采取相应的加固措施，直到确定无危险后方可继续施工。

**七、环水保注意事项**

(1)在现场施工过程中，施工人员的生产管理符合施工技术规范和施工程序要求，不违章指挥，不蛮干。对不服从统一指挥和管理的行为，按处罚条例严格执行。

(2)开展文明教育，加强班组建设，提高班组整体素质。

(3)工程实施过程中全面开展创建文明工地活动，工区、作业队设文明施工负责人，定期与不定期检查文明施工措施落实情况，切实搞好文明施工。

(4)建筑材料按区域分类堆放整齐，生产区与生活办公区分隔，场容场貌整洁、有序、文明。

(5)施工现场设置以明沟、集水池为主的临时排水系统，施工污水经明沟引流、集水池沉淀过滤后，间接排入下水道，同时，落实“防台”、“防汛”和“雨季防涝”措施，配备三防器材和值班人员，做好“三防”工作。

<table>
<tr><td>交底人</td><td colspan="4"></td><td>年　月　日</td></tr>
<tr><td>复核人</td><td colspan="4"></td><td>年　月　日</td></tr>
<tr><td rowspan="3">接受人</td><td>工种</td><td>签名</td><td>工种</td><td>签名</td><td rowspan="3">年　月　日</td></tr>
<tr><td></td><td></td><td></td><td></td></tr>
<tr><td></td><td></td><td></td><td></td></tr>
</table>

# 爆破施工技术交底

工程名称:沪昆客专铁路长昆(湖南段)梨子坪隧道　　　　编号:LZPCK010 号

| 施工单位 | 中铁隧道集团沪昆项目部 | 作业班组 | 开挖班 |
|---|---|---|---|
| 交底部位 | Ⅲ级围岩爆破设计 | 交底时间 | 年 月 日 |

**一、设计参数**

适用于隧道开挖爆破设计。

**二、施工工艺**

施工工艺流程见图 1。

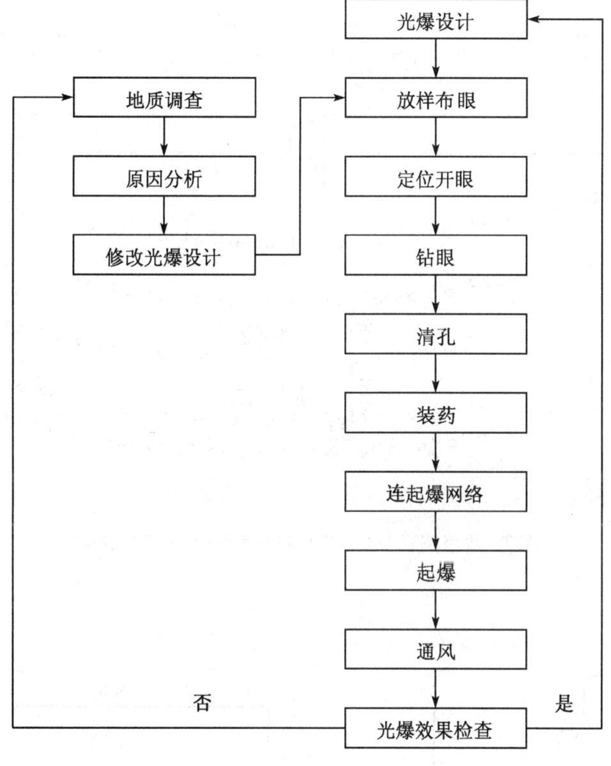


图 1

**三、施工方法**

1. 施工准备

施工时,将凿岩台架用装载机拖到工作面,人工撬移就位,支稳。

2. 量测布孔

用全钻仪准确定出隧道中心线和每 50cm 一个开挖轮廓线上的点,然后用红油漆画出开挖轮廓线,并标出炮眼位置,其误差不得超过 5cm;每次测量放线的同时,要对上次爆破断面进行检查,及时调整爆破参数,以达到最佳爆破效果。

Ⅲ级围岩上下台阶炮眼布置见图 2,掏槽眼水平剖面见图 3,掌子面掏槽眼布置见图 4。

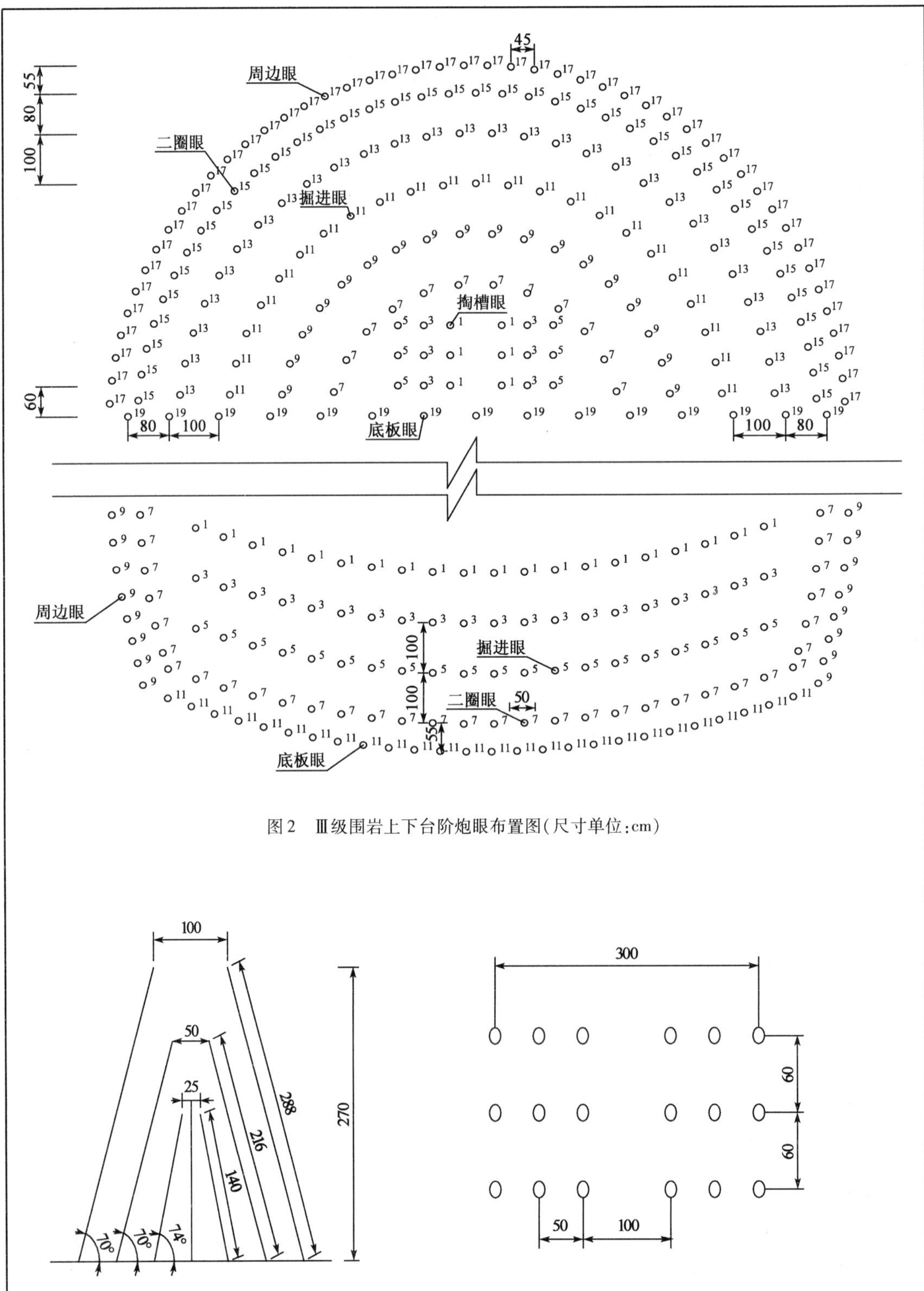


图2 Ⅲ级围岩上下台阶炮眼布置图(尺寸单位:cm)

图3 掏槽眼水平剖面图(尺寸单位:cm)

图4 掌子面掏槽眼布置图(尺寸单位:cm)

3. 钻凿炮眼

(1)钻眼

钻眼必须按照测量布孔的炮眼位置施钻。钻眼必须符合下列操作原则:

①按照布孔位置,下一茬炮应沿着上一茬炮的炮痕钻进,有残眼时除外。

②钻眼的外擦角以小于3%的斜率钻进。

③对各个编号的炮孔,固定操作工人钻进固定区域炮孔的数量。

④一台凿岩机配备两名操作工人,技术熟练的瞄眼,掌方向,另一个扶稳支腿。

⑤钻眼结束,装药前应将炮孔内泥浆、石粉吹干净。

⑥内圈炮眼与周边眼有相同的斜率倾角。

⑦一般情况下,拱部炮眼两台钻机作业,左右边墙分别为一台钻机作业,底眼为一机作业。为防止爆破不完全(有残眼),宜确定钻孔深度(见表1)。

**钻孔参数表** 表1

| 岩石级别 | 循环进尺 | 孔深 | 外擦角 | 备注 |
|---|---|---|---|---|
| Ⅲ级 | 3.0m | 周边眼:3.5m | <3% | 超深0.5m |

(2)制作竹片条

制作竹片条目的在于易控制药卷的距离,实现间隔装药,控制药卷直径,充分形成不耦合装药结构。竹片条长度一般比孔深小30cm左右为宜。

(3)制作炮泥

钻眼过程中,专人进行搓黏土条,泥条的直径一般比成孔直径微大一些,以便能塞紧炮孔。

4. 装药连线

(1)采用的主要爆破器材

①炸药:采用低爆速、低猛度、低密度和高爆力的炸药。

②导爆管雷管:采用毫秒延期雷管,一段为瞬发导爆管雷管。

(2)周边眼装药结构

周边眼采用不耦合装药,一般不耦合系数为1.5~2.0,炮眼装药按装药集中度计算出的药量均匀装入炮眼内。周边炮眼采用$\phi$22小药卷间隔装药,导爆管、导爆索、竹片用电工胶布与炸药卷绑在一起(见图5)。药卷在竹片条上按规定距离布设、切开,将导爆索夹在其中,绑扎药卷,之后将竹片条送入孔中,再用炮泥堵塞孔口约30cm左右。

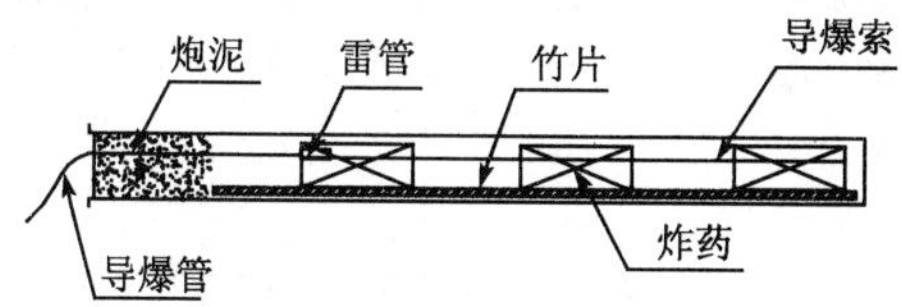


图5 装药结构

(3)装药参数

装药原则是,底部加强装药,中部间隔装药,孔口少量装药,导爆索贯通整个炮孔。拱部、边墙采用$\phi$22乳化炸药,采用不耦合装药,底板集中加强装药。各炮眼装药量见表2。

(4)网络连接

起爆网络采用复式网络(见图6),以保证起爆的可靠性和准确性。拱部、边墙炮眼采用导爆索作为传爆线,其他炮眼采用导爆管引线。导爆管采用四通管连接,不能打结和拉伸,各类炮眼雷管连接段数相同,同段同时起爆,异段接力起爆。引爆雷管应用绝缘胶布包扎在离一根导爆管自由端15cm处,聚能穴背向传爆方向,网络连好后要有专人负责检查后再起爆。

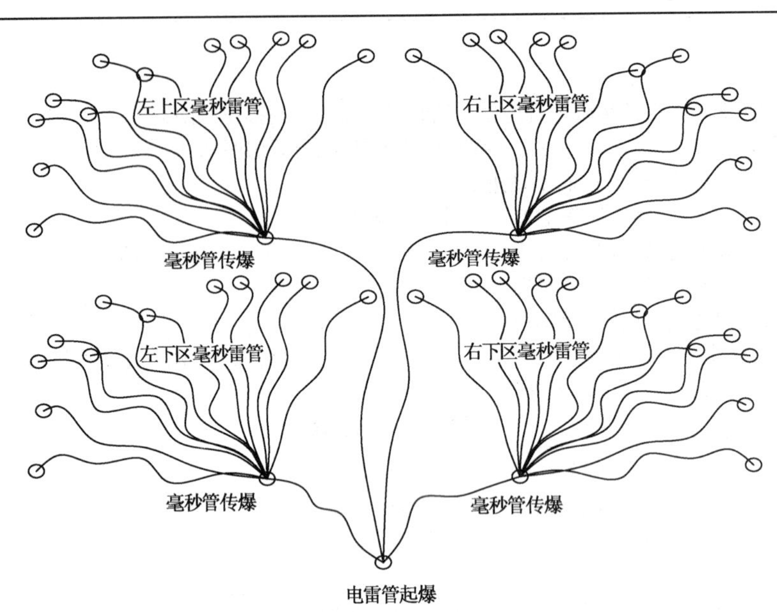


图6 起爆网络连接示意图

各炮眼装药量

表2

| 序号 | 段位 | 炮眼名称 | 孔数 | 耦深 | 装药卷数（单孔） | 装药系数 | 装药量（kg） |
|---|---|---|---|---|---|---|---|
| 1 | 0 | 掏槽眼 | 4 | 2.1m | 10 | 0.95 | 9.5 |
| 2 | 1 | 掏槽眼 | 8 | 3.6m | 17 | 0.95 | 33.8 |
| 3 | 3 | 扩槽眼 | 6 | 3.5m | 16 | 0.85 | 23.8 |
| 4 | 5 | 扩槽眼 | 8 | 3.4m | 15 | 0.85 | 29.8 |
| 5 | 7 | 辅助眼 | 6 | 3.3m | 13 | 0.8 | 19.4 |
| 6 | 9 | 辅助眼 | 14 | 3.3m | 12 | 0.7 | 41.7 |
| 7 | 11 | 辅助眼 | 19 | 3.3m | 12 | 0.7 | 56.6 |
| 8 | 13 | 周边眼 | 29 | 3.3m | 13 | 0.8 | 29.6 |
| 9 | 13 | 底板眼 | 9 | 3.3m | 13 | 0.8 | 29.6 |
| 小　计 | | | 103 | | | | 276.6 |

注：1. 循环进尺3.0m，炮眼用率90%。

2. 单位耗药量1.11kg/$m^3$。

3. 周边眼用$\phi$22小药卷，其他用$\phi$32的大药卷。

5. 爆破网络检查和起爆

依照爆破设计方案，由起爆雷管开始沿爆破的段别顺次检查至各个炮孔，有无漏连、错连和假连现象。检查确认无误后，将凿岩台架拖至距开挖工作面至少50m以外距离。施工机具放入附近避车洞内或50m以外距离；人员撤离到安全距离后，方可起爆。

6. 通风排烟和危石的处理

爆破后及时进行排烟，工作面的烟排净后，组织专人进行排除危石，遵循由外向内，由拱部到边墙的排危原则，专人负责，确保钻凿炮眼施工的安全。

7. 分析爆破效果

由技术人员和掘进班长对爆破的结果进行评价，及时调整爆破作业参数，以便使爆破效果向更好的方向发展。

**四、质量验收标准**

隧道允许超挖值见表3。

**隧道允许超挖值**（单位：cm） 表3

| 开挖部位 \ 围岩级别 | | Ⅰ | Ⅱ～Ⅳ | Ⅴ、Ⅵ |
|---|---|---|---|---|
| 拱部 | 平均线性超挖 | 10 | 15 | 10 |
| | 最大超挖 | 20 | 25 | 15 |
| 边墙线性超挖 | | 10 | 10 | 10 |
| 仰拱、隧底 | 平均线性超挖 | 10 | | |
| | 最大超挖 | 25 | | |

**五、质量控制要点**

（1）施工前对导线网进行复测，与设计不符时要及时提出处理措施并报监理工程师批准。

（2）隧道施工视围岩地质状况确定施工方案和支护手段，施工中认真进行地质描述和观察，加强隧道开挖后变形收敛量测，收集信息，及时反馈指导施工。

（3）隧道开挖采用光面或预裂爆破，根据围岩情况优选最佳循环进尺、最佳眼孔布置和用药参数，提高爆破质量（提高炮痕残留率），保证开挖断面成形圆顺，控制超（欠）挖在允许范围之内。

（4）隧道开挖断面的中线、高程必须符合设计要求。

（5）隧道（包括隧底部分）严格控制（欠）挖。当围岩完整、石质坚硬时，方允许岩石个别突出部分（每$1m^2$不大于$0.1m^2$）侵入衬砌，且不大于5cm。拱脚和墙脚以上1m内断面严禁欠挖。

（6）钻孔时按钻爆设计要求严格控制炮眼的间距、深度和角度。掏槽眼、周边眼的眼口间距和深度允许偏差均为5cm，外插角符合钻爆设计要求，眼底不得超出开挖断面轮廓线15cm。

（7）光面爆破的炮眼痕迹保存率，硬岩应大于等于80%，中硬岩应大于等于60%，并在开挖轮廓面上均匀分布。

（8）隧底开挖后及时核对隧底地质情况，当需要进行加固处理时，必须符合设计要求。

**六、安全注意事项**

（1）开挖作业面设一名兼职安全员（值班施工员），负责现场施工安全。提醒爆破作业人员注意安全，检查洞内设施的安全状况。

（2）爆破器材的领取必须专人负责，其品种、规格及数量由爆破负责人视实际需要填写火工品领用单，照单领取。不得提前班次领取爆破器材，所领取的爆破器材不得遗失或转交他人，不准擅自销毁或挪作他用。爆破结束后，必须将剩余的爆破器材如数及时交回器材库。

（3）从炸药库向工作地点运送爆破器材时，应将爆破器材直接送到爆破地点，不得携带爆破器材在人群聚集的地方停留，禁止乱丢、乱放。雷管、炸药必须分别存放在专用的器材箱，严禁装在衣袋内。

（4）人工搬运爆破器材时，一人一次运送的起爆器材不得超过10kg；可背运原包装炸药一箱；挑运原包装炸药二箱。

（5）洞内爆破作业必须统一指挥。

(6)严禁摩擦、撞击、抛掷爆破器材,作业现场严禁烟火。钻孔前必须确认掌子面无瞎炮后方可施钻,否则,必须经过处理。严禁在残眼中和已装药的炮孔附近进行钻孔作业。

(7)钻孔与装药一般不得平行作业。否则,必须采取下列措施:

①装药与钻孔顺序必须自上而下。钻孔与装药孔应隔开一排孔,且其距离不少于2.5m。

②装药与钻孔人员必须分区固定。

③应由值班负责人统一指挥。

(8)用于当次爆破的雷管必须是同厂同批号产品,导爆管网络中不得有死结,不能对折,要防止管壁破损、管径拉细和异物入管。用雷管起爆导爆管网路时,导爆管应均匀分布在雷管四周,用胶布等捆扎牢固。严禁使用已受潮、发霉、变质的导火索,导火索的长度应保证点完导火索后,爆破人员能撤至安全地带,但不得短于1.2m;点火前,必须用快刀将导火索端头切掉5cm;严禁边点火边切导火索。禁止用脚踩和挤压已点燃的导火索,严禁切割已接上雷管或已插入起爆体的导火索或导爆索。

(9)孔内装入起爆药包后,严禁强力捣压起爆药包,禁止强行拉出或掏出起爆药包,装药时必须使用木质炮棍。

(10)爆破前,所有人员应撤至不受有害气体、振动及飞石伤害的安全地带,同时切断电源并作好安全警戒。爆破人员必须最后撤离爆破地点。

(11)爆破后,应由检查人员首先进入工作面仔细检查有无冒顶、危石、支护破坏和瞎炮。若发现有上述情况,检查人员应在现场设立危险警戒标志。当发现瞎炮时,必须由原爆破人员按规定处理。处理瞎炮时,无关人员不准在场,应在危险区边界设警戒线,危险区内禁止进行其他作业。

(12)经检查,确认爆破地点安全后,经当班爆破班长同意,方准其他人员进入爆破地点。

**七、环水保注意事项**

(1)在现场施工过程中,施工人员的生产管理符合施工技术规范和施工程序要求,不违章指挥,不蛮干。对不服从统一指挥和管理的行为,按处罚条例严格执行。

(2)开展文明教育,加强班组建设,提高班组整体素质。

(3)工程实施过程中全面开展创建文明工地活动,工区、作业队设文明施工负责人,定期与不定期检查文明施工措施落实情况,切实搞好文明施工。

(4)建筑材料按区域分类堆放整齐,生产区与生活办公区分隔,场容场貌整洁、有序、文明。

(5)施工现场设置以明沟、集水池为主的临时排水系统,施工污水经明沟引流、集水池沉淀过滤后,间接排入下水道,同时,落实"防台"、"防汛"和"雨季防涝"措施,配备三防器材和值班人员,做好"三防"工作。

<table>
<tr><td>交底人</td><td colspan="4"></td><td>年　月　日</td></tr>
<tr><td>复核人</td><td colspan="4"></td><td>年　月　日</td></tr>
<tr><td rowspan="3">接受人</td><td>工种</td><td>签名</td><td>工种</td><td>签名</td><td rowspan="3">年　月　日</td></tr>
<tr><td></td><td></td><td></td><td></td></tr>
<tr><td></td><td></td><td></td><td></td></tr>
</table>

# 超前地质预报技术交底

工程名称:沪昆客专铁路长昆(湖南段)梨子坪隧道　　编号:LZPCK011 号

| 交底项目 | 中铁隧道集团沪昆项目部 | 作业班组 | 开挖班及管理人员 |
|---|---|---|---|
| 交底部位 | 超前地质预报 | 交底时间 | 年　月　日 |

**一、设计参数**

适用于沪昆客专铁路长昆(湖南段)项目所有隧道施工。

**二、施工工艺**

施工工艺流程见图1。

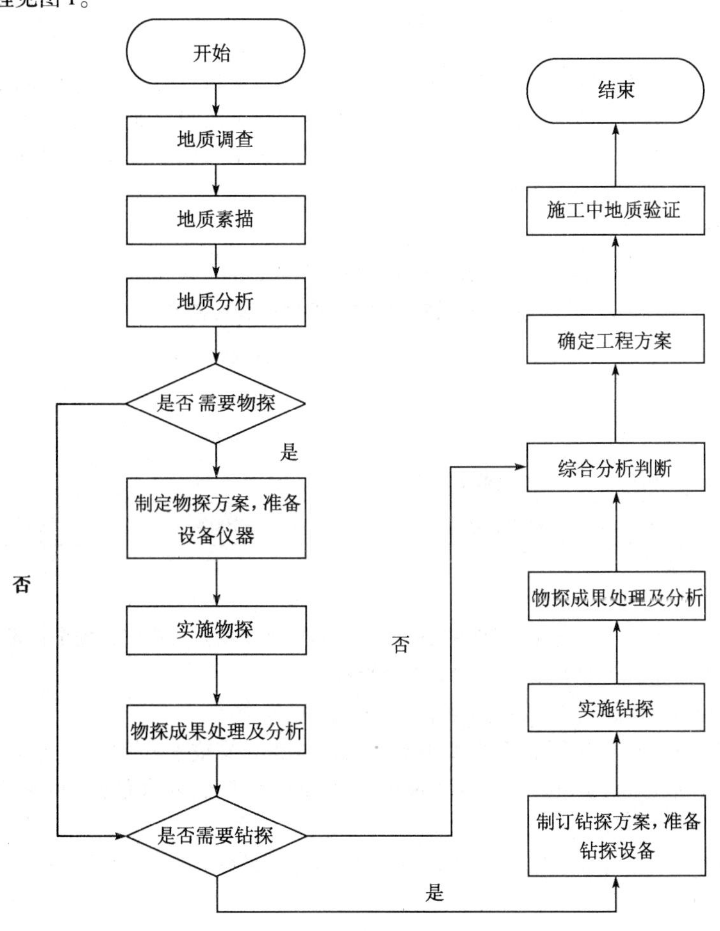


图1　施工工艺流程

**三、施工方法**

1. 地质素描

地质素描的现场工作需要由各工区(每个掘进掌子面)现场隧道架子队安排一位技术员对掌子面的地质情况和地下水特征进行素描记录,素描记录的同时需要对掌子面、拱顶和左右边墙进行拍摄或录像,并把照片和视频命名成对应的掌子面里程。地质展示图按照 60m/张。

2. TSP 探测

沪昆铁路 CKTJ-6 标段所有隧道正洞和辅助坑道都需要进行 TSP 探测，TSP 探测设备为 TSP200 或 TSP203，仪器由预报组提供，每台仪器配备一个 TSP 探测组。复杂地段 100m/次，其他预报段 150～300m/次，循环搭接长度不小于 20m。

3. 超前探孔

在断层破碎带、重大物探异常区、富水地段和 TSP 探测出的不良地质段，需要进行钻孔探测。钻探设备工程指挥部提供，每台钻机配备一个钻机组重点关注断层破碎带及其影响带、物探异常区、斜井与正洞交叉口。

4. 红外线探水

TSP 探测可能出水地段、地下水富水地段和现场作业时地下水发育地段需要做红外探测进行验证预报，保证现场施工安全。现场需要探测时，红外探测组在 5h 内携带仪器 HW-4 到达现场进行数据采集，数据采集时严格按照红外探测记录表填写采集数据。红外探水每次探测长度为 25～35m，下一循环搭接不小于 5m。

隧道施工超前地质预报的方法和手段有很多种，必须以地质分析法为基础，针对不同地段地质情况和预报目的，进行必要的技术经济比选，选择有针对性、适用性强的方法和设备，采用一种或几种方法的合理组合，达到预报准确、费用最低、占用时间最少的目标。一般地段采用地质法及物探法进行超前预报；重点地段，如构造发育地段、重大物探异常地段采用钻探验证。

## 四、质量验收标准

超前地质预报钻孔尺寸允许偏差和检验方法见表 1。

**超前地质预报钻孔尺寸允许偏差和检验方法** 表 1

| 序　　号 | 项　　目 | 允许偏差(mm) | 检 验 方 法 |
|---|---|---|---|
| 1 | 钻孔深度 | ±50 | 钢卷尺量测 |
| 2 | 孔间距 | ±50 | |
| 3 | 钻孔数量 | 不少于 24 个 | 现场统计 |
| 4 | 爆破合格率 | ≥100% | |

## 五、安全注意事项

(1)施工作业前必须认真检查和处理支护作业区的危石，施工机具应布置在安全地带。

(2)施工用作业台架应牢固可靠，并应设置安全栏杆。

(3)必须定期检查电源线路和设备的电器部件，确保用电安全。

(4)施工中应经常检查输料管、接头的磨损情况，当有磨损、击穿或松脱等现象时应及时处理。

(5)施工中检修机械或设备故障时，必须在断电、停风条件下进行，检修完毕向机械设备送电送风前必须事先通知有关人员。

(6)当加大风压处理堵管事故时，应先关机将输料管顺直，紧按喷嘴，喷嘴前方不准站人，疏通管路的工作风压不得超过 0.5MPa。

(7)非施工人员不得进入正进行喷射的作业区，施工中喷嘴前严禁站人。

(8)喷射作业区应有良好的通风措施，作业区的粉尘浓度不得大于 $10mg/m^3$。作业人员应带防尘口罩、防护帽、防护眼镜、防尘面具等防护用具，作业人员应避免直接接触碱性液体速凝剂，不慎接触后应立即用清水冲洗。

## 六、环水保注意事项

(1)开始施工前，必须进行环境因素识别，确定重要环境因素，制订相应的管理方案。

<table>
<tr><td colspan="6">（2）隧道弃渣场坡面应按设计进行复垦或绿化，渣顶整平满足施工图要求，坡脚进行防护，防止水土流失。<br>（3）施工场地布置时，在水源保护地区内不得取土、弃土、破坏植被等，不得设置搅拌站、洗车台、充电房等，并不得堆放任何含有害物质的材料或废弃物。<br>（4）施工废水、生活污水和生活垃圾不得随意丢弃，并在生活区、生产区及洞门口设置污水处理池，生活或生产污水及洞内废水必须经过污水处理池处理后排放或倒置于指定地点。</td></tr>
<tr><td>交底人</td><td colspan="4"></td><td>年 月 日</td></tr>
<tr><td>复核人</td><td colspan="4"></td><td>年 月 日</td></tr>
<tr><td rowspan="3">接受人</td><td>工种</td><td>签名</td><td>工种</td><td>签名</td><td rowspan="3">年 月 日</td></tr>
<tr><td></td><td></td><td></td><td></td></tr>
<tr><td></td><td></td><td></td><td></td></tr>
</table>

# 监控量测技术交底

工程名称：沪昆客专铁路长昆(湖南段)CKTJ-6标 梨子坪隧道　　　　编号：LZPCK012号

| 交底项目 | 中铁隧道集团沪昆项目部 | 作业班组 | 开挖班及管理人员 |
|---|---|---|---|
| 交底部位 | 监控量测 | 交底时间 | 年　月　日 |

**一、设计参数**

适用于沪昆客专铁路长昆(湖南段)项目所有隧道施工。

**二、施工工艺**

1. 施工程序

确定量测方法→断面、测点布置→量测→数据收集→数据处理、分析。

2. 工艺流程

工艺流程见图1。

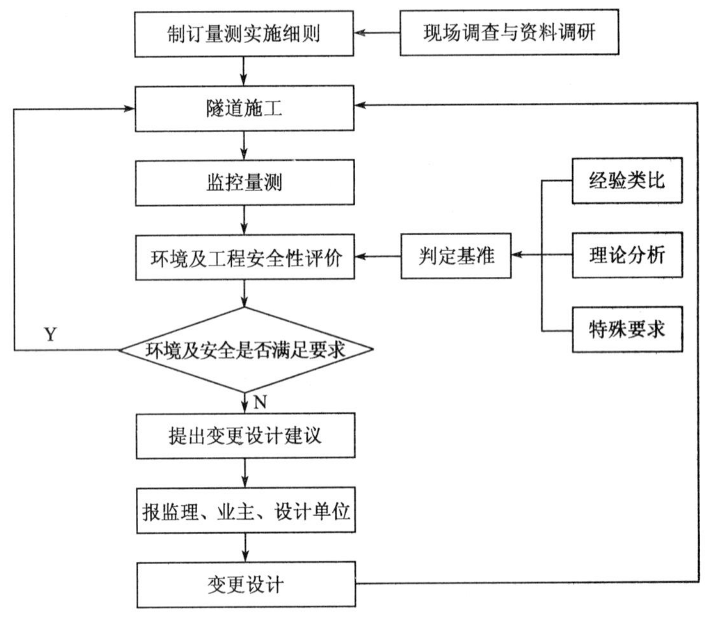


图1　工艺流程

**三、监控量测的主要内容**

(1)隧道监控量测的项目应根据工程特点、规模大小和设计要求综合选定。

必测项目主要包括：①洞内、外观察；②净空变化；③拱顶下沉；④地表下沉(浅埋隧道必测，$H_0 \leq 2B$时)。

(2)监控量测必测项目见表1。

**四、监控量测必测项目技术方法**

1. 洞内、外观察

(1)施工过程中应进行洞内、外观察。洞内观察可分开挖工作面观察和已施工地段观察两部分。

**监控量测必测项目** 表1

| 序号 | 监测项目 | 测试方法和仪表 | 测试精度 | 备注 |
|---|---|---|---|---|
| 1 | 洞内、外观察 | 现场观察、地质罗盘、数码相机 | | |
| 2 | 衬砌前、后净空变化量测 | 隧道净空变化测定仪、收敛计 | 0.1mm | 一般进行水平收敛量测 |
| 3 | 拱顶下沉 | 水准测量的方法,精密水准仪、钢挂尺、全站仪 | 1mm | |
| 4 | 地表沉降 | 水准测量的方法,精密水准仪、铟钢尺、全站仪 | 1mm | 隧道浅埋段 |

(2)开挖工作面观察应在每次开挖后进行,及时绘制开挖工作面地质素描图、数码成像,填写开挖工作面地质状况记录表,并与勘查资料进行对比。

(3)已施工地段的观察每天至少应进行一次,主要是观察并记录喷射混凝土、锚杆、钢架变形和二次衬砌等的工作状态。

(4)洞外观察重点应在洞口段和洞身浅埋段,记录地表开裂、地表沉陷、边坡及仰坡稳定状态、地表水渗透情况等,同时还应对地面建(构)筑物进行观察。

2. 变形监控量测

(1)变形监控量测可采用接触量测或非接触量测方法。

(2)隧道净空变化量测可采用收敛计或全站仪进行。测点应埋设在规定的测线两端。

①采用收敛计量测时,测点采用焊接或钻孔预埋。

②采用全站仪量测时,测点应用膜片式回复反射器作为测点靶标,靶标黏附在预埋件上。量测方法包括自由设站和固定设站两种。

(3)拱顶下沉量测采用精密水准仪和铟钢挂尺进行,当水准测量法不宜实施时则改用全站仪进行。在隧道拱顶轴线附近进行焊接或钻孔预埋测点。测点应与隧道外监控量测基准点进行联测。

(4)地表沉降监控量测可采用精密水准仪、铟钢尺进行,基准点应设置在地表沉降影响范围之外。测点采用地表钻孔埋设,测点四周用水泥砂浆固定。当采用常规水准测量手段出现困难时,可采用全站仪量测。

(5)围岩内变形量测可采用多点位移计。多点位移计应钻孔埋设,通过专用设备读数。

3. 周边位移量测

隧道开挖后应不间断进行周边位移和拱顶下沉的量测,运用全站仪进行无尺量测。

(1)隧道开挖后,周边点的位移是围岩和支护力学形态变化的最直接、最明显的反映,净空的变化(收缩和扩张)是围岩变形最明显的体现。

(2)拱顶下沉量测值是反映隧道安全和稳定的重要数据,是围岩和支护系统力学形态变化的最直接、最明显的反映,易于实现量测信息的反馈。拱顶测点在支护结构施工时埋设。

(3)拱顶下沉、收敛量测起始读数宜在每次开挖后2h内完成,其他量测应在每次开挖后12h内取得起始读数,最迟不得大于12h,且在下一循环开挖前必须完成。

(4)拱顶下沉和地表下沉量测基点应与洞内、外水准基点建立关系。

**五、数据收集及分析管理**

在取得监测数据后,及时由专业监测人员整理分析监测数据。结合围岩、支护受力及变形情况,进行分析判断,将实测值与允许值进行比较,及时绘制各种变形或应力—时间关系曲线,预测变形发展趋向及围岩和隧道结构的安全状况,并将结果反馈给设计、监理单位,从而实现动态设计、动态施工。

位移管理等级见表2。

目前,回归分析是量测数据数学处理的主要方法,通过对量测数据回归分析预测最终位移值和各阶段的位移速率。具体方法如下:

(1)将量测记录及时输入计算机系统,根据记录绘制纵横断面地表下沉曲线和洞内各测点的位移 $u$ 与时间 $t$ 的关系曲线,见图2。

位 移 管 理 等 级　　表 2

| 管理等级 | 距开挖面 1$B$ | 距开挖面 2$B$ | 应 对 措 施 |
|---|---|---|---|
| Ⅲ | $U < U_{1B}/3$ | $U < U_{2B}/3$ | 可正常施工 |
| Ⅱ | $U_{1B}/3 \leqslant U \leqslant 2U_{1B}/3$ | $U_{2B}/3 \leqslant U \leqslant 2U_{2B}/3$ | 综合评价设计施工措施,加强监控量测,必要时采取相应工程对策 |
| Ⅰ | $U > U_{1B}/3$ | $U > U_{2B}/3$ | 暂停施工,采取相应工程对策 |

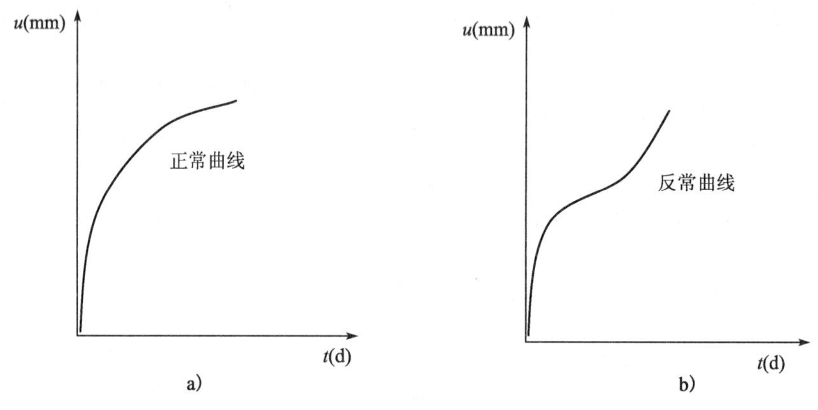


图 2　位移($u$)—时间($t$)曲线

(2)若位移—时间曲线如图 2b)所示出现反常,表明围岩和支护已呈不稳定状态,需加强支护,必要时暂停开挖并进行施工处理。

(3)当位移—时间曲线如图 2a)所示趋于平缓时,进行数据处理或回归分析,从而推算最终位移值,掌握位移变化规律。

(4)各测试项目的位移速率明显收敛,围岩基本稳定后,进行二次衬砌的施作。

(5)围岩稳定性的综合判别:

①按照位移管理等级指导施工。

②根据位移变化速度判定。

净空变化速度持续大于 5.0mm/d 时,围岩处于急剧变形状态,应加强初期支护。

水平收敛(拱脚附近)速度小于 0.2mm/d 时,拱顶下沉速度小于 0.15mm/d 时,围岩基本达到稳定。

在浅埋地段以及膨胀性和挤压性围岩等情况下,应采用监控量测分析判别。

③根据位移时态曲线的形态来判别。

当围岩位移速率不断下降时$\left(\frac{d^2u}{dt^2}<0\right)$,围岩趋于稳定状态。

当围岩位移速率保持不变时$\left(\frac{d^2u}{dt^2}=0\right)$,围岩不稳定,应加强支护。

当围岩位移速率不断上升时$\left(\frac{d^2u}{dt^2}>0\right)$,围岩进入危险状态,必须立即停止掘进,加强支护。

围岩稳定性判别是一项复杂且非常重要的工作,必须结合具体工程情况采用上述几种判别准则进行综合评判。

**六、质量控制要点**

(1)隧道拱顶下沉和净空变化的量测断面间距：Ⅲ级围岩不得大于15m，Ⅳ级围岩不得大于10m，Ⅴ级围岩不得大于5m。

(2)当拱顶下沉、水平收敛速率达5mm/d或位移累计达100mm时，应暂停掘进，并及时分析原因，采取处理措施。

(3)当采用接触量测时，测点挂钩应做成闭合三角形，保证牢固不变形。

(4)隧道浅埋、下穿建筑物地段，地表必须设置监测网点并实施监测。

**七、安全注意事项**

(1)监控量测人员要经过培训才能上岗，严禁无证上岗。

(2)监控量测数据要及时整理、分析，并将信息最快反馈到相关各方，出现危险情况，及时通知施工方，撤出人员和设备，确保设人员和设备安全。

(3)隧道施工过程中要妥善保护监控量测的元器件，并有显著的安全标识。在岩爆地段埋设量测元器件，必须对岩爆妥善处理后进行。

(4)监控量测使用的作业台架、高空升降车、升降梯等必须安设牢固，作业时操作人员必须系安全带。

(5)在富水地段施工安装量测仪器或进行钻孔时，发现岩壁松软、掉块或钻孔中的水压、水量突然增大，以及有顶钻异常情况时，必须停止钻进，立即上报有关部门，并派人监测水情。当发现情况危急时，必须立即撤出所有受水威胁区域的人员，然后采取措施进行处理。

(6)量测过程中应随时观察地质变化，发现有松动滑块现象立即停止量测，在危险排除后方可继续进行量测。

**八、环水保注意事项**

(1)隧道上方或附近有村庄、建筑物、沟槽要加强监测实现动态施工，确保隧道施工尽可能不影响居民生活和生态资源平衡。

(2)施工现场的各量测点应设置标识牌。标识牌形式统一、标识内容齐全、填写规范、更新及时。

(3)不得将有毒有害物质和固体垃圾堆放在河流、水库、沟渠等水体附近，更不得向水体排放，在醒目位置设置安全警示标识。

(4)禁止焚烧油毡、橡胶、塑料、皮革等能产生有毒、有害气体的物质。

(5)测点埋设时，剩余的水泥砂浆应采用塑料袋将其收回倒置于指定地方统一处理。

(6)施工场地布置在水源保护地区内不得取土、弃土、破坏植被等，并不得堆放任何含有害物质的材料或废弃物。

(7)施工垃圾不得随意排放、丢弃，施工废水得经过处理池处理后再排放到指定地点，施工垃圾倒置在指定地方统一处理。

<table>
<tr><td>交底人</td><td colspan="4"></td><td>年　月　日</td></tr>
<tr><td>复核人</td><td colspan="4"></td><td>年　月　日</td></tr>
<tr><td rowspan="3">接受人</td><td>工种</td><td>签名</td><td>工种</td><td>签名</td><td rowspan="3">年　月　日</td></tr>
<tr><td></td><td></td><td></td><td></td></tr>
<tr><td></td><td></td><td></td><td></td></tr>
</table>

# 第三章 初期支护

# 喷射混凝土技术交底

工程名称：沪昆客专铁路长昆（湖南段）CKTJ-6 标 梨子坪隧道　　编号：LZPCK013 号

| 施工单位 | 中铁隧道集团沪昆项目部 | 作业班组 | 支护班 |
|---|---|---|---|
| 交底部位 | 初期支护 | 交底时间 | 年　月　日 |

**一、设计参数**

梨子坪隧道初期支护采用 C25 湿喷射混凝土施工。各围岩喷射混凝土参数见表 1。

围岩喷射混凝土参数　　表 1

| 序号 | 1 | 2 | 3 | 4 | 5 | 6 | 7 |
|---|---|---|---|---|---|---|---|
| 围岩级别 | Ⅲ | | Ⅳ | | Ⅴ | | |
| 支护类型 | Ⅲa | Ⅲc | Ⅳa | Ⅳb | Ⅴa | Ⅴb | Ⅴe |
| 喷射混凝土等级 | C25 | C25 | C25 | C25 | C25 | C25 | C25 |
| 喷射混凝土厚度 | 12 | 23 | 25 | 28 | 32 | 32 | 45 |

**二、施工方法**

（1）喷射混凝土采用湿喷法。

（2）原材料选定水泥—普通硅酸盐水泥（42.5MPa），砂用中粗砂，碎石最大粒径不大于 15mm，水宜采用清洁的饮用水，速凝剂选用符合质量要求并对人体危害小的外加剂。掺外加剂前做水泥的相溶性试验，水泥净浆速凝效果试验初凝不应大于 5min，终凝不大于 10min。掺外加剂后的喷射混凝土性能必须满足设计要求。

（3）喷射前准备工作：检查受喷面尺寸保证开挖面符合设计要求。拆除障碍物，清除受喷面松动岩石及浮碴。铺设钢筋网时先清除污锈。钢筋网与锚杆联结牢固，接头稳定。埋设控制混凝土厚度的标志用在石缝处打铁钉并记录其外露长度的方法进行。作业区有良好的通风和足够的照明装置。喷射作业前对机械设备、风、水管路和用电线路等进行全面检查和试运转。

（4）喷射作业：喷射时先喷两侧，由下而上后喷拱顶，喷射路线呈小螺旋形绕圈运动，绕圈直径 30cm 左右为宜。后一圈压前一圈的 1/3 或 1/2，喷射路线呈"S"形运动，每次"S"形运动长度为 3 ~ 4m。喷射纵向第二行时要依顺序从第一行的起点处开始，行与行间须搭接 2 ~ 3cm，料束旋转速度原则上要均匀不宜太慢或太快。喷头与受喷面保持 0.6 ~ 1.0m 的垂直距离。喷射时控制好混凝土表面平整。复喷在前一层混凝土终凝后进行。喷射时就分段长度不超过 6m 分块大小为 2m × 2m。一次喷射不能太厚或太薄，根据喷射混凝土层与受喷面之间的黏结力和受喷部位等。

（5）喷射时分段、分片按由下向上的顺序进行，以避免污染未喷混凝土地段，岩面个别地方出现较大超挖时，应首先予以找平，可先用短钢架或钢筋网折叠进行回填，然后予以回喷密实，不得用其他杂物回填，保证不留空洞。

喷射中发现松动岩石或遮挡喷射混凝土的物体时，应及时清除。

喷嘴与岩面的角度，一般保持垂直。但在边墙施工时，宜将喷嘴略向下俯 10°左右，使混凝土束喷射在较厚的混凝土顶端，可略减少回弹量；喷射距离原则上以能看清喷射情况、料束集中、回弹量小为宜，控制在 0.6 ~ 1.2m。

喷射时喷嘴料束应呈旋转轨迹运动，一圈压半圈，纵向按"S"形进行，转动半径为 15cm。每次移动长度根据爆破长度而定。喷射纵向第二行时，要从第一行的起点处开始，行与行之间搭接 2 ~ 3cm，料束旋转要匀速。

喷混凝土作业必须喷至设计厚度，可根据锚杆外露长度作为标记。如无外露锚杆时，在岩面上固定一些短钢筋作为标记。如果喷层较厚，则应分两次或多次进行喷射，间隔时间不得小于 20min，保证喷射混凝土的平整度，其凸凹量不超过10cm。

基面有滴水、淌水、集中出水的地点，采用凿槽、埋管等方法进行引导疏干。

喷混凝土回弹料严禁重复使用。严禁拱背出现脱空现象。

喷混凝土必须紧跟掌子面，下次爆破距喷混凝土终凝的间隔不得少于4h。

喷混凝土完成后由质检工程师对施工质量进行检查，如未达到要求，则下一循环必须进行补喷处理。

**三、质量控制要点**

(1)喷射混凝土所用的水泥、粗骨料、外加剂原材料必须符合有关设计和规范规定，并按规定的配合比进行施工。水泥采用普通硅酸盐水泥；细骨料细度模数应大于2.5；粗骨料最大粒径不宜大于15mm，含泥量不应大于1%，严禁使用具有潜在碱活性骨料。

(2)喷射混凝土的方式用湿喷方式。湿喷混凝土的坍落度宜控制在80～120mm。

(3)喷射混凝土前应检查开挖断面尺寸。清除开挖面的松动岩块及在拱脚与墙脚处的岩屑等杂物，设置控制喷层厚度的标志。对基面有滴水、淌水、集中出水点的情况应采用凿槽、埋管等方法进行引导疏干。

(4)喷射混凝土时应按照施工工艺分段、分片。分层喷射混凝土时，后一层喷射应在前一层混凝土终凝后进行。喷射作业紧跟开挖作业面时，混凝土终凝到下一循环爆破作业时间不应少于3h。

(5)喷射混凝土表面应平顺、无裂缝及掉渣现象，锚杆头及钢筋无外露。喷射混凝土强度符合设计要求，喷射混凝土平均厚度不小于设计厚度。

(6)空洞检测应保证喷射混凝土无空洞无杂物，采用凿孔检测、每10m检测一个断面，每个断面从拱顶中线起每3m检测一点。

**四、质量保证措施**

(1)严格按照设计文件与施工验收标准对报检部位进行验收。

(2)严格按照自检后再报检程序进行，经监理检查合格后方可进行下一道工序施工。

(3)喷层与围岩黏结情况检查应用锤敲击，如有空响应凿除喷洗净重喷。

(4)喷层平均厚度不得少于设计厚度。

(5)喷射混凝土表面有裂缝、脱落、露筋、渗漏水等情况时，应予补修凿除喷层重喷。

**五、安全保证措施**

(1)喷射前要检查作业地段的围岩，并进行清理浮石、危石等必要的排险作业。

(2)喷射机要安放在围岩稳定或已衬砌地段内，同时喷射作业地段应加强照明和通风。

(3)喷射时严格掌握好风、水压，加强综合防尘措施。

(4)喷射作业人员必须穿戴安全防护用品，严禁将喷枪对准施工人员，以免突然出料时伤人。

(5)施工期间严格按照环保要求、文明施工和标准工地的要求进行组织施工，确保各项指标满足有关规定。

(6)加大对环保和文明施工宣传力度，组织学习文明施工先进条规、方法，增进对文明施工重要性的认识。真正实现文明工地文明建设的目标。

(7)其他安全要求详见安全专项技术交底。

**六、文明施工保证措施**

(1)在现场施工过程中，施工人员的生产管理符合施工技术规范和施工程序要求，不违章指挥，不蛮干。对不服从统一指挥和管理的行为，按处罚条例严格执行。

(2)开展文明教育，加强班组建设，提高班组整体素质。

(3)工程实施过程中全面开展创建文明工地活动，工区、作业队设文明施工负责人，定期与不定期检查文明施工措施落实情况，切实搞好文明施工。

(4)建筑材料按区域分类堆放整齐，生产区与生活办公区分隔，场容场貌整洁、有序、文明。

(5)施工现场设置以明沟、集水池为主的临时排水系统，施工污水经明沟引流、集水池沉淀过滤后，间接排入下水道，同时，落实“防台”、“防汛”和“雨季防涝”措施，配备三防器材和值班人员，做好“三防”工作。

<table>
<tr><td>交底人</td><td colspan="4"></td><td>年 月 日</td></tr>
<tr><td>复核人</td><td colspan="4"></td><td>年 月 日</td></tr>
<tr><td rowspan="3">接受人</td><td>工种</td><td>签名</td><td>工种</td><td>签名</td><td rowspan="3">年 月 日</td></tr>
<tr><td></td><td></td><td></td><td></td></tr>
<tr><td></td><td></td><td></td><td></td></tr>
</table>

# 大管棚技术交底

工程名称：沪昆客专铁路长昆(湖南段)CKTJ-6标梨子坪隧道　　　　编号：LZPCK014号

| 施工单位 | 中铁隧道集团沪昆项目部 | 作业班组 | 支护班 |
|---|---|---|---|
| 交底部位 | 大管棚 | 交底时间 | 年　月　日 |

**一、施工参数**

梨子坪隧道大管棚施工参数如下：

(1)大管棚(洞口30m范围，沿拱顶150°范围设置)，采用热轧无缝钢管，外径$\phi$108，壁厚5mm，环向间距40cm，共51根；钢管节段间用丝扣连接，$\phi$108钢管车150mm长外丝扣，$\phi$114、长300mm车内丝扣作为连接钢管。长管棚上钻注浆孔，孔径10~16mm，孔间距200cm，梅花形布置。

(2)钢花管内装入钢筋笼。钢筋笼由4根$\phi$16螺纹钢筋均匀固定焊接在$\phi$42、长50mm的固定环上，固定环间距150cm，每节钢筋笼按6m加工制作，两节钢筋笼连接处接头相互错开。

(3)导向墙厚度1m，长1m，采用C20混凝土，全环设置。

(4)导向钢架采用两榀Ⅰ22工字钢，间距50cm；钢架外缘设$\phi$150、壁厚5mm的导向钢管，钢管也与钢架焊接，外插角3°。

(5)衬砌断面采用《长昆客专施(长玉段)隧通01A－38》Ⅴ级围岩Vb型(偏压)复合式衬砌断面。

**二、施工方法**

(1)导向墙及洞口管棚具体位置必须由测量组放样确定。

(2)洞口开挖预留大管棚施作台阶：开挖至拱顶最高处管棚位置下150cm处留平台，开挖至大管棚施工最低点下150cm处停止。预留梯形作业平台，既利于稳定掌子面，又方便施作大管棚作业台架。台架采用方木搭设，确保足够的强度。

(3)预留变形量控制：洞口20m范围预留变形量为20cm，洞口进入20m后，预留变形量根据监测或地层情况在现场确定。

(4)导向钢架及导向管安装：

①钢架制作完成后报质检工程师检查并现场试拼，试拼合格后方能运到工作面使用。

②现场安装要求螺栓必须全部拧紧，连接板不能密贴时，采用夹钢筋满焊的方式加固。

③现场架立时，要有测量人员定位，定位后再用连接筋焊接成一个整体。

④导向管安装时，测量组配合，采用角度仪在钢架上部按设计间距在导向钢架上固定有一定外插角(与管棚位置方向一致)的导向管($\phi$150、壁厚5mm的长1.0m的导向钢管)，导向管安装要牢固，外插角2.5°。

⑤导向管两端堵塞密实，防止浇筑导向墙时混凝土进入管道。

⑥关模：本道工序十分关键，模板采用标准3015组合钢模板，要求模板安装精度高、密封、稳固。

⑦浇筑混凝土前必须报质检工程师及监理工程师检查，合格后方能浇筑。浇筑混凝土时可考虑少量加入速凝剂，混凝土强度等级C20，浇筑过程均匀捣固，漏浆时及时堵塞，确保混凝土内实外光，一次成型。

⑧浇筑完混凝土后先覆盖塑料薄膜养生。

⑨混凝土达到90%强度后才允许钻机开钻。

⑩导向墙完成后，喷射15cm厚C20混凝土封闭掌子面，作为注浆时的止浆墙。

(5)导向墙要求全部采用现浇混凝土施工，浇筑时确保导向墙厚度均匀、导向墙伸出端墙面尺寸一致，一次成型。

(6)大管棚施工：

①在套拱上用红油漆对管棚编号，字体要工整、美观。

②大管棚统一按6m节加工，并加工3m长管节，作为调节接头错开的管节。

③钻机作业平台尽可能用方木搭设,作业平台要牢固,有足够的强度。

④每个孔位钻机在钻进过程中要做好记录(钻进速度、地质情况、遇到的困难等);下管时做好记录,相邻孔管棚接头必须错开,确保管棚头在一个面上。

⑤管棚顶到位后,放入钢筋笼,钢筋笼之间采用焊接,主筋搭接长度单面焊18cm,且与钢管接头相互错开。钢管与导向管间隙用速凝水泥或其他材料堵塞严密,以防浆液冒出。堵塞时设置进浆孔和排气孔。

⑥注浆材料为水泥浆,注浆时先灌注"单"号孔,再灌注"双"号孔。注浆管头加工带闸阀的注浆嘴,采用注浆机将浆液注入管棚钢管内,初压0.5~1.0MPa,终压2MPa,持压15min后停止注浆。施工中详细记录注浆时间、注浆压力及注浆量。

⑦注浆量应满足设计要求,一般为钻孔圆柱体的1.5倍;若注浆量超限,未达到压力要求,应调整浆液浓度继续注浆,确保钻孔周围岩体与钢管周围孔隙充填饱满。注浆时,加强对周边地表的观察,若浆液流出地表,停止注浆,待注入浆液终凝后再注。

**三、验收标准**

(1)施工所用材料(砂、石、水泥、外加剂、钢筋、无缝钢管等)必须经试验检验为合格产品。

(2)管棚所用钢管的品种和规格必须符合设计要求。

(3)注浆浆液的配合比应符合设计要求。

(4)注浆压力应符合设计要求,注浆浆液应充满钢管及其周围的空隙。

(5)管棚钻孔满足表1要求。

**管棚钻孔允许偏差表** 表1

| 序号 | 项目 | 允许偏差 |
|---|---|---|
| 1 | 方向角 | 1° |
| 2 | 孔口距 | ±50mm |
| 3 | 孔深 | ±50mm |

**四、安全注意事项**

(1)施工地点在山林地区,多灌木杂草,注意防火。

(2)施工场地狭小,挥动挖土工具时注意不要碰伤他人。

(3)防止电焊机等漏电,立拱时小心砸伤、压伤,拱架立好后必须采取措施进行固定。

(4)山陡、路滑防止摔伤。

**五、环境保护**

(1)所有加工机械及材料设备必须堆放到指定地点。

(2)不得在施工范围内外乱扔杂物。

(3)施工现场做到工完料清。

<table>
<tr><td>交底人</td><td colspan="4"></td><td>年 月 日</td></tr>
<tr><td>复核人</td><td colspan="4"></td><td>年 月 日</td></tr>
<tr><td rowspan="3">接受人</td><td>工种</td><td>签名</td><td>工种</td><td>签名</td><td rowspan="3">年 月 日</td></tr>
<tr><td></td><td></td><td></td><td></td></tr>
<tr><td></td><td></td><td></td><td></td></tr>
</table>

# 超前小导管技术交底

工程名称：沪昆客专铁路长昆(湖南段)CKTJ-6标梨子坪隧道　　　　编号：LZPCK015号

| 施工单位 | 中铁隧道集团沪昆项目部 | 作业班组 | 支护班 |
|---|---|---|---|
| 交底部位 | 超前小导管 | 交底时间 | 年　月　日 |

**一、设计参数**

梨子坪隧道超前小导管的设计施工参数，如表1所示。

**梨子坪隧道超前小导管的设计施工参数**　　　　表1

| 序号 | 围岩级别 | 支护类型 | 布设范围 | 小导管间距(cm) | 小导管长度(m) | 每环间距(m) |
|---|---|---|---|---|---|---|
| 1 | Ⅳ | Ⅳb | 拱部140℃ | 40 | 2.5 | 2 |
| 2 | Ⅴ | Ⅴa | 拱部140℃ | 40 | 2.5 | 2 |
| 3 | | Ⅴb | 拱部150℃ | 40 | 3 | 2.4 |
| 4 | | Ⅴe | 拱部150℃ | 30 | 3 | 2.4 |

**二、施工方法**

1.钻孔

采用钻孔台车钻孔，钻头采用钻孔直径为45mm的大钻头。钻孔时，外插角控制在1°~3°，可根据实际情况调整，钻孔深度应大于钢管长度。

2.小导管安装

钻孔完成后，用高压风管吹除孔内残渣，即可进行插管。采用锤击或钻机顶入的方法将加工好的导管插入孔内，顶入长度不小于管长的90%。插管完成后及时安装型钢拱架，将导管尾部焊接在型钢拱架上，使其与拱架形成联合支护体系。

3.注浆

插管后进行注浆，注浆机械采用注浆机，注浆液采用M20水泥浆或水泥砂浆，注浆压力控制在0.5~1.0MPa以内。

**三、施工要求**

1.超前小导管设计

超前小导管配合钢架使用，Ⅳb级加强小导管长度为3.5m，其纵向搭接长度不小于1m。

超前小导管设计参数：

(1)超前导管规格：符合设计要求。

(2)小导管环向间距为40cm。

(3)倾角：外插角1°~3°，可根据实际情况调整。

(4)注浆材料：M20水泥浆或水泥砂浆。

(5)设置范围：拱部120°范围，每环19根。

2.超前小导管施工

(1)制作钢花管

小导管前端做成尖锥形，尾部焊接ϕ6钢筋加劲箍，管壁上每隔10cm梅花形钻眼，眼孔直径为8mm，尾部长度不小于100cm，作为不钻孔的止浆段。

(2)小导管安装

测量放样，在设计孔位上做好标记，用凿岩机或煤电钻钻孔，孔径较设计导管管径大20mm以上。成孔

后，将小导管按设计要求插入孔中，或用凿岩机直接将小导管从型钢钢架上部、中部打入，外露20cm，支撑于开挖面后方的钢架上，与钢架共同组成预支护体系。

(3)注浆

采用KBY-50/70注浆泵压注水泥浆或水泥砂浆。注浆前先喷射5~10cm厚混凝土封闭掌子面，形成止浆盘。注浆前先冲洗管内沉积物，由下至上顺序进行。单孔注浆压力达到设计要求值，持续注浆10min，且进浆速度为开始进浆速度的1/4或进浆量达到设计进浆量的80%及以上时，注浆方可结束。

注浆施工中认真填写注浆记录，随时分析和改进作业，并注意观察施工支护工作面的状态。注浆参数应根据注浆试验结果及现场情况进行调整。

注浆参数可参照以下数据进行选择：

①注浆压力：一般为0.5~1.0MPa。

②浆液初凝时间：1~2min。

③水泥：P.O.32.5普通硅酸盐水泥。

④砂：中细砂。

(4)注浆异常现象的处理

①串浆时，及时堵塞串浆孔。

②泵压突然升高时，可能发生堵管，应停机检查。

③进浆量很大，压力长时间不升高时，应重新调整砂浓度及配合比，缩短胶凝时间。

**四、质量控制及检验**

超前小导管所用的钢管的品种和规格必须符合设计要求。超前小导管与支撑结构的连接应符合设计要求。超前小导管的纵向搭接长度应符合设计要求。注浆浆液的配合比应符合设计要求。前小导管注浆压力应符合设计要求，注浆浆液应充满钢管及其周围的空隙。

**五、安全及环保要求**

1. 安全要求

(1)施工期间，尤其在注浆时，应对支护的工作状态进行检查。当发现支护变形或损坏时，应立即停止注浆，采取措施。

(2)注浆结束4h后，方可进行掌子面的开挖。

(3)相邻两排小导管搭接长度应符合设计要求，且不小于1m。

(4)钢管要与拱架焊接牢固，注浆后注浆孔要堵塞密实。

(5)钻孔台车进洞时要有专人指挥，认真检查道路状况和安全界限，其行走速度不得超过25m/min。台车在行走或暂停时，应将钻架和机具都收拢到放置位置，就位后不得倾斜，并应制动车轮，放下支柱，防止移动。

2. 环保要求

在临近居民区进行作业时，噪声标准应达到国家相关规定要求，且尽量避开居民休息时间进行施工。如确实需要夜间施工的，应在施工前先做好各方面的协调工作。运输车辆驶出现场时，应将轮胎上的泥土清理干净，避免带泥土上路。

<table>
<tr><td>交底人</td><td colspan="4"></td><td>年　月　日</td></tr>
<tr><td>复核人</td><td colspan="4"></td><td>年　月　日</td></tr>
<tr><td rowspan="3">接受人</td><td>工种</td><td>签名</td><td>工种</td><td>签名</td><td rowspan="3">年　月　日</td></tr>
<tr><td></td><td></td><td></td><td></td></tr>
<tr><td></td><td></td><td></td><td></td></tr>
</table>

# 锚杆技术交底

工程名称：沪昆客专铁路长昆（湖南段）CKTJ-6标梨子坪隧道　　编号：LZPCK016号

| 施工单位 | 中铁隧道集团沪昆项目部 | 作业班组 | 支护班 |
|---|---|---|---|
| 交底部位 | 锚杆 | 交底时间 | 年　月　日 |

**一、设计参数**

梨子坪隧道边墙采用$\phi22$砂浆锚杆，拱部采用$\phi25$中空注浆锚杆，锚杆均设置垫板，长度及间距依据围岩级别进行确定，见表1。

**梨子坪隧道锚杆支护参数表**　　表1

| 衬砌类别 | 初期支护 | | | | | |
|---|---|---|---|---|---|---|
| | $\phi22$砂浆锚杆 | | | $\phi25$中空注浆锚杆 | | |
| | 位置 | 长度(m) | 间距(m) | 位置 | 长度(m) | 间距(m) |
| IIIc | 边墙 | 3.0 | 1.2×1.5 | 拱部 | 3.0 | 1.2×1.5 |
| IVa | 边墙 | 3.5 | 1.2×1.2 | 拱部 | 3.5 | 1.2×1.2 |
| IVb | 边墙 | 3.5 | 1.2×1.2 | 拱部 | 3.5 | 1.2×1.2 |
| IVc | 边墙 | 3.5 | 1.2×1.2 | 拱部 | 3.5 | 1.2×1.2 |
| Va | 边墙 | 4.0 | 1.2×1.0 | 拱部 | 4.0 | 1.2×1.0 |
| Vb(浅埋) | 边墙 | 4.0 | 1.2×1.0 | 拱部 | 4.0 | 1.2×1.0 |
| Vb(偏压) | 边墙 | 4.0 | 1.2×1.0 | 拱部 | 4.0 | 1.2×1.0 |
| Ve | 边墙 | 5.0 | 1.2×1.0 | 拱部 | 5.0 | 1.2×1.0 |

**二、施工工艺**

砂浆锚杆施工工艺流程见图1，中空注浆锚杆施工工艺流程见图2。

1. 锚杆施工前的准备

(1)检查锚杆的类型、规格及是否与该支护段设计参数相符。

(2)根据锚杆的类型、规格及围岩情况准备钻孔机具。

2. 锚杆钻孔

锚杆钻孔利用开挖台阶搭设简易台架施钻，按照设计间距布孔；钻孔方向尽可能垂直于结构面或初喷混凝土表面；锚杆孔比杆径大15mm，成孔后采用高压风清孔。

3. 砂浆锚杆注浆及安装

锚杆注浆安装前须先做好材料、机具、脚手平台和场地准备工作，注浆材料使用硅酸盐或普通硅酸盐42.5水泥，严格按照施工配合比施工，砂浆强度等级不低于M20。

砂浆锚杆作业程序是：

(1)先注浆，后放锚杆。具体操作是：先将水注入牛角泵内，并倒入少量砂浆，初压水和稀浆湿润管路，然后再将已调好的砂浆倒入泵内。

(2)将注浆管插至锚杆眼底，将泵盖压紧密封，一切就绪后，慢慢打开阀门开始注浆。在气压的推动下，将砂浆不断压入眼底，注浆管跟着缓缓退出眼孔，并始终保持注浆管口埋在砂浆内，以免浆中出现空洞。

(3)将注浆管全部抽出后，立即把锚杆插入眼孔，然后用木楔堵塞眼口，防止砂浆流失。

4. 中空注浆锚杆安装及注浆

(1)安装前，应检查锚杆体钻头的水孔是否畅通，若有异物堵塞，应及时清理。

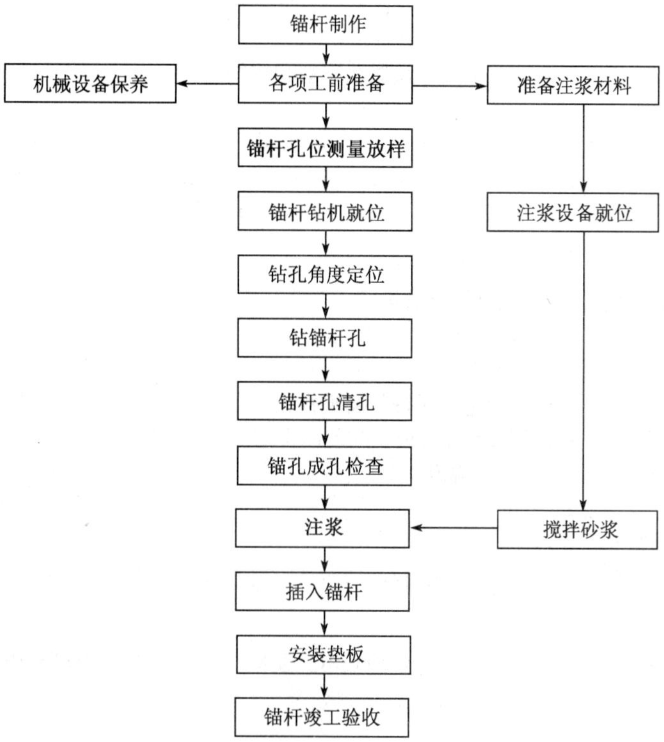

锚杆制作
↓
各项工前准备 → 机械设备保养
各项工前准备 → 准备注浆材料 → 注浆设备就位 → 搅拌砂浆
↓
锚杆孔位测量放样
↓
锚杆钻机就位
↓
钻孔角度定位
↓
钻锚杆孔
↓
锚杆孔清孔
↓
锚孔成孔检查
↓
注浆（← 搅拌砂浆）
↓
插入锚杆
↓
安装垫板
↓
锚杆竣工验收

图1　砂浆锚杆施工工艺流程图

锚杆制作
↓
各项工前准备 → 机械设备保养
各项工前准备 → 准备注浆材料 → 注浆设备就位 → 搅拌砂浆
↓
锚杆孔位测量放样
↓
锚杆钻机就位
↓
钻孔角度定位
↓
钻锚杆孔
↓
锚杆孔清孔
↓
锚孔成孔检查
↓
插入锚杆
↓
注浆（← 搅拌砂浆）
↓
安装垫板
↓
锚杆竣工验收

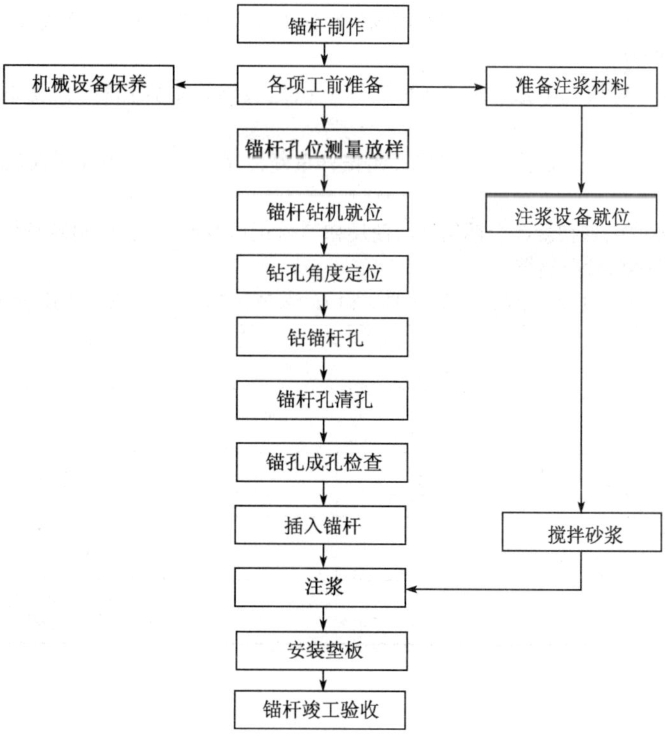

图2　中空注浆锚杆施工工艺流程图

<table>
<tr><td colspan="6">

(2)锚杆体装入设计深度后,应用水和空气洗孔,直至孔口返水或返气。

(3)注浆材料采用纯水泥浆,水灰比宜为0.4~0.5。

(4)注浆料应由杆体中孔灌入,上仰孔应设置止浆塞和排气孔。

5. 中空锚杆的作业程序

中空锚杆采用先锚后注式砂浆锚杆,钻孔台车或手持凿岩机钻孔,使用高压风吹净钻孔,将锚头与锚杆端头组合,戴上垫片与螺母;把组装好的锚杆打入钻孔,锚杆要尽量打在钻孔的中央位置,将止浆塞穿入锚杆末端与孔口齐平并与杆体固紧,锚杆末端戴上垫板,然后拧紧螺母。

**三、质量要求**

(1)锚杆安装的数量必须符合设计要求数量。

(2)砂浆锚杆采用的砂浆应严格按照施工配合比施工。

(3)锚杆孔内灌注砂浆应饱满密实。

(4)锚杆孔应保持直线,一般情况下应保持与隧道衬砌法线方向垂直。当隧道内岩层结构面出露明显时,锚杆孔宜与岩层主要结构面垂直,锚杆垫板应与基面密贴。

(5)锚杆安装允许偏差应符合下列规定:

①锚杆孔距允许偏差为±150mm。

②锚杆孔深允许偏差为±50mm。

(6)锚杆用钢筋应平直、无损伤,表面无裂纹、油污、颗粒状或片状老锈。

**四、施工注意事项**

(1)施工期间,应对支护的工作状态进行定期和不定期检查。在不良地质地段,应由专人每班检查。

(2)暂停施工时,应将支护直抵开挖面。

(3)锚杆简易台架应安置稳妥。

(4)作业中如发生风、水、输料管路堵塞或爆裂时,必须依次停止风、水、料的输送。

(5)对锚杆支护体系的监控量测中发现支护体系变形、开裂等险情时,应采取补救措施。当险情危急时,应将人员撤出危险区。

(6)若已锚地段有较大变形或锚杆失效,立即在该地段增设加强锚杆,长度不小于原锚杆长度的1.5倍。

(7)锚杆孔中必须注满砂浆,发现不满须拔出锚杆重新注浆。注浆管不准对人放置,以防止高压喷出物射击伤人。

(8)砂浆应随用随拌,在初凝前全部用完。使用掺速凝剂砂浆时,一次拌制砂浆数量不应多于3个孔,以免时间过长,砂浆在泵、管中凝结。

(9)锚注完成后,应及时清洗、整理注浆用具,除掉砂浆凝聚物,为下次使用创造好条件。

</td></tr>
<tr><td>交底人</td><td colspan="4"></td><td>年　月　日</td></tr>
<tr><td>复核人</td><td colspan="4"></td><td>年　月　日</td></tr>
<tr><td rowspan="3">接受人</td><td>工种</td><td>签名</td><td>工种</td><td>签名</td><td rowspan="3">年　月　日</td></tr>
<tr><td></td><td></td><td></td><td></td></tr>
<tr><td></td><td></td><td></td><td></td></tr>
</table>

# 钢支架技术交底

工程名称：沪昆客专铁路长昆（湖南段）CKTJ-6 标梨子坪隧道　　编号：LZPCK017 号

| 施工单位 | 中铁隧道集团沪昆项目部 | 作业班组 | 支护班 |
|---|---|---|---|
| 交底部位 | 钢架安装 | 交底时间 | 年　月　日 |

**一、设计参数**

梨子坪隧道钢架设计施工参数如表 1 所示。

**梨子坪隧道钢架设计施工参数**　　表 1

| 序号 | 围岩级别 | 支护类型 | 钢架类型 | 规格 | 间距(m) | 连接筋规格 | 间距(m) |
|---|---|---|---|---|---|---|---|
| 1 | Ⅲ | Ⅲc | 格栅钢架 | $\phi$22 | 1 | $\phi$20 | 1 |
| 2 | Ⅳ | Ⅳa | 格栅钢架 | $\phi$22 | 1 | $\phi$20 | 1 |
| 3 | | Ⅳb | 型钢架 | I18 | 1 | $\phi$20 | 1 |
| 4 | Ⅴ | Ⅴa | 型钢架 | I20 | 0.8 | $\phi$22 | 1 |
| 5 | | Ⅴb | 型钢架 | I22 | 0.6 | $\phi$22 | 0.8 |
| 6 | | Ⅴe | 型钢架 | I175 | 0.6 | $\phi$22 | 0.8 |

**二、施工方法**

(1)钢架安装在掌子面开挖初喷完成后立即进行。根据测设的位置，各节钢架在掌子面以螺栓连接，连接板应密贴。为保证各节钢架在全环封闭之前置于稳固的地基上，安装前应清除各节钢架底脚下的虚碴及杂物。同时每侧安设 2 根锁脚锚管将其锁定，底部开挖完成后，底部初期支护及时跟进，将钢架全环封闭。Ⅴ级围岩需在拱部钢架基脚处设槽钢，以增加基底承载力。

(2)为保证钢架位置安设准确，隧道开挖时在钢架的各连接处预留连接板凹槽。初喷混凝土时在凹槽处打入木楔，为架设钢架留出连接板（和槽钢）位置。钢架按设计位置安设，在安设过程中，如钢架和初喷层之间有较大间隙，应每隔 2m 用混凝土预制块楔紧，钢架背后喷混凝土填充密实。钢架纵向连接采用钢管（钢筋），环向间距 1m。

(3)钢架落底接长在单边交错进行，每次单边接长钢架 1 ~ 2 排。在软弱地层可同时落底接长和仰拱相连并及时喷射混凝土。接长钢架和上部钢架通过垫板用螺栓牢固准确地连接。

(4)架立钢架后应尽快进行喷混凝土作业，以使钢架与喷混凝土共同受力。喷射混凝土分层进行，先从拱脚或墙角处由下向上喷射，防止上层喷射料虚掩拱脚（墙角）不密实，造成强度不够，拱脚（墙角）失稳。

**三、土质隧道防止钢架下沉的措施**

拱部开挖安装型钢拱架后，由于土质隧道围岩的自稳性较差以及各部开挖拉开了一定距离，钢架短时间内不能全断面闭合，有可能会出现拱顶钢架下沉，导致围岩失稳或侵入衬砌界限，因此在施工过程中需加强对钢架安装以后的监控量测，必要时采取有效措施进行加固，以防止拱顶钢架下沉。具体措施如下：

(1)加强对钢架的锁脚固定措施。拱部钢架安装后，钢架暂时不能全断面封闭成环，同时土质隧道拱部钢架无法坐落在坚实的基岩上。因此，拱部钢架必须采取锁脚措施，将钢架两底脚牢固锁定，以防止钢架下沉或两底脚回收，钢架锁脚采用两根 $L=4.0$m 的 $\phi$42 锁脚锚管锁定，锚管采用钢花管，压注水泥浆液进行锚固，如地质较差时，采用加长锁脚锚管长度和再增设一根锁脚锚管以加强钢架的稳定。

(2)加设钢架基础连接纵梁，扩大开挖底脚，防止钢架悬空。为防止钢架下沉，视地质情况，必要时在拱部钢架底脚增设连接纵梁，纵梁采用 32 槽钢，与钢架底脚采用焊接连接，以增加钢架底脚的承力面积。

(3)及时喷射混凝土进行覆盖。钢架安装完成后，及时喷射混凝土，喷射时分层、分段进行，钢架应全部被喷射混凝土覆盖，保护层厚度不得小于 4mm。

(4)防止施工过程中的碰撞和损坏。机械开挖时,为防止挖掘机等大型机械对已支护好的钢架进行碰撞和冲击,造成钢架损坏,因此,开挖时要委派专人对开挖作业进行指挥,严格限制机械作业界限,以防止碰撞钢架。

**四、施工控制要点**

(1)钢架应按设计位置安设,钢架之间必须用钢筋纵向连接,并要保证焊接质量。拱架安设过程中,当钢架与围岩之间有较大的空隙时,应沿钢架外缘每隔 2m 用混凝土预制块楔紧。

(2)钢拱架的拱脚采用 C20 混凝土垫板和锁脚锚管等措施加强支承。

(3)钢架应尽可能多地与锚杆露头及钢筋网焊接,以增强其联合支护的效应。

(4)喷射混凝土时,要将钢架与岩面之间的间隙喷射饱和,达到密实。

(5)喷射混凝土应分层次、分段进行,初喷混凝土应尽早进行"早喷锚",复喷混凝土应在量测指导下进行,即遵循"勤量测"的基本原则,以保证喷射混凝土的复喷适时有效。

钢架施工具体工艺流程图如图 1 所示。

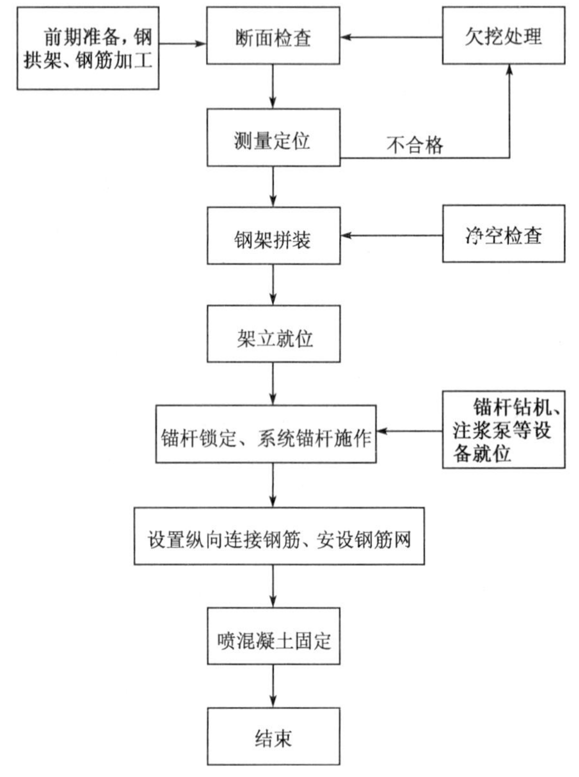


图 1　钢架施工具体工艺流程图

(6)型钢钢架应采用冷弯成型,钢架加工的焊接不得有假焊,焊缝表面不得有裂纹、焊瘤等缺陷。

(7)每榀钢架加工完成后应放在水泥地面上试拼,周边拼装允许误差为 ±3cm,平面翘曲应小于 2cm。

(8)钢架应在初喷混凝土后及时架设,各节钢架间以螺栓连接,连接板必须密贴。

(9)钢架安装前应清除底脚下的虚碴及杂物,钢架底脚应置于牢固的基础上。

**五、验收标准**

(1)制作钢架的钢材品种和规格必须符合设计要求。观察钢尺,检查全部钢架。

(2)型钢钢架的弯制应符合设计要求。钢架的结构尺寸应符合设计要求。观察、测量全部钢架。

(3)钢架安装不得侵入二次衬砌断面,底部不得有虚碴,相邻钢架及各节钢架间的连接应符合设计要求。钢架的混凝土保护层厚度不得小于4cm。表面覆盖层厚度不得小于3cm。观察、测量每榀钢架。

(4)沿钢架外缘每隔2m应用钢楔或混凝土预制块与初喷层顶紧,钢架与初喷层间的间隙应采用喷射混凝土喷填密实。

(5)钢筋、型钢等原材料应平直、无损伤,表面不得有裂纹、油污、颗粒状或片状锈蚀。观察全部钢架。

(6)钢架制作应符合下列规定:

①采用型钢弯制钢架时,分节长度应根据设计尺寸及所采用的开挖方法确定,各节长度不应大于4m,腹板上钻孔的位置应符合设计要求。

②钢架节点焊接长度应大于4cm,且对称焊接。

③钢架周边拼装允许偏差为±3cm,平面翘曲应小于2cm。观察、尺量每榀钢架。

(7)钢架安装允许偏差的检验应符合表2的规定。

**钢架安装允许偏差**　　表2

| 序　号 | 项　目 | 允 许 偏 差 |
|---|---|---|
| 1 | 间距 | ±100mm |
| 2 | 横向 | ±50mm |
| 3 | 高程 | ±50mm |
| 4 | 垂直度 | ±2° |
| 5 | 保护层和表面覆盖层厚度 | -5mm |

**六、安全注意事项**

(1)施工期间,应对支护的工作状态进行定期和不定期检查。在不良地质地段,应由专人每班检查。当发现支护变形或损坏时,应立即修整加固;当险情危急时,应将人员撤出危险区。

(2)构件支撑的立柱不得置于虚碴和活动石块上。在软弱围岩地段,立柱底面应加设垫板或垫梁。

(3)钢架的安装作业时,作业人员之间应协调动作,在本排钢架未安装完毕,并与相邻的钢架和锚杆连接稳妥之前,不得擅自取消临时支撑。

<table>
<tr><td>交底人</td><td colspan="4"></td><td>年　月　日</td></tr>
<tr><td>复核人</td><td colspan="4"></td><td>年　月　日</td></tr>
<tr><td rowspan="3">接受人</td><td>工种</td><td>签名</td><td>工种</td><td>签名</td><td rowspan="3">年　月　日</td></tr>
<tr><td></td><td></td><td></td><td></td></tr>
<tr><td></td><td></td><td></td><td></td></tr>
</table>

# 钢筋网片技术交底

工程名称:沪昆客专铁路长昆(湖南段)CKTJ-6 标梨子坪隧道　　　　编号:LZPCK018 号

| 施工单位 | 中铁隧道集团沪昆项目部 | 作业班组 | 支护班 |
|---|---|---|---|
| 交底部位 | 钢筋网片 | 交底时间 | 年　月　日 |

**一、设计参数**

梨子坪隧道按照"早进晚出"的原则,根据设计施工图纸,采用挂网喷锚进行初期支护。

(1)钢筋规格:HPB235ϕ8 钢筋。

(2)网格间距:20cm×20cm 和 25cm×25cm。

(3)设置部位:拱墙。

**二、施工工序**

施工准备(钢筋网片加工)→存放运输→网片铺设→检查验收。

**三、施工方法**

1. 钢筋网片加工

钢筋网片采用Ⅰ级 ϕ6 钢筋焊制,在钢筋加工场内集中加工。先用钢筋调直机把钢筋调直,再截成钢筋条,钢筋网片尺寸根据拱架间距和网片之间搭接长度综合考虑确定,Ⅲ级围岩网片采用 ϕ6 钢筋,25cm×25cm,Ⅳ、Ⅴ围岩采用 ϕ8 钢筋,20cm×20cm。

钢筋焊接前要先将钢筋表面的油渍、漆污、水泥浆和用锤敲击能剥落的浮皮、铁锈等均清除干净;加工完毕后的钢筋网片应平整,钢筋表面无削弱钢筋截面的痕迹。

2. 成品的存放

制作成型的钢筋网片必须轻抬轻放,避免摔地产生变形。钢筋网片成品应远离加工场地,堆放在指定的成品堆放场地上。存放和运输过程中要避免潮湿的环境,防止锈蚀、污染和变形。

3. 挂网

按图纸标定的位置挂设加工好的钢筋网片,钢筋片随初喷面的起伏铺设,绑扎固定于先期施工的系统锚杆之上,再把钢筋片焊接成网,网片搭接长度为 1~2 个网格。

**四、施工控制要点**

(1)钢筋网格尺寸应符合 20cm×20cm 和 25cm×25cm 的规格。

(2)铺设钢筋网按照以下要求执行:

①钢筋网在初喷混凝土 4cm 以后铺挂。

②钢筋网应随初喷面的起伏铺设,与受喷面的间隙一般不大于 3cm,与锚杆(锚杆安装 3d 后)或其他固定装置连接牢固。

③开始喷射时,应减小喷头至受喷面的距离,并调整喷射角度。钢筋网保护层厚度不得小于 4cm。

④喷射中如有脱落的石块或混凝土块被钢筋网卡住时,应及时清除后再喷射混凝土。

**五、质量控制标准**

钢筋网片加工质量标准:

(1)钢筋网尺寸允许偏差为 ±10mm。

(2)钢筋网搭接长度允许偏差为 ±50mm。

(3)钢筋网保护层厚度不得小于 30mm。

**六、安全注意事项**

(1)电焊工在工作之前,应首先戴好防护面具。电焊机的外壳应接地或接零线;雷雨时,应停止露天焊

接作业。

(2)焊工焊接时必须穿戴防护衣具,站在木板或其他绝缘物上。

(3)电焊机线路和设备符合“一机一闸,一箱一保护”的原则。

(4)施工人员在施工进厂前必须进行安全上岗培训和安全教育。

(5)参加施工的工人必须熟知本工种的安全操作规程,必须佩戴安全帽,在作业中不违章作业、不违反劳动纪律。

**七、环水保注意事项**

减少钢筋加工场棚内的机械噪声和机械振动,钢筋运输轻拿轻放,钢筋的废料和下脚料不得随意乱扔,统一集中,随有随清。

| 交底人 | | | | | 年 月 日 |
|---|---|---|---|---|---|
| 复核人 | | | | | 年 月 日 |
| 接受人 | 工种 | 签名 | 工种 | 签名 | 年 月 日 |
| | | | | | |
| | | | | | |

# 初支综合接地技术交底

工程名称：沪昆客专铁路长昆（湖南段）CKTJ-6 标梨子坪隧道　　　　编号：LZPCK019 号

| 施工单位 | 中铁隧道集团沪昆项目部 | 作业班组 | 支护班 |
|---|---|---|---|
| 交底部位 | 初支综合接地 | 交底时间 | 年　月　日 |

梨子坪隧道初支综合接地布置形式如表 1 所示。

梨子坪隧道初支综合接地布置形式　　表 1

| 围岩级别 | 综合接地形式及采用部位 | 备　注 |
|---|---|---|
| Ⅳ、Ⅴ级 | 一个台车长度为间隔设置，利用拱架和锚杆 | |
| Ⅲ级 | 一个台车的长度为间距设置，利用一根环向钢筋加锚杆 | |
| Ⅰ、Ⅱ级及明洞 | 一个台车的长度为间距设置，底板钢筋 | |

1. 初支有钢架地段

Ⅳ、Ⅴ级以上围岩隧道，利用锚杆、钢架作为接地极，接地极以一个台车长度为间隔设置，用作接地极的锚杆环向间距要求为 2 倍锚杆长度（8m），接地锚杆与钢筋网片、钢拱架可靠焊接，每个台车位的接地极均通过连接钢筋（ϕ16L 形钢筋焊接），与两侧电缆槽外缘的纵向接地钢筋连接。如图 1 所示。

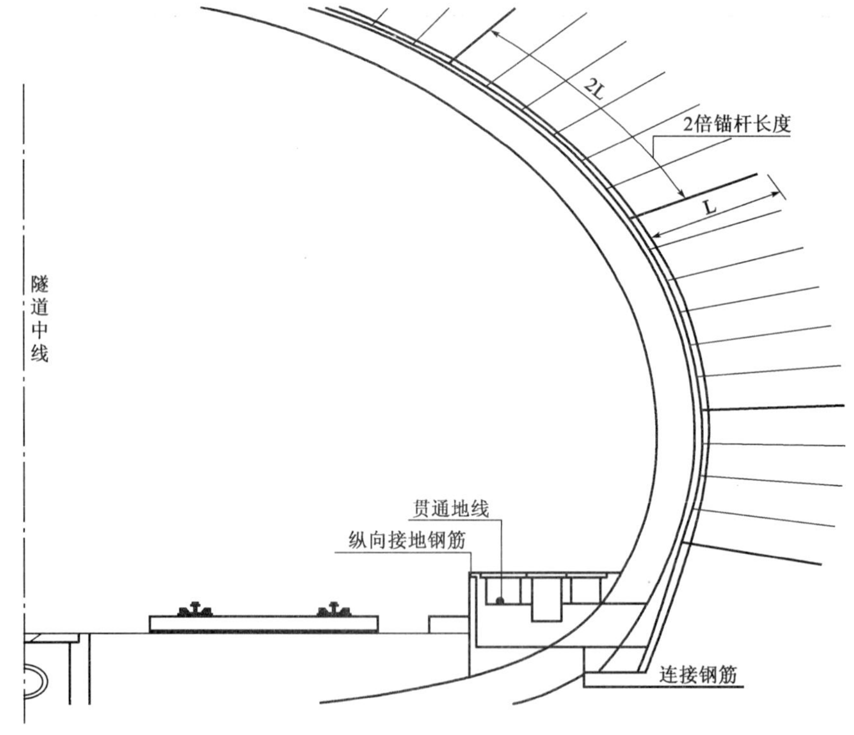


图 1　初支钢架接地图

2. 初支无钢架

Ⅲ级围岩隧道，以一个台车的长度为间距设置 1 个综合接地极；综合接地极用 1 根ϕ 16 环向接地钢筋

与8根接地锚杆(初支系统锚杆)焊接而成,锚杆根数必须根据锚杆长度的2倍距离来定。同样,锚杆和环向接地钢筋通过Φ16L形钢筋引出二衬外,最后与两侧通信信号电缆槽侧壁顶的纵向Φ16接地钢筋连接。

3. 明洞地段

明洞地段,利用隧道底板下层的结构钢筋作为接地极(图2)。隧道底板钢筋接地极按照1m间隔选用底板底层的结构钢筋,即在隧道底板的底层形成一个1m×1m的单层接地钢筋网,中部十字交叉的两根钢筋网上的网格节点要求以"L"行焊接,其他节点绑扎。

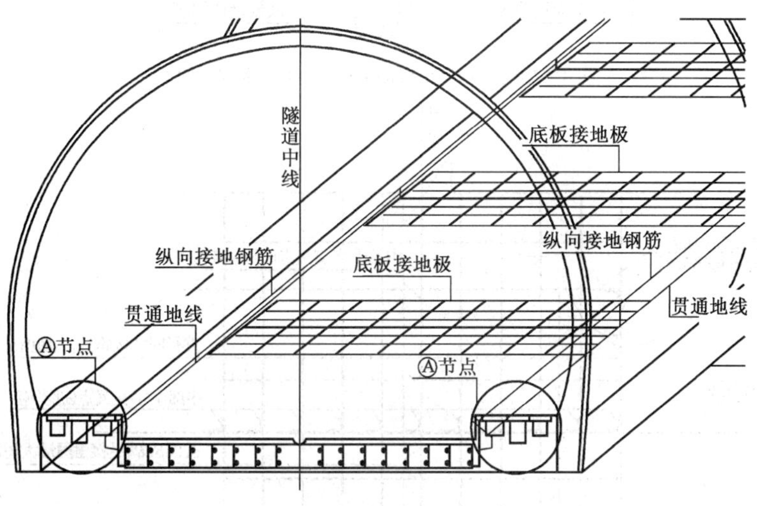


图2 明洞接地示意图

4. 水沟电缆槽和底板接地(图3~图5)

在有钢架的初期支护一个台车间距内就需要施工一个环向接地钢筋,做好钢架、锚杆、钢筋网片的焊接,同时必须注意用连接钢筋与工字钢焊接后引至二衬外,引出的钢筋最后与两侧通信信号电缆槽侧壁顶的纵向Φ16接地钢筋连接。用于连接钢筋采用焊接工艺,焊接要求如下双面焊接不小于55mm,单边焊不小于100mm,焊缝厚度不小于4mm。

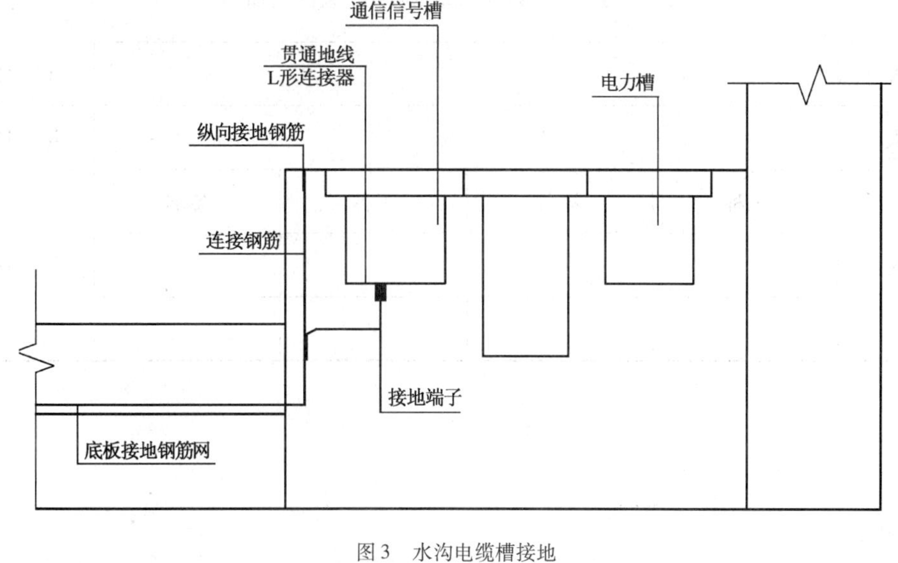


图3 水沟电缆槽接地

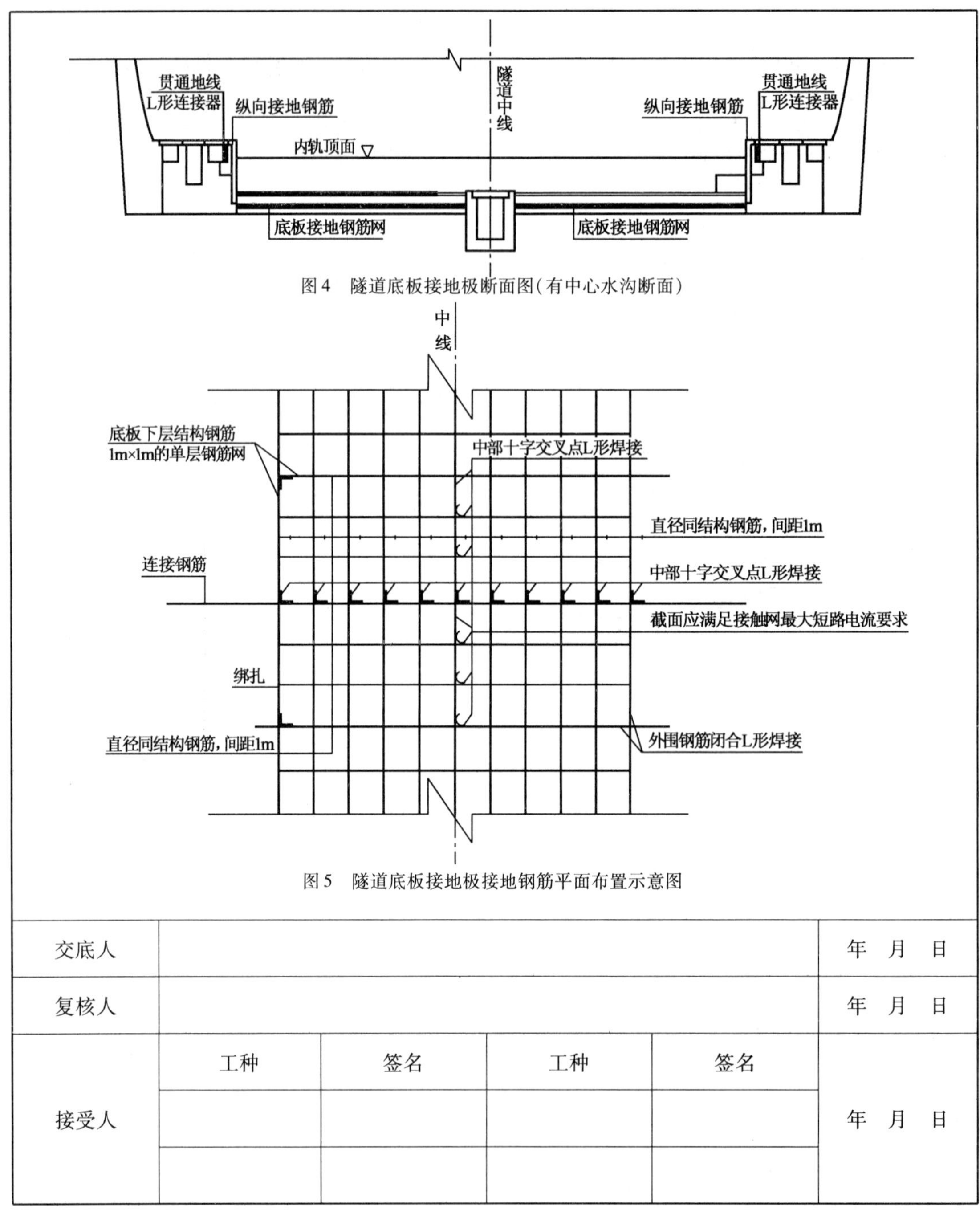


图4　隧道底板接地极断面图(有中心水沟断面)



图5　隧道底板接地极接地钢筋平面布置示意图

| 交底人 | | | | | 年　月　日 |
|---|---|---|---|---|---|
| 复核人 | | | | | 年　月　日 |
| 接受人 | 工种 | 签名 | 工种 | 签名 | 年　月　日 |
| | | | | | |
| | | | | | |

# 超前注浆技术交底

工程名称：沪昆客专铁路长昆（湖南段）CKTJ-6 标梨子坪隧道　　　　编号：LZPCK020 号

| 施工单位 | 中铁隧道集团沪昆项目部 | 作业班组 | 支护班 |
|---|---|---|---|
| 交底部位 | 帷幕注浆止浆墙 | 交底时间 | 年　月　日 |

**一、设计参数**

止浆墙浇筑混凝土强度等级为 C30，配合比（质量比）为水泥∶砂∶石子∶水 = 310∶660∶1173∶173。其厚度由下式得出：

$$B = K_0(wb/2h\sigma)1/2$$

式中：$K_0$——安全系数，一般取 1.4～1.5；

$w$——作用在墙上的全荷载，$w = PF$；

$P$——注浆终压，一般为本矿井最大静水压力的 2.5～5 倍；

$F$——混凝土止浆墙的面积；

$b$——隧道宽度；

$h$——隧道高度；

$\sigma$——混凝土的允许抗压强度，一般取 7d 龄期的强度，为设计强度等级的 2/3。

据上式，中梁山隧道 K26 + 522 处止浆墙最小厚度为 1m。为了后期注浆施工安全、方便，止浆墙设计为上中下三层，平面型，下层以 3m 厚灰岩岩层（围岩情况较好时）作为止浆墙，中层止浆墙为 3.6m 高、2m 厚 C30 混凝土，上层为 1m 厚 C30 混凝土。

**二、施工前的准备**

（1）材料准备：1.8m × 0.9m 胶合板，木板，ϕ12、ϕ10 铁丝，ϕ28 钢筋，D50 焊管，十字扣件，旋转扣件。

（2）机具准备：YT-28 风动凿岩机，柴油混凝土泵机，混凝土罐车，振动棒，挖掘机，风镐。

由于目前掌子面出水点较多，在关模前应将所有集中出水点接软管引流，设置集水坑，加强排水能力，保证混凝土浇筑在无水或少量渗水的环境下完成。已施作注浆孔且尚有涌水的部位，应加长孔口管，将其引出模板以外，并安装阀门。对拱顶位置大量涌水的注浆孔，待下层、中层止浆墙完工后，采用 3 根 D50 焊管交叉加固，方可进行开关阀门、浇筑混凝土等工作。泄水管安装工作完成后，在止浆墙模板底部开挖一道 5cm × 5cm 的浅槽，以保证混凝土浇筑后的稳定性。开挖时尽量使用挖掘机，配合使用风镐。挖至设计尺寸后，清除浮石至硬底，用水冲洗底板，开始关模工作。

**三、止浆墙施工工艺**

1. 模板安装

模板安装前，在混凝土浇筑范围内，采用风钻在两侧壁按照 1.5m × 1.5m 间距打孔，深度为 3m。插入 4m 长 ϕ28 钢筋并锚固完成后，用 ϕ28 钢筋将两侧预留出来的钢筋进行横向满焊连接，搭接长度为 20cm。

安装脚手架过程中，在每根竖向焊管底部使用风钻 50 钻头打孔 30cm，插入焊管并使用水泥砂浆 + 速凝剂进行锚固，以保证脚手架的稳固性。

关模过程中，两模板连接部分采用木板进行加固。在拱顶及拱肩部分，每隔 1.5m 预留注浆管。为防止拱顶部分混凝土浇筑效果不好，可进行注浆堵漏。关模完成后，模板外同样采用风钻在两侧壁按照 1.5m × 1.5m 间距打孔，深度为 3m，插入 4m 长 ϕ28 钢筋并锚固完成后，用 ϕ28 钢筋将两侧预留出来的钢筋进行横向满焊连接，搭接长度为 20cm。在 ϕ28 钢筋上每隔 2m 使用 ϕ22 钢筋焊接，进行竖向加固。

2. 止浆墙的浇筑

模板加固完成后进行止浆墙的浇筑，首先在底板铺 100～200mm 砂浆灰（一般配合比为水泥∶砂 = 1∶2）以防底板渗水，然后浇筑混凝土，浇筑工作要快速连续地进行并分层捣固，分层厚度为 400mm 左右。若止浆墙浇筑接近拱顶时，浇筑效果不理想，可采取喷射混凝土的方法协助进行封顶，也可利用预留注浆管进行注浆堵漏。

3. 止浆墙试压

止浆墙施工完毕后，须进行养护固结。一定的养护期后（2d），关闭泄水管闸阀，进行止浆墙的试压工作，试验压力为注浆终压的1.5倍，且须持续半小时以上。同时注意围岩及附近巷道漏水情况，做好记录，以进行注浆堵漏。

**四、安全技术措施**

严格按照《隧道施工安全操作规程》操作，并特别注意以下几点：

（1）开挖人员、焊工、特种车辆操作人员必须持证上岗。

（2）杜绝出现抽烟等危险行为。

（3）对高空作业人员进行相应的安全交底。

（4）随时观察掌子面围岩变化情况，建立相应的应急预案。

<table>
<tr><td>交底人</td><td colspan="4"></td><td>年　月　日</td></tr>
<tr><td>复核人</td><td colspan="4"></td><td>年　月　日</td></tr>
<tr><td rowspan="3">接受人</td><td>工种</td><td>签名</td><td>工种</td><td>签名</td><td rowspan="3">年　月　日</td></tr>
<tr><td></td><td></td><td></td><td></td></tr>
<tr><td></td><td></td><td></td><td></td></tr>
</table>

# 径向注浆技术交底

工程名称：沪昆客专铁路长昆(湖南段)CKTJ-6 标梨子坪隧道　　　　编号：LZPCK021 号

| 施工单位 | 中铁隧道集团沪昆项目部 | 作业班组 | 支护班 |
|---|---|---|---|
| 交底部位 | 径向注浆 | 交底时间 | 年　月　日 |

**一、设计参数**

梨子坪隧道出口 DK270 +700 ~ DK271 +000 范围内全环采用径向注浆，注浆孔间距 2m × 2m 梅花形布置，注浆深度 3m。每环共 23 个注浆孔。

**二、施工工艺**

径向注浆施工工艺流程如图 1 所示。

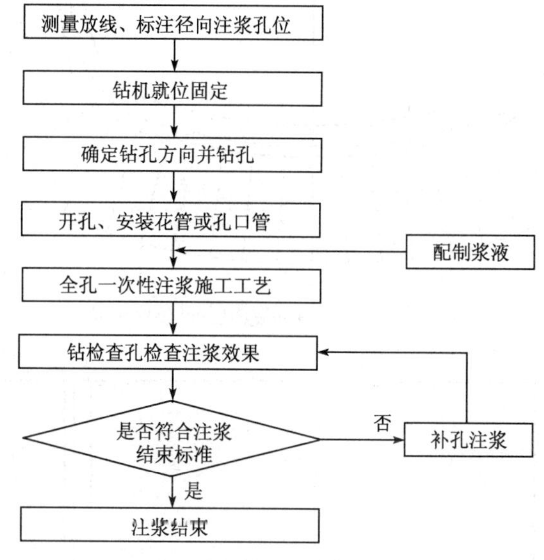


图 1　径向注浆施工工艺流程图

1. 钻孔

注浆孔按浆液按扩散半径 $R = 2.0$m 计算布设，注浆孔按梅花形布置，孔口环向间距约 200cm，孔底环向间距约 280cm，纵向间距约 200cm。单孔注浆深度 3.0m，全断面布置注浆孔 23 个，注浆总长 69m，平均每延米注浆孔 11.5 个，注浆总长 34.5m。详见图 2 径向注浆正面布置图、图 3 径向注浆平面布置图、图 4 径向注浆纵断面布置图。

注浆孔采用风机钻孔，施钻前按设计位置、间距及数量，经测量放样后，用油漆标出需施设的注浆孔位置。钻孔方向为隧道断面径向，孔径为 52mm，比孔口管外径大 2mm。孔口应准确定位，与设计位置的容许偏差为 ±5cm，偏角应符合设计要求。每钻进一段，检查一段，及时纠偏，孔底位置偏差应小于 15cm。

2. 孔口管安装

孔口管采用 $\phi$50(外径)，壁厚 3.5mm 的热轧无缝钢管，钢管长 110cm。按设计位置、孔径、孔深钻孔，钻完一个注浆孔后，立即进行清孔。小导管安设在孔口，用锚固剂锚固牢靠，外露 10cm 以便与注浆管连接，同时用速凝水泥砂浆把孔口周边堵塞好，防止浆液从孔口流出，不能有效渗入岩层。孔口处焊接闸阀式止浆阀。

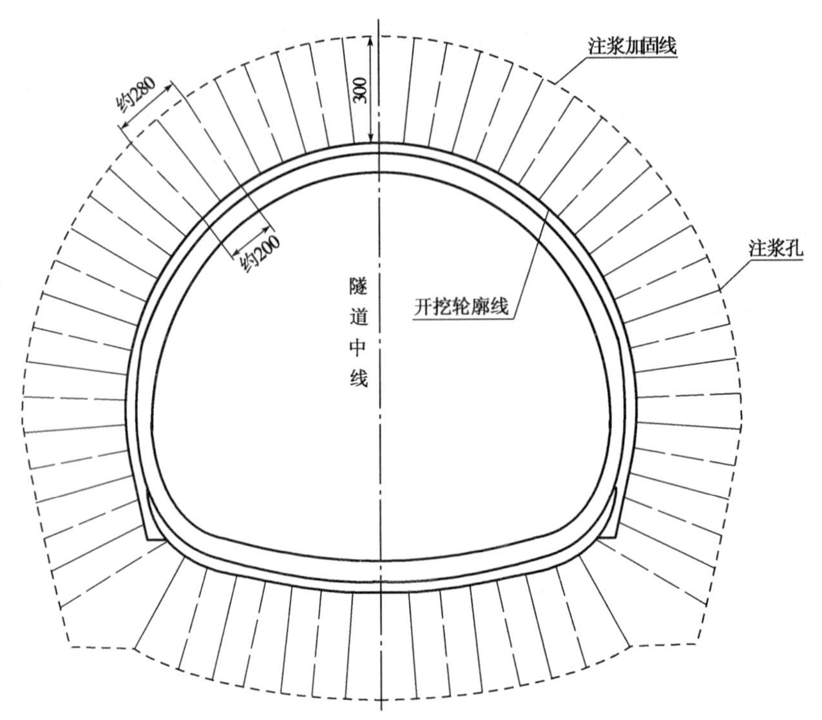


图2　径向注浆正面布置图(尺寸单位:cm)

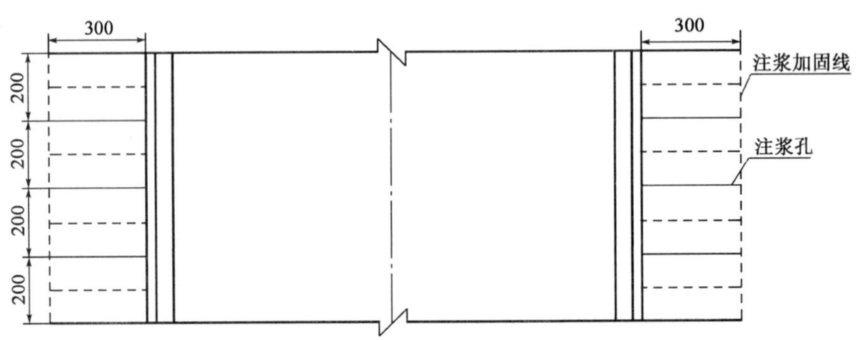


图3　径向注浆平面布置图(尺寸单位:cm)

3. 注浆

注浆前应进行压水试验,即用高压方式把水压入钻孔,根据岩体吸水量计算了解岩体裂隙发育情况和透水性,据此修正注浆参数。

(1)注浆材料。

注浆采用水泥浆,水泥浆要有充分的可溶性和一定的结石强度,选用 P. O. 42. 5 级普通硅酸盐水泥,水灰比 0. 8∶1 ~ 1∶1,在施工过程中依情况变化不断调整水灰比。为防止水泥浆凝结过快,掺入 1% 水泥质量的缓凝剂。拌制时首先在搅拌机容器内加入水,再加入缓凝剂溶液,最后加入水泥,强力搅拌,时间不少于 5min,混合均匀;浆液放置时间不宜超过 2h。

(2)注浆方式。

采用全孔一次性注浆方式进行施工。

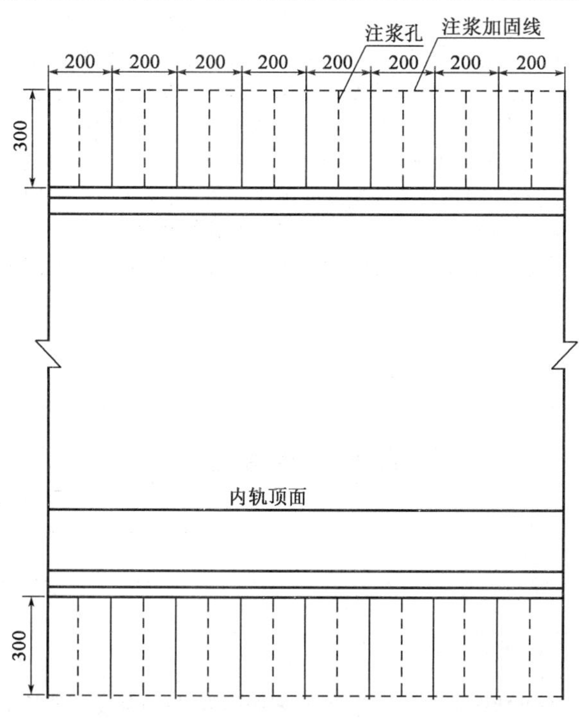


图4 径向注浆纵断面布置图(尺寸单位:cm)

(3)注浆参数。

现场注浆施工中应根据地层特点,不断地进行注浆参数的动态完善和调整,以适应地层注浆加固。径向注浆主要参数为:注浆速度:10~50L/min;注浆终压:1~1.5MPa。

(4)注浆顺序。

注浆顺序为沿隧道轴线由低到高,由下往上,先注边墙,后注隧道拱部,最后注底板孔;由水少处到水多处,先注无水孔,后注有水孔,隔孔跳排钻注。在股水处或流量大的地方,先四周后中间。通过实施约束型注浆模式,实现挤压密实的注浆目的。

(5)注浆结束。

注浆结束条件以定量与定压相结合的原则进行控制,即达到终压后稳定10min,且注浆量不小于设计注浆量(4.17$m^3$)的80%、进浆速度小于20L/min。注浆在达到结束的条件后,应利用止浆阀将注浆孔口堵塞,以保持孔内压力,直至浆液完全凝结。

(6)注浆效果检查。

注浆后在分析资料的基础上采用压水试验和现场观察法检查注浆效果。当初期支护表面有线状出水或面状渗水,或者压水试验时检查孔的吸水量大于1.0L/(min·m)时,必须进行补充注浆。检查孔在试验完之后应封堵密实。

**三、施工注意事项**

(1)钻孔速度应保持匀速,特别是钻头遇到夹泥夹沙层时,控制钻进速度,避免夹钻现象。

(2)为防止发生串浆,施工中采取"钻一孔、注一孔"的原则。当采取钻孔和注浆平行作业时,钻孔作业和注浆作业应隔开3m以上。

(3)注浆顺序是隔孔、隔排,最后注中间排,这样能有效地控制浆液的扩散区域,形成完整的止水墙。

(4)注浆过程中要随时观察注浆压力及注浆泵排浆量的变化情况,分析注浆情况,防止堵管、跑浆、漏浆。做好注浆记录,包括孔位、孔径、孔深、浆液配比、注浆压力、注浆量等,以便分析注浆效果。

(5)注浆孔必须按设计角度和间距布设,以便注浆加固范围达到预期效果。

(6)注浆压力突然升高,可能发生堵管,应停机检查;进浆量很大,压力长时间不升高,则应调整浆液浓度及配合比,缩短凝胶时间,进行小量低压力注浆或间歇式注浆,使浆液在裂隙中有相对停留时间,以便凝结,但停留时间不能超过浆液的凝胶时间,避免出现注浆不饱满的现象。

(7)一个孔的注浆作业应连续进行直到结束,不宜中断。对于因实行间歇注浆,制止串浆冒浆等有意中断,应先扫孔至原设计深度以后进行复注。

## 四、质量标准

1. 钻孔

钻孔允许偏差见表1。

钻孔允许偏差　　表1

| 序　号 | 项　目 | 允许偏差(mm) |
|---|---|---|
| 1 | 孔口距 | ±50 |
| 2 | 孔深 | ±50 |

2. 钢管

(1)所用钢管进场必须按批抽取试件作力学性能(屈服强度、抗拉强度和伸长率)和工艺性能(冷弯)试验,其质量必须符合国家有关规定及设计要求。

(2)所用钢管的品种和规格必须符合设计要求。

(3)注浆范围、注浆材料质量、浆液配合比设计符合设计要求。

(4)注浆压力应符合设计要求,注浆浆液应充满钢管及其周围的空隙。检验数量:全检每孔注浆量及注浆压力。

(5)注浆结束后应达到设计规定的允许渗漏水量要求。

## 五、安全措施

(1)施工前对全体作业人员进行培训,增强施工人员安全意识。

(2)施工时必须选用经检验合格的机具,防止机械事故的发生。

(3)施工作业平台必须搭设牢固,平整。

(4)施工的各班组间,应建立完善的交接班制度,并将施工、安全等情况记载于交接班的记录簿内。工地值班负责人应认真检查交接班情况。

(5)所有进入隧道工地的人员,必须按规定佩戴安全帽、安全带等安全防护用品,遵章守纪,现场有专人指挥。

(6)非施工人员严禁进入注浆施工地段。

(7)在钻孔前应及时检查围岩的情况,排出危岩后才能施工,在施工过程中派专人检查围岩和涌水情况,发现异常时,及时安排人员撤离。

(8)掌握好开孔与正常钻进的压力和速度,防止断钻杆事故。

(9)钻孔中发生卡钻、掉钻、孔斜、坍孔等故障时,要积极采取措施进行处理。

(10)所有从事钻孔注浆作业的人员必须听从机长统一指挥。机长有权处理钻孔现场发生的紧急事宜,直至停钻和撤离施工人员。

<table>
<tr><td colspan="7">

**六、环保措施**

(1)注浆用袋装水泥选择合理位置堆码整齐并且覆盖,避免水泥袋破损,导致水泥灰进入空气,以及防止水泥被水浸泡形成污水进入生态系统。

(2)注浆废浆液运至弃渣场掩埋处理。

(3)在隧道两侧开挖好边沟,保证场地文明施工。

</td></tr>
<tr><td>交底人</td><td colspan="4"></td><td colspan="2">年 月 日</td></tr>
<tr><td>复核人</td><td colspan="4"></td><td colspan="2">年 月 日</td></tr>
<tr><td rowspan="3">接受人</td><td>工种</td><td>签名</td><td>工种</td><td>签名</td><td rowspan="3" colspan="2">年 月 日</td></tr>
<tr><td></td><td></td><td></td><td></td></tr>
<tr><td></td><td></td><td></td><td></td></tr>
</table>

# 帷幕注浆技术交底

工程名称:沪昆客专铁路长昆(湖南段)CKTJ-6 标梨子坪隧道　　编号:LZPCK022 号

| 施工单位 | 中铁隧道集团沪昆项目部 | 作业班组 | 支护班 |
|---|---|---|---|
| 交底部位 | 帷幕注浆 | 交底时间 | 年　月　日 |

**一、设计参数**

(1)材料:水泥、水玻璃。

(2)机具:全站仪、多功能轨形式钻孔台架、全液压钻机、空压机、全液压双液注浆机、单液注浆机。

**二、施工工艺**

止浆墙施作→测量布孔→开口安装孔口管→转孔→注浆。

**三、施工方法**

1. 止浆墙施工

在出水点采用 $\phi$150 钢管引水至止浆墙外侧。为保证超前帷幕注浆的效果,首先按要求采用 C20 混凝土制作止浆墙,墙厚 3m。止浆墙采用搭设脚手架加钢模板并加设斜撑,与开挖面周边接触处用 5cm 木板进行补充。由于开挖面跨度较大,因此在使用钢模板立模时分段进行。混凝土浇筑采用混凝土输送泵。泵送混凝土前按操作规程的要求对管路进行必要的检查,并先用清水对管路进行润湿。正式泵送混凝土前先用两盘砂浆进行试泵,在输送泵运转正常后方可进行混凝土正常泵送作业。混凝土捣固采用插入式振动棒捣固。当混凝土强度达到设计强度的 70% 后方可进行下一段混凝土的施工,直至整个止浆墙施作完成。

2. 测量布孔

根据设计的要求,孔位在止浆墙上呈圆环形布置。布孔时按照“先外后内”的原则,先标识出最外侧孔位,待外侧孔位钻完成并注浆完成后再布设内侧孔位。孔位布设时严格按设计进行,其孔位偏差不大于 ±5cm。

3. 开口、孔口管安装

孔口管起着导向作用,先用钻机钻引导孔,孔深 3m。根据设计的要求,在孔口段安装 3m 长的 $\phi$108,壁厚 5mm 的热轧无缝钢管。孔口管安装采用人工进行,人工安装有困难时可辅以适当的锤击。孔口管安装完成后,再用 M5 砂浆对孔口管四周进行封闭,以确保注浆作业时不出现漏气现象。

4. 钻孔

钻孔采用地质钻机进行,其钻孔顺序为先外后内,同一环钻孔时应间隔进行。成孔后其孔径要求为:开孔直径不小于 108mm,终孔直径不小于 90mm。

5. 清孔

钻孔完成后及时用高压风和高压水对成孔进行清扫,清除孔内石碴和灰土。

6. 注浆

孔口管安装完成后即可进行注浆。注浆材料的选取具体为:围岩裂隙发育、可注性好的地层,采用普通水泥浆液;粉细砂地层或围岩裂隙发育一般,富水地段、可注性一般的地层,采用超细水泥浆液或者 TGRM 超细双液型水泥基特种注浆材料。

**四、施工技术要求**

(1)钻机就位时用全站仪、挂线、钻杆导向相结合的方法,反复调整,确保钻机钻杆轴线和导向轴线相吻合。

(2)由于开挖面高度过大,因此在钻凿上部眼时需搭设钻孔平台。钻孔平台搭建时必须有足够的强度和刚度,并应满足承受机具、材料、人员荷载等要求,连接牢固、稳定,防止施钻时产生不均匀的下沉、摆动、位移等影响钻孔的质量。

(3)钻孔时要经常测量孔的斜度,发现误差超限应及时纠正,至终孔仍然超限者应封孔,原位重钻,以保证钻孔完成后其底线在预加固范围之内。

(4)在钻孔时,若出现卡钻、塌孔,应注浆后再钻。钻孔时,应有针对性的填好钻孔记录,并根据钻孔出屑或取芯情况详细记录前方地质情况,以达到超前探测围岩的目的。

(5)注浆时遵循从外向内、由低到高、从无水向有水的顺序,并做到同一圈孔间隔注浆,注浆压力2.5~3.5MPa。注浆前应做压水或吸水试验,并根据实际地质情况调整浆液浓度和注浆压力,以选择最为合适的注浆参数。

(6)注浆过程中应做好施工记录,包括孔位、孔径、孔深、浆液配比、注浆压力、注浆量等。

(7)注浆结束应满足各孔段达到设计压力并稳定10min,且注浆量不小于设计注浆量的80%、进浆速度为开始进浆速度的1/4。注浆结束后用M5砂浆进行封堵。

(8)注浆效果直接影响防水和预加固的效果,因此,在施工过程中应采取措施保证注浆时能达到预期目的。

(9)注浆完成后应进行注浆效果检查。当注浆达不到预期效果时应及时进行补注,达到预期效果后方可进行开挖作业。

**五、安全保证措施**

1.安全生产目标

施工期间严格遵循"安全第一,预防为主"的方针,切实加强班组管理,加大反习惯违章的力度,消灭重大事故,尽量减少一般事故。坚持以安全文明生产为基础,各级领导为安全第一责任人,安全防范思想到位,坚持逐级责任制,使安全生产工作纵向到底,横向到边。

2.施工安全管理措施

(1)建立施工队长为安全生产第一责任人的安全生产领导机构,健全安全管理体系,机长、班长即为本级生产单位的安全第一责任人。

(2)严格遵守国家有关安全技术规程,及本工程施工招标文件规定的施工安全要求,针对本工种特点制定各项安全措施。

(3)牢固树立安全第一的意识,建立安全检查和教育制度,对职工进行安全技术培训,对新工人进行三级安全教育,明确安全生产与工程施工之间的关系。定期组织施工现场的安全大检查,重点对施工用电、主要机械设备性能、安全防火状况等进行检查,对不安全因素制定具体的限期整改措施,落实到人。制定安全考核奖罚制度,安全考核与班组、个人经济责任制挂钩,做到分工明确,职责分明,实行安全一票否决制。

**六、文明施工**

文明施工,严格管理。严格执行有关文明施工、安全生产法律法规。

<table>
<tr><td>交底人</td><td colspan="4"></td><td>年　月　日</td></tr>
<tr><td>复核人</td><td colspan="4"></td><td>年　月　日</td></tr>
<tr><td rowspan="3">接受人</td><td>工种</td><td>签名</td><td>工种</td><td>签名</td><td rowspan="3">年　月　日</td></tr>
<tr><td></td><td></td><td></td><td></td></tr>
<tr><td></td><td></td><td></td><td></td></tr>
</table>

# 第四章

# 仰拱及填充

# 仰拱、填充模板施工技术交底

工程名称：沪昆客专铁路长昆（湖南段）CKTJ-6 标梨子坪隧道　　　　编号：LZPCK023 号

| 施工单位 | 中铁隧道集团沪昆项目部 | 作业班组 | 仰拱及填充施工班组 |
|---|---|---|---|
| 交底部位 | 仰拱、填充模板施工技术交底 | 交底时间 | 年　月　日 |

**一、设计参数**

梨子坪隧道Ⅴ级围岩仰拱和填充施工设计施工参数如下：Ⅴ级仰拱为 C35 钢筋混凝土，厚度 60cm，中心水沟宽 60cm，内轨顶面到填充顶面距离 76.5cm。

**二、施工工艺**

仰拱及仰拱填充模板施工工艺流程如图 1 所示。

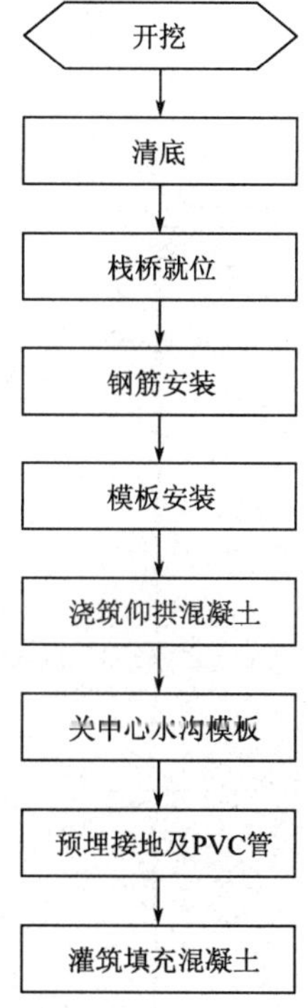


图 1　仰拱及仰拱填充施工工艺流程图

**三、施工方法**

1. 开挖

根据测量组提供的信息，对仰拱进行人工爆破，挖机配合出渣，保证仰拱开挖尺寸不欠挖。

2. 模板安装

仰拱及填充施工前必须对虚碴清理干净，确保基底无碴无积水。施工时采用定型钢模板关模，纵向分段全幅施工，仰拱与填充分开浇筑。仰拱模板安装见图 2、图 3；仰拱挡头模采用开槽型组合模板，便于纵向钢筋的安装；止水带安装在两层模板之间，用钢筋穿过开口将止水带固定，使其平整齐直。仰拱边墙模板由槽钢和角钢连接组成,通过螺栓连接角钢与槽钢。

模板安装要求:

(1)测量组现场放样后向施工人员进行轴线、高程放样交底,施工人员必须妥善保护放样点位,在整个施工过程中确保点位准确,随时对照检查。

(2)模板安装前应仔细清理板面,并均匀、充分地涂刷脱模剂,不得污染钢筋。

(3)模板安装平、顺、直,尺寸准确,模板接缝严密不漏浆。垂直度:用吊线检查,然后加固和调整,可较好地控制和调整垂直度。平整度:拉通线全过程监控校正。

(4)模板支撑要有足够的强度、刚度和稳定性,能可靠地承受浇筑混凝土的侧压力及施工中产生的荷载。

(5)浇筑混凝土时随时复查校正,发现有偏移立即进行校正。

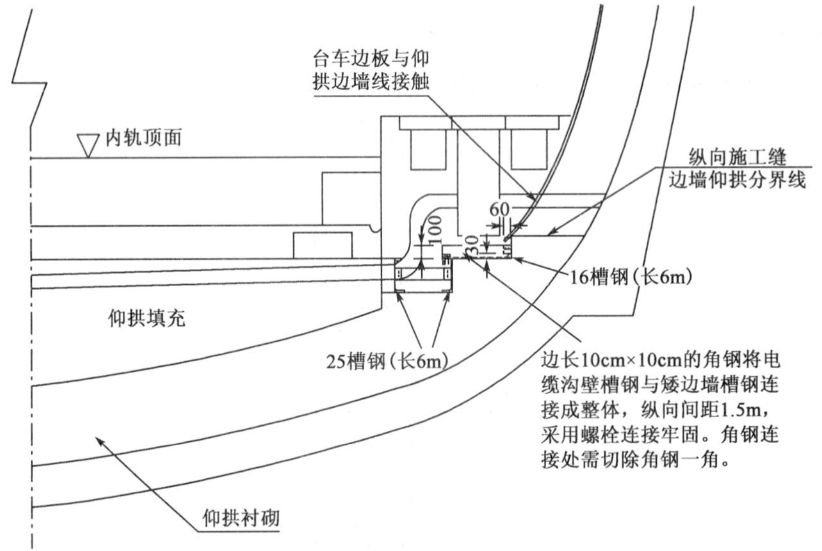


图2 仰拱边墙关模示意图(尺寸单位:mm)

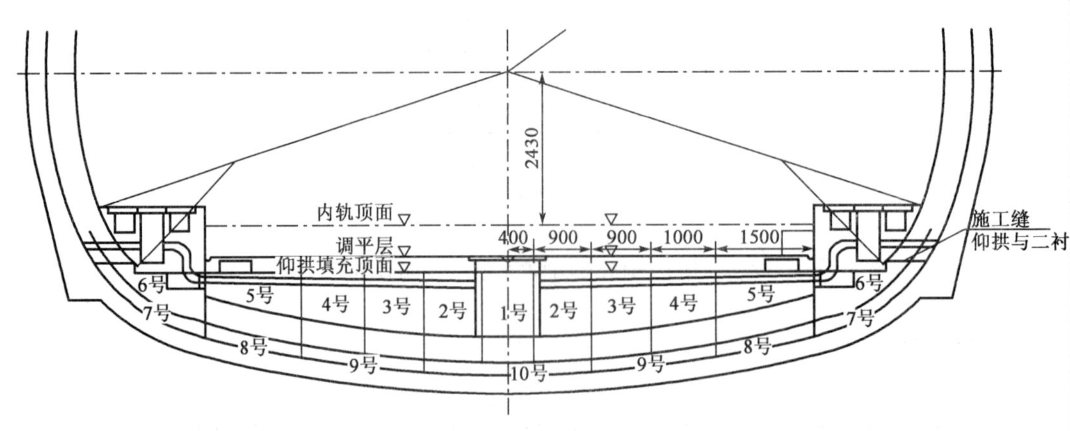


图3 仰拱挡头模划分示意图(尺寸单位:mm)

3.混凝土浇筑

(1)仰拱混凝土应整体浇筑,一次成型;同时,仰拱一次浇筑长度宜为15m,特殊情况下为3~6m。浇筑成型的混凝土结构不得有麻面、蜂窝、孔洞、露筋、缝隙、夹渣层等现象。

(2)混凝土运输车运送至施工现场,必须经试验员检验坍落度、和易性合格后再用地泵泵送入模。

(3)结构柱混凝土浇筑时,采用溜槽或缩槽形式将混凝土送入模。要求做到分段分层、分层振捣,每一层厚度不超过50cm,并对混凝土进行充分振捣,以防混凝土浇筑不平衡,导致模板间受挤压力不均,发生爆模等事故。

(4)振动器的操作要做到“快插慢拔”。快插是为了防止先将表面混凝土振实而与下面混凝土发生分层、离析现象;慢拔是为了使混凝土能填满振动棒,防止抽出时所造成的空洞。对于硬性混凝土,有时还要在振动棒抽出的洞旁边不远处,再将振动棒重新插入才能填满空洞。

(5)在振捣上一层时,应插入下一层中5cm左右,以消除两层之间的接缝,同时在振捣上层混凝土时,应在下层混凝土初凝之前进行振捣。

(6)振捣时,每一插点要掌握好振捣时间,过短不易捣实,过长可能引起混凝土产生离析现象,对塑性混凝土尤其要注意。一般每点振捣时间为20~30s,使用高频振动器时,最短时间不应少于10s,但应视混凝土表面呈水平不再显著下沉,不再出现气泡,表面泛出灰浆为准。

(7)使用振动器时,振动器距离模板不应大于振动器作用半径的0.5倍,并不宜紧靠模板振动,且应尽量避免碰撞钢筋。

(8)仰拱混凝土浇筑3d后才允许人员行走及安装水沟模板;填充混凝土浇筑完成后安排专人洒水养护,在填充混凝土强度达到100%时方可允许车辆通过。

**四、质量验收标准**

(1)仰拱顶面高程和曲率应符合设计要求,高程允许偏差为±15mm。

(2)钢筋接头应相互错开,错开距离为35$d$,在该区段内有接头的受力钢筋截面面积占受力钢筋面积的百分率不超过50%。

(3)仰拱钢筋验收标准见表1。

仰拱钢筋验收标准　　表1

| 项目 / 钢筋类别 | 型号 | 间距(cm) | 排距允许误差(mm) | 间距允许误差(mm) | 保护层厚度允许误差(mm) | 弯起点位置允许误差(mm) |
|---|---|---|---|---|---|---|
| 主筋(环向钢筋) | ϕ22 | 20 | ±5 | ±20 | | |
| 分布筋(纵向钢筋) | ϕ14 | 25 | — | ±20 | +10,-5 | 30 |
| 箍筋 | ϕ8 | 25 | — | ±20 | | |

(4)钢筋机械连接完毕后,标准型接头连接套筒外应有外露的有效螺纹,且连接套筒单边有效螺纹不应超过2倍螺距。

(5)边墙外露钢筋纵向应平顺呈直线,间距40cm,不得歪倒。

(6)止水带安装时,用固定钢筋绑好,外露部分平顺直挺,不得弯折。

(7)混凝土结构表面应密实平整、颜色均匀,不得有露筋、蜂窝、孔洞、疏松、麻面和缺棱掉角等缺陷。

(8)仰拱混凝土厚度和表面高程应符合设计要求。

(9)仰拱填充表面坡度应符合设计要求,坡面应平顺、排水畅通、不积水。

**五、安全保证措施**

(1)仰拱施工段限速5km/h。

(2)洞内风水管路及电线摆设要合理、有规则,不得私拉电线。

(3)混凝土泵的操作人员必须经过专门培训合格后,方可上岗独立操作。

(4)进洞人员必须戴好安全帽,洞内作业人员应佩戴防尘面具。禁止无关人员进洞。

(5)开挖不得危及衬砌、初期支护及施工设备的安全。
(6)定期组织作业人员进行施工安全学习。

**六、安全注意事项**

(1)进入现场必须戴安全帽,严禁穿拖鞋上班,在施工现场必须设置至少一名兼职安全员。
(2)所有进场施工人员必须进行三级安全教育,并办理平安卡后方可进入施工现场作业。
(3)加强施工用电管理,确保施工用电安全,严格按照机具操作规程进行安全操作。
(4)进入施工现场的所有人员不能喝酒。
(5)在施工完毕后及时清理并打扫干净施工场地,收放好使用完的施工机具。

**七、环水保措施**

(1)所有加工机械及材料设备必须堆放到指定地点。
(2)不得在施工范围内外乱扔杂物。
(3)施工现场做到工完料清。

<table>
<tr><td>交底人</td><td colspan="4"></td><td>年　月　日</td></tr>
<tr><td>复核人</td><td colspan="4"></td><td>年　月　日</td></tr>
<tr><td rowspan="3">接受人</td><td>工种</td><td>签名</td><td>工种</td><td>签名</td><td rowspan="3">年　月　日</td></tr>
<tr><td></td><td></td><td></td><td></td></tr>
<tr><td></td><td></td><td></td><td></td></tr>
</table>

# 钢筋绑扎技术交底

工程名称：沪昆客专铁路长昆（湖南段）CKTJ-6标梨子坪隧道　　编号：LZPCK024号

| 施工单位 | 中铁隧道集团沪昆项目部 | 作业班组 | 二衬班 |
|---|---|---|---|
| 交底部位 | 钢筋绑扎 | 交底时间 | 年　月　日 |

**一、设计参数**

梨子坪隧道仰拱钢筋按照不同的衬砌类型，分别有以下两种设置：

（1）Ⅳ级围岩环向钢筋为 ϕ20，间距 20cm；纵向分布钢筋为 ϕ14，间距为 20cm；架立筋为 ϕ8，按照 40cm×40cm 梅花形布置。

（2）Ⅴa、Ⅴb 级围岩环向钢筋为 ϕ22，间距 20cm；纵向分布钢筋为 ϕ16，间距为 20cm；架立筋为 ϕ10，按照 40cm×40cm 梅花形布置。

**二、施工工艺**

施工工艺流程见图1。

图1　施工工艺流程

**三、施工方法**

1. 钢筋加工制作

钢筋加工严格按照设计图纸要求进行，并经检查验收合格。

2. 基面清理，测量放线

将底板防水保护层杂物清理干净，然后放线弹出二衬两边墙位线和底板控制线，控制点间距大于5m，不得用铁钉或短钢筋，以免扎坏防水层。

3. 钢筋绑扎

钢筋在场外加工成型后必须进行验收，钢筋尺寸满足要求后才能批量加工。

钢筋按施工图纸所示位置进行钢筋绑扎，先绑扎环向，后绑扎纵向，纵向钢筋以一仓为一段。钢筋的保护层厚度为3cm，底板采用砂浆垫块支垫，侧墙用混凝土保护卡，保证钢筋保护层的厚度。

变形缝处钢筋应断开，钢筋绑扎时要注意防水层的保护。

绑扎底板钢筋前应把垫层表面清扫、刷洗干净，然后进行弹线。按弹线进行绑扎以保证其位置的准确。

钢筋绑扎应采用“排架”施工，钢筋搭接长度为 $42d$，主筋搭接位置要错开，同一截面内受力钢筋的接头截面积不超过钢筋总截面面积的50%。

钢筋要绑扎牢固、间距均匀，符合设计要求，所以绑丝的绑扣均要求朝向内侧，以免浇筑完混凝土出现露丝现象（混凝土表面出现露点）。成型后禁止随意踩踏，待监理验收合格后再进行下一道工序。

绑扎底板钢筋时要预埋隧道底板高程控制点，防止浇筑后的底板高程与设计不符。

**四、质量标准**

1. 主控项目

（1）受力钢筋的品种、级别、规格和数量符合设计要求。

检查数量:全数检查。

检查方法:观察和尺量检查。

(2)纵向受力钢筋的连接方式应符合设计要求。

检查数量:全数检查。

检查方法:观察检查。

(3)钢筋焊接接头的力学性能,按国家现行标准《钢筋机械连接技术规程》(JGJ 107—2010)、《钢筋焊接及验收规程》(JGJ 18—2012)的规定,抽取钢筋焊接接头做力学性能检验,试验结果合格。

检查方法:按有关规程确定。

检查方法:检查产品合格证、接头力学性能试验报告。

2. 一般项目

受力钢筋的弯钩和弯折应符合《混凝土结构施工质量验收规范》(GB 50204—2002)的规定。钢筋加工形状、尺寸应符合设计要求,钢筋加工质量要求应符合表1的规定。

**钢筋加工允许偏差表** 表1

| 序号 | 项　目 | 允许偏差(mm) | 检验方法 |
|---|---|---|---|
| 1 | 受力钢筋成型长度 | +5,-10 | 用尺量 |
| 2 | 弯起成型钢筋的弯起点位置 | ±20 | 用尺量 |
| 3 | 架立筋尺寸 | 0,-3 | 用尺量,宽、高各设1点 |

采取焊接接头的外观检查,其质量应符合有关标准、规程的规定。

检查数量:全数检查。

检查方法:观察检查。

钢筋安装位置的允许偏差应符合表2的规定。检查数量:在同一检验批内,应抽查构件数量的10%,且不少于3件。

**钢筋安装位置的允许偏差表** 表2

| 项　目 | | 允许偏差(mm) | 检验方法 |
|---|---|---|---|
| 受力钢筋 | 间距 | ±10 | 尺量 |
| | 排距 | ±5 | 尺量 |
| | 保护层厚度 | 0~+3 | 尺量 |
| 绑扎箍筋间距 | | ±15 | 尺量 |
| 钢筋弯起点位移 | | ±10 | 尺量 |
| 预埋件 | 中心线位置 | ±3 | 尺量 |
| | 水平高差 | 0~+3 | 尺量 |

3. 成品保护

在安装钢筋时应协调好遇埋件的埋设工作,并对这些部件的钢筋按设计要求进行处理,不得在截断后随意挪动已安装好的成型钢筋。

对已安装完的钢筋应加强保护,避免直接踩踏,特别应注意负弯矩筋部位钢筋的保护。

底板钢筋安装完后,搭设施工马道作为浇筑混凝土用通道,以防踩坏钢筋。浇筑混凝土时派专人看护钢筋,发现移位立即调整。

4. 应注意的问题

对于墙体钢筋,在浇完混凝土后禁止摇动伸出部分钢筋,以防根部挤压混凝土产生孔洞。

**五、安全环保措施**

1. 安全操作要求

(1)绑扎钢筋过程中,钢筋骨架呈不稳定状态时,必须设临时支撑架。支撑架必须安设稳固,必要时应经验算确认安全。钢筋骨架未形成骨体前,严禁拆除临时支撑架。

(2)所有进入隧道工地的人员,必须按规定佩戴安全防护用具,尊长守纪,听从指挥。

(3)上下传递钢筋时,作业人员站位必须安全,上下方人员不得站在同一竖直位置上。

(4)隧道提升用钢丝绳必须每天检查一次,每隔6个月试验一次,升降物料的安全系数必须大于6。钢丝绳锈蚀严重,外层钢丝松断时,必须更换。

(5)钢筋起吊前应设置防脱装置。进行钢筋绑扎时,脚手架应连接牢固。

2. 环保措施

施工现场应配备洒水设备,并指定专人负责现场洒水降尘并及时清理浮土。

<table>
<tr><td>交底人</td><td colspan="4"></td><td>年　月　日</td></tr>
<tr><td>复核人</td><td colspan="4"></td><td>年　月　日</td></tr>
<tr><td rowspan="3">接受人</td><td>工种</td><td>签名</td><td>工种</td><td>签名</td><td rowspan="3">年　月　日</td></tr>
<tr><td></td><td></td><td></td><td></td></tr>
<tr><td></td><td></td><td></td><td></td></tr>
</table>

# 防排水施工技术交底

工程名称：沪昆客专铁路长昆（湖南段）CKTJ-6 标梨子坪隧道　　　　编号：LZPCK025 号

| 施工单位 | 中铁隧道集团沪昆项目部 | 作业班组 | 防水班 |
|---|---|---|---|
| 交底部位 | 防排水施工 | 交底时间 | 年　月　日 |

**一、设计参数**

（1）隧道二次衬砌采用防水混凝土，防水混凝土结构的衬砌厚度不应小于 30cm，其抗渗等级不低于 P10。当地下水对混凝土有侵蚀性时，应采取有效措施，抗渗等级不小于 P12。

（2）隧道初期支护与二次衬砌间拱墙部位铺设防水板 + 土工布作为防水层。

（3）隧道拱墙衬砌环向施工缝设背贴式橡胶止水带 + 中埋式橡胶止水带防水，仰拱衬砌（或底板）环向施工缝设中埋式橡胶止水带 + 背贴式橡胶止水带防水；水沟环向施工缝采用遇水膨胀止水胶防水；隧道边墙衬砌纵向施工缝设混凝土界面剂 + 遇水膨胀止水胶防水 + 背贴式橡胶止水带。

隧道拱墙衬砌变形缝设背贴式橡胶止水带 + 中埋式钢边橡胶止水带防水，仰拱衬砌变形缝设中埋式钢边橡胶止水带防水，变形缝辅以嵌缝。地下水极发育或地下水具承压性地段在拱墙施工缝及变形缝部位增设可重复多次注浆的注浆管，确保变形缝的防水效果和重复注浆效果。

（4）二次衬砌拱部预留 $\phi$50PVC 充填注浆孔，待混凝土达到设计要求后进行充填注浆。

（5）洞内设置双侧排水沟 + 中心排水沟，中心排水沟与侧沟以 $\phi$100PVC 横向导水管连接，横向导水管纵向间距 30m。

（6）隧道防水板背后设置 $\phi$50 环向透水盲管，防水板下端外侧墙脚处设置 $\phi$100 纵向透水盲沟，其纵向坡度不得小于 2‰，一般与线路纵向设计坡度一致。环向及纵向透水盲沟采用 HDPE 双壁打孔波纹管（外裹无纺布）。

（7）纵向透水盲管 8m 一段，两端接入侧沟，环向透水盲沟一般 8m 设置一道，设置于纵向盲沟中部，地下水发育地段增设 1～2 道，环向透水盲沟两端接入隧道侧沟。

**二、施工方法**

1. 防水板施工

施工准备：

（1）洞外准备：检验防水板质量，用铅笔划焊接线及拱顶分中线，按每循环设计长度截取，对称卷起备用。

（2）洞内准备：铺设台架行走轨道；施工时采用两个作业台架，一个用于基面处理，一个用于挂设防水板，基面处理超前防水板两个循环。

（3）断面量测：测量断面，对隧道净空进行量测检查，对个别欠挖部位进行处理，以满足净空要求；同时准确测放拱顶分中线。

（4）基面处理：

①局部漏水采用注浆堵水或埋设排水管直接排水到边沟。

②钢筋网等凸出部分，先切断后用锤铆平抹砂浆素灰（图 1）。

有凸出的管道时，用砂浆抹平（图 2）。

锚杆有凸出部位时，螺头顶预留 5mm 切断后，用塑料帽处理（图 3）。

③初期支护应无空鼓、裂缝、松酥，表面应平顺，凹凸量不得超过 ±5cm（图 4）。

2. 铺设防水板

防水板超前二次衬砌 10～20m 施工，用自动爬行热焊机进行焊接，铺设采用专用台车进行。

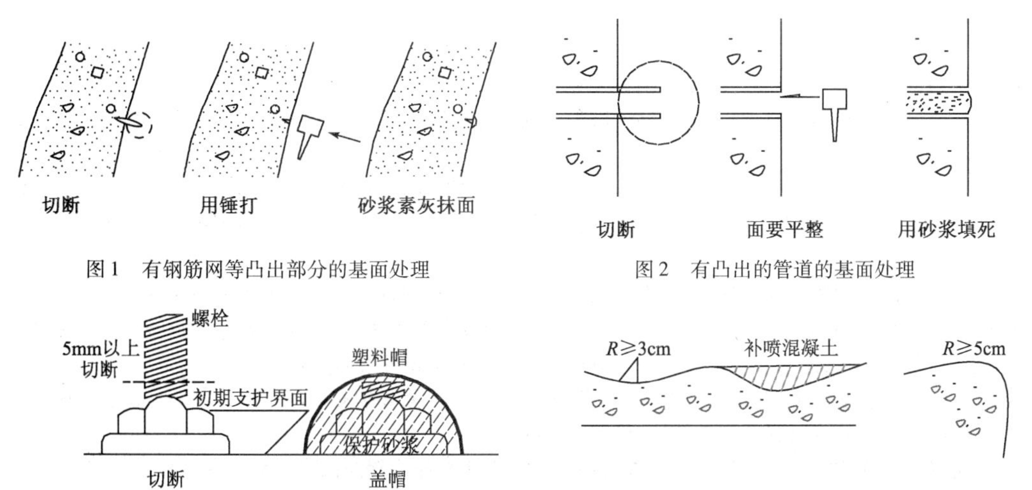


图 1 有钢筋网等凸出部分的基面处理

图 2 有凸出的管道的基面处理

图 3 锚杆有凸出部位的基面处理

图 4 初期支护示意图

(1)铺设前进行精确放样，弹出标准线进行试铺后确定防水板一环的尺寸，尽量减少接头。

(2)分离式防水板铺设采用从下向上的顺序铺设，松紧应适度并留有余量(实铺长度与弧长的比值为10：8)，检查时要保证防水板全部面积均能抵到围岩。

(3)分离式防水板铺挂前，用带热塑性圆垫圈的射钉将缓冲层平整顺直地固定在基层上(图5)，缓冲层(无纺布)搭接宽度50mm，可用热风焊枪点焊，每幅防水板布置适当排数垫圈，每排垫圈距防水板边缘40cm左右。垫圈间距：侧壁80cm，2～3个垫圈/$m^2$；顶部50cm，3～4个垫圈/$m^2$。

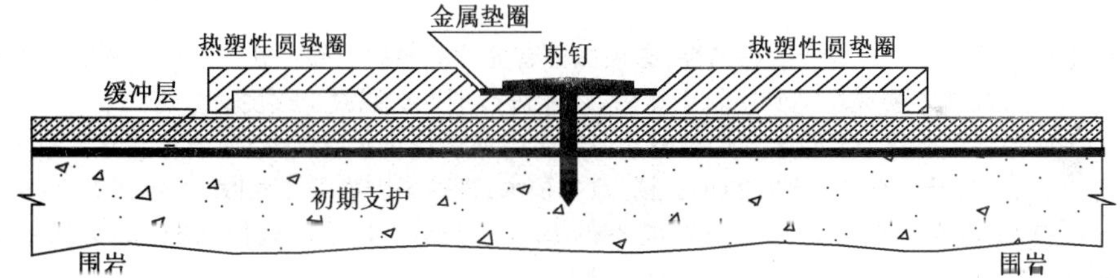


图 5 暗钉圈固定缓冲层示意

(4)两副防水板的搭接宽度不小于150mm。

(5)环向铺设时，下部防水板应压住上部防水板。

(6)防水板之间的搭接缝应采用双焊缝、调温、调速热楔式功能的自动爬行式热合机热熔焊接，细部处理或修补采用手持焊枪，单条焊缝的有效焊接宽度不小于15mm，焊接严密，不得焊焦焊穿。

(7)防水板纵向搭接与环向搭接处，除按正常施工外，应再覆盖一层同类材料的防水板材，用热焊焊接。

(8)三层以上塑料防水板的搭接形式必须是"T"形接头。

(9)分段铺设的卷材的边缘部位预留至少60cm的搭接余量，并且对预留部分边缘部位进行有效的保护。

(10)绑扎钢筋时，应采取措施，避免对卷材造成破坏。

(11)混凝土振捣时，振捣棒不得接触防水板，以防防水板受到损伤。

(12)防水板的搭接缝焊接质量检查应按充气法检查，将5号注射针与压力表相接，用打气筒进行充气，当压力表达到0.25MPa时停止充气，保持15min，压力下降在10%以内，说明焊缝合格；如压力下降过快，说明有未焊好处。用肥皂水涂在焊缝上，有气泡的地方重新补焊，直到不漏气为止。现场充气试验必须有记录，监理签认。

(13)防水板搭接缝错开衬砌施工缝不小于50cm。

(14)施工要点控制。

①防水板表面平顺,无褶皱、气泡、破损等现象。

②当基面轮廓凸凹不平时,要预留足够的松散系数,使其留有余地,并在断面变化处增加悬挂点,保证缓冲面与混凝土表面密贴。

③防水板搭接用热焊器进行焊接,接缝为双焊缝,焊接温度及速度由现场试验确定(可参考以下数据:焊接温度应控制在200~270℃,并保持适当的速度,即控制在0.1~0.15m/min范围内)。太快焊缝不牢固,太慢焊缝易焊穿、烤焦。

④焊缝若有漏焊、假焊,应予补焊;若有烤焦、焊穿处以及外露的固定点,必须用塑料片焊接覆盖。

⑤焊接钢筋时,在其周围用石棉水泥板进行遮挡,以免溅出火花烧坏防水层;灌注二衬混凝土时输送泵管不得直接对着防水板,避免混凝土冲击防水板引起防水板被带滑脱,防水板下滑。

⑥所有防水材料必须采用合格厂家生产的定型产品,所有产品必须有出厂合格证和质量检验证明。

⑦详细记录各种防水材料的安放部位,做到可追溯。

⑧防水材料在使用前应做好相应的试验、检验工作,委托有相应资质的机构对防水材料进行检测。

⑨施工中发现的问题及时与生产厂家或供应商联系,以求尽快解决,不合格的材料坚决不用于本工程。

⑩明暗分界处变形缝施作时,暗洞段防水板应伸出不小于1m,并覆盖变形缝,且明暗段衬砌防水层搭接长度不小于4m。

3. 遇水膨胀止水胶施工

遇水膨胀止水胶施工前,应先用钢丝刷清除敷设范围内施工缝面的砂粒及混凝土渣,然后用抹布擦净或高压水冲洗干净。

遇水膨胀止水胶要求挤出断面为15mm×8mm(宽×高),混凝土界面剂厚度取2mm。施工后应确认混凝土基面和止水胶间无缝隙,连续均匀地敷设在基面上。如遇挤出胶体不连续或不均匀,可以用刮片适当刮匀或修整。

为保证止水胶对混凝土有很好的黏结性,必须保证有充分的养护时间。施工后的止水胶到表面硬化为止不超过24h,表面硬化需要完全达到指触干燥后,才能进行下一次混凝土续浇。

施工中注意保护止水胶不要浸水。如遇浸水引起水膨胀而使止水胶剥离,在浇筑混凝土前必须加以修补。修补方法如下:先用钉子固定剥离的止水胶,除去积水;再除去剥离的止水胶,重新施工。

施工过程中,止水胶距混凝土的边缘距离不得小于120mm。如需分次挤出时,其搭接长度不小于20cm。混凝土浇筑时,振捣棒不得直接接触到止水胶。

4. 透水盲管施工

(1)排水盲管施工工艺流程。

钻孔定位→安装锚栓→捆绑盲管→环纵向盲管引出。

(2)纵向排水盲管施作方法。

纵向排水盲管沿纵向布设于左、右墙角内轨定高程以下30cm处,为两条直径为$\phi$100双壁打孔波纹管。纵向排水盲管按设计规定划线,以使盲管位置准确合理,盲管安设的坡度与线路坡度一致。

排水管采用钻孔定位,定位孔间距在30~50cm。将膨胀锚栓打入定位孔或将锚固剂将钢筋头预埋在定位孔中,固定钉安在盲管的两端。用无纺布包住盲管,用扎丝捆好,用卡子卡住盲管,然后固定在膨胀螺栓上。

(3)环向排水盲管施作方法。

隧道拱墙设直径$\phi$50双壁打孔波纹管(外裹无纺布),环向盲管每隔8m设置1道。环向盲管定位捆绑同纵向盲管。

纵环向盲管引出时采用分区防水的原则,互不连接,均直接接入侧沟。如图6所示。

(4)排水盲管施工控制要点。

①纵向排水盲管安装应按设计规定划线,以使盲管位置准确合理,划线时注意盲管尽可能走基面的低凹处和有出水点的地方。

②盲管与支护的间距不得大于 5cm。

③集中出水点沿水源方向钻孔，然后将单根集中引水盲管插入其中，并用速凝砂浆将周围封堵，以使地下水从管中集中引出。

④盲管上接头用无纺布的渗水材料包裹，防止混凝土或杂物进入堵塞管道。

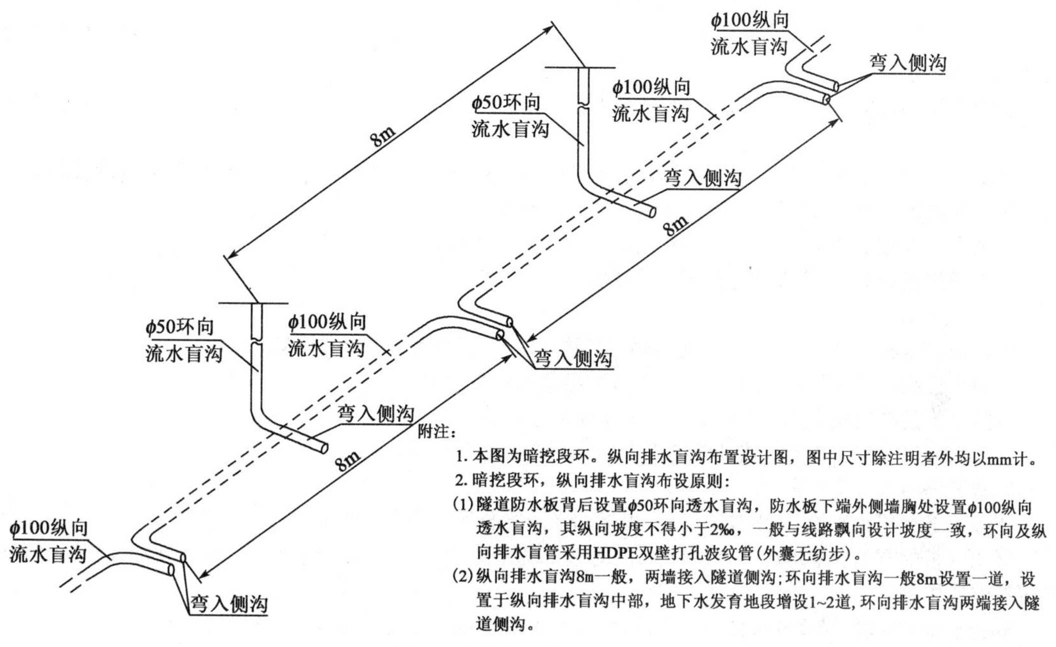


附注：

1. 本图为暗挖段环。纵向排水盲沟布置设计图，图中尺寸除注明者外均以mm计。
2. 暗挖段环，纵向排水盲沟布设原则：
(1) 隧道防水板背后设置φ50环向透水盲沟，防水板下端外侧墙脚处设置φ100纵向透水盲沟，其纵向坡度不得小于2‰，一般与线路飘向设计坡度一致，环向及纵向排水盲管采用HDPE双壁打孔波纹管(外囊无纺步)。
(2) 纵向排水盲沟8m一般，两墙接入隧道侧沟；环向排水盲沟一般8m设置一道，设置于纵向排水盲沟中部，地下水发育地段增设1~2道，环向排水盲沟两端接入隧道侧沟。

图 6　环、纵向盲管设置示意图

**三、防排水主要建筑材料及规格(表 1)**

**防排水主要建筑材料及规格**　　表 1

| 材 料 名 称 | 材 料 性 能 指 标 |
|---|---|
| 防水混凝土 | 防水混凝土抗渗等级不低于 P10，当地下水对混凝土有侵蚀性时，应采取有效措施，抗渗等级不小于 P12 |
| 防水板 | 采用 ECB 防水板，厚度 1.5mm |
| 土工布 | 土工布重量≥400g/m$^2$ |
| 自黏防水卷材 | 4mm 厚双面自黏橡胶沥青防水卷材 |
| 透水盲管 | HDPE 材质(聚乙烯复合材料)，开孔率不小于 40%，开孔为长条形，孔口的大小可为 10mm×1.5mm～30mm×1.5mm，在 360°范围内均匀分布，环向刚度≥6.3kPa |
| 中埋式橡胶止水带 | 规格尺寸：300mm×8mm |
| 背贴式橡胶止水带 | 规格尺寸：300mm×8mm×300mm |
| 中埋式钢边橡胶止水带 | 规格尺寸：350mm×10mm，钢边材料应采用热镀锌钢板 |
| 遇水膨胀止水胶 | 挤出断面尺寸 15mm×8mm(宽×高)，密度 1.2～1.55g/cm$^3$，固含量≥80%，下垂度≤3mm，表干时间≤24h，延伸率≥400%，抗拉强度≥0.3MPa，吸水膨胀率≥220% |
| 聚乙烯泡沫塑料板 | 表现密度 0.1～0.19g/cm$^3$，抗拉强度≥0.15MPa，抗压强度≥0.15MPa，撕裂强度≥4.0kN/m，加热变形≤2.0%，吸水率≤0.005g/m$^3$，延伸率≥100%，硬度 50～60 度，压缩永久变形≤30% |
| 混凝土界面剂 | 白色乳液，黏度 0.025～0.06Pa·s，pH 值 7～8.5，固体含量 5.6%～7%，抗拉黏结强度≥0.2MPa，剪切强度≥0.4MPa，干燥时间≥2h |

## 四、防水系统施工验收

1. 防水板

(1)主控项目。

①防水板、土工复合材料的材质、性能和规格必须符合设计要求。

②施工单位按进场批次每 10000$m^2$ 检验一次,不足 10000$m^2$ 也按一次计,监理单位按施工单位检验次数的 20% 见证检验。

③防水板必须按设计要求进行双焊缝焊接,焊接应牢固,不得有渗漏,每一单焊缝的宽度不应小于 15mm。

④防水板铺设范围及铺挂方式应符合设计要求。铺设时防水板应留有一定的余量,挂吊点设置的数量应合理。环向铺设时先拱后墙,下部防水板应压住上部防水板。

⑤铺设防水板的基层应平整、无尖锐物体。基层平整度应符合 $D/L \leqslant 1/6$ 的规定。

防水板焊缝无漏焊、假焊、焊焦、焊穿等现象。

(2)一般项目。

①铺设防水板的基面应坚实、平整、圆顺,无漏水现象;阴阳角处应做成圆弧形。

②防水板的铺设应与基层固定牢固,不得有绷紧和破损现象。

③防水板的搭接宽度不应小于 15cm,允许偏差为 -10mm。

④防水板搭接缝与施工缝错开距离不应小于 50cm,允许偏差为 -5cm。

2. 施工缝防水

①施工缝所用止水带、止水胶的品种、规格和性能等必须符合设计要求。

②止水带的宽度和厚度应符合设计要求,厚度不得有负偏差。止水带的表面不得有开裂、缺胶和海绵状等影响使用的缺陷。

③止水条的宽度、厚度和直径应符合设计要求,表面不得有开裂、缺胶等缺陷。

④隧道衬砌混凝土施工缝防水构造形式应符合设计要求。

⑤施工缝浇筑混凝土前应将表面的浮浆和杂物清理干净,施工缝的处理应符合设计要求。

⑥纵向施工缝和横向施工缝交界部位的处理应符合设计要求。

⑦止水带施工应符合下列规定:

a. 止水带接头连接应符合设计要求,应采用热焊,不得叠接,接缝平整、牢固,不得有裂口和脱胶现象。

b. 止水带安装位置符合设计要求,中心线位置应和施工缝中心重合,止水带固定牢固、平直,不得有扭曲的现象。

c. 背贴式止水带与防水板的连接方式应符合设计要求。

⑧施工缝防水效果应良好,无渗水。

3. 变形缝防水

(1)主控项目。

①变形缝所用止水胶、止水带等材料的品种、规格和性能等应符合设计要求。

②防水嵌缝材料的品种、规格、性能应符合设计要求。

③变形缝的位置、宽度和构造形式等应符合设计要求。

④变形缝止水带、止水胶防水施工的检验同施工缝防水。

⑤变形缝嵌缝材料嵌填施工应符合下列规定:

a. 缝内两侧平整、清洁、无渗水,涂刷的基层处理剂符合设计要求。

b. 背衬材料的设置符合设计要求。

c. 嵌填密实,与两侧黏结牢固。

⑥变形缝细部构造做法应符合设计要求,表面不得有渗水。

⑦用作沉降的变形缝应按设计要求设置沉降观测点,并进行施工期间的沉降观测,年沉降速率应符合设计要求。

(2)一般项目。

变形缝填塞前,缝内应清理干净,保持干燥,不得有杂物和积水。

变形缝的表面质量应缝宽均匀、缝身竖直,环向贯通,填塞密实,外表光洁。密封材料嵌填严密,黏结牢固,无开裂、鼓包、下塌现象。

**五、安全注意事项**

(1)进入现场必须戴安全帽,严禁穿拖鞋上班,在施工现场必须设置至少一名兼职安全员。
(2)所有进场施工人员必须进行三级安全教育,并办理平安卡后方可进入施工现场作业。
(3)加强施工用电管理,确保施工用电安全,严格按照机具操作规程进行安全操作。
(4)进入施工现场的所有人员均不能喝酒。
(5)在施工完毕后及时清理并打扫干净施工场地,收放好使用完的施工机具。

**六、环境保护**

(1)所有加工机械及材料设备必须堆放到指定地点。
(2)不得在施工范围内外乱扔杂物。
(3)施工现场做到工完料清。

<table>
<tr><td>交底人</td><td colspan="4"></td><td>年　月　日</td></tr>
<tr><td>复核人</td><td colspan="4"></td><td>年　月　日</td></tr>
<tr><td rowspan="3">接受人</td><td>工种</td><td>签名</td><td>工种</td><td>签名</td><td rowspan="3">年　月　日</td></tr>
<tr><td></td><td></td><td></td><td></td></tr>
<tr><td></td><td></td><td></td><td></td></tr>
</table>

# 中埋式及背贴式止水带安装技术交底

工程名称:沪昆客专铁路长昆(湖南段)CKTJ-6 标梨子坪隧道　　　　编号:LZPCK026 号

| 施工单位 | 中铁隧道集团沪昆项目部 | 作业班组 | 二衬班 |
|---|---|---|---|
| 交底部位 | 止水带 | 交底时间 | 年　月　日 |

**一、设计参数**

梨子坪隧道拱墙衬砌环向施工缝设背贴式橡胶止水带 + 中埋式橡胶止水带防水,仰拱环向施工缝设中埋橡胶止水带防水。

**二、施工工艺**

施工准备→台车端头模板内圈固定→安装中埋止水带→台车端头模板外圈固定→安装背贴止水带→固定背贴止水带。

**三、施工方法**

1. 外贴式止水带施工

(1)位置确定。

外贴式止水带设置在衬砌结构拱墙环向施工缝和变形缝外侧,紧贴防水板,施工时按设计要求先在需要安装止水带的位置放出安装线。

(2)止水带固定。

通过黏结法将止水带与防水板黏结。

2. 中埋式止水带施工

(1)施工方法及步骤。

通过专门设计的分离式“L”形挡头模将止水带夹在中间,外侧通过挡头模翼板上的螺栓夹紧固定,内侧(待浇混凝土一侧)可通过“U”形卡支撑,使其在混凝土振捣过程中不致下垂变形。

(2)止水带施工控制要点。

止水带埋设位置应准确,其中心应与施工缝(变形缝)重合。

中埋式止水带固定时不允许在止水带上穿孔打洞,不得损坏止水带本体部分。

固定止水带时,应防止止水带左右偏移,影响止水效果。

止水带定位时,应使其在界面部位保持平展,不得使橡胶止水带翻滚、扭结,如发现有扭结不展的现象应及时进行调整。

止水带的长度应根据施工要求,事先向生产厂家定制(一环长),尽量避免接头。如确需接头,应满足以下要求。接头形式如图 1 所示。

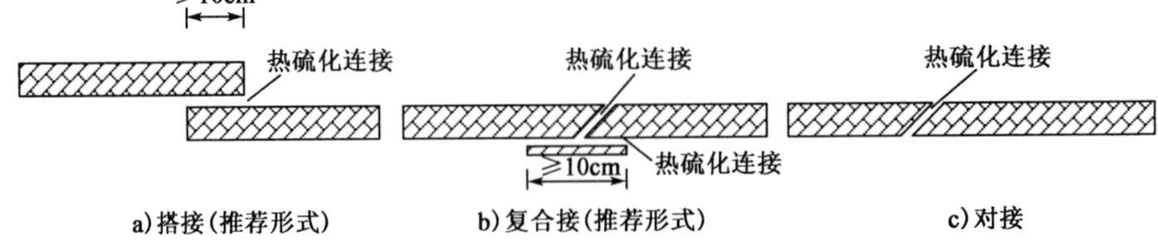


图 1　止水带接头形式

橡胶止水带接头必须黏结良好,不应采用不加处理的“搭接”。

止水带黏结前应做好接头表面的清刷与打毛,接头选在衬砌结构应力较小的部位,黏结可采用热硫化连接的方法,搭接长度不得小于 10cm,焊接缝宽不小于 50mm。

设置止水带接头时，应尽量避开容易形成壁后积水的部位，宜留设在起拱线上下。

在浇捣靠近止水带附近的混凝土时，应严格控制浇捣的冲击力，避免力量过大而刺破橡胶止水带；同时还必须充分振捣，保证混凝土与橡胶止水带的紧密结合，施工中如发现有破裂现象应及时修补。

衬砌脱模后，若检查发现施工中有走模现象发生，致使止水带过分偏离中心，则应适当凿除或填补部分混凝土，对止水带进行纠偏。

(3)止水带安装检查。

①止水带安装的横向位置。用钢卷尺量测内模到止水带的距离，与设计位置相比，偏差不应超过5cm。

②止水带安装的纵向位置。通常止水带以施工缝或伸缩缝为中心，两边对称，用钢卷尺检查，要求止水带偏离中心不能超过3cm。用角尺检查止水带与衬砌端头模板是否正交，不正交会降低止水带的有效长度。

③止水带接头的检查。

检查接头处上下止水带的压茬方向，此方向应以排水畅通、将水外引为正确方向，即接茬部位下部止水带压住上部止水带。

接头强度检查：用手轻撕接头。

观察接头强度和表面打毛情况，接头外观应平整光洁，抗拉伸强度不低于母材。不合格时应重新焊接。

**四、质量要求**

1. 基本要求

(1)止水带的材质、规格等应满足设计和规范要求。

(2)止水带与衬砌端头模板应正交。

2. 外观要求

(1)发现破裂应及时修补。

(2)衬砌脱模后，若发现应走模使止水带过分偏离中心，应适当凿除或填补部分混凝土，对止水带进行纠偏。

3. 实测要求

纵向偏离±50mm，偏离衬砌中心线≤30mm。

**五、安全注意事项**

(1)进入现场必须戴安全帽，严禁穿拖鞋上班，在施工现场必须设置至少一名兼职安全员。

(2)所有进场施工人员必须进行三级安全教育，并办理平安卡后方可进入施工现场作。

(3)加强施工用电管理，确保施工用电安全，严格按照机具操作规程进行安全操作。

(4)进入施工现场的所有人员均不能喝酒。

(5)在施工完毕后及时清理并打扫干净施工场地，收放好使用完的施工机具。

**六、环境保护**

(1)所有加工机械及材料设备必须堆放到指定地点。

(2)不得在施工范围内外乱扔杂物。

(3)施工现场做到工完料清。

| 交底人 | | | | | 年　月　日 |
|---|---|---|---|---|---|
| 复核人 | | | | | 年　月　日 |
| 接受人 | 工种 | 签名 | 工种 | 签名 | 年　月　日 |
| | | | | | |
| | | | | | |

# 仰拱混凝土浇筑及养生技术交底

工程名称:沪昆客专铁路长昆(湖南段)CKTJ-6 标梨子坪隧道　　编号:LZPCK027 号

| 施工单位 | 中铁隧道集团沪昆项目部 | 作业班组 | 混凝土班 |
|---|---|---|---|
| 交底部位 | 仰拱、填充混凝土浇筑及养护 | 交底时间 | 年　月　日 |

**一、设计参数**

梨子坪隧道仰拱、填充混凝土设计施工参数如表 1 所示。

**梨子坪隧道仰拱、填充混凝土设计施工参数表**　　表 1

| 序　号 | 围岩级别 | 衬砌类型 | 仰拱混凝土 | 填充 | 备注 |
|---|---|---|---|---|---|
| 1 | Ⅴ | Ⅴa | C35 | C20 | |
| 2 | | Ⅴb | C35 | C20 | |
| 3 | | Ⅴc | C35 | C20 | |
| 4 | Ⅳ | Ⅳa | C30 | C20 | |
| 5 | | Ⅳb | C35 | C20 | |
| 6 | Ⅲ | Ⅲa | C30 | C20 | |
| 7 | | Ⅲb | C30 | C20 | |

**二、施工工艺**

施工准备→仰拱清底→安装绑扎钢筋→安装模板→浇筑仰拱混凝土→安装中心水沟模板→浇筑填充混凝土→养护。

**三、施工方法**

1. 施工准备

(1)在浇筑混凝土前,基面给予处理,并采取防、排水措施,填写检查记录。

(2)对干燥的非黏性土基面,须用水湿润;对未风化的岩石,须用水清洗,但其表面不得积水。

(3)浇筑混凝土前及浇筑过程中,须对模板、支(拱)架、预埋件等加以检查。当发现问题时,须及时处理,并做记录。

(4)浇筑混凝土前须将模板内的杂物清除干净;木模板须用水湿润,但不得留存积水。

2. 灌注作业

(1)混凝土灌注时的自由倾落高度不得大于 2m;当大于 2m 时,应采用滑槽、串筒、漏斗等器具辅助输送混凝土,保证混凝土不出现分层离析现象。

(2)混凝土的灌注应采用分层连续推移的方式进行,其分层厚度(指捣实后厚度)须根据拌制能力、运输条件、浇筑速度、振捣能力和结构要求等条件决定。

(3)在炎热季节灌注混凝土时,应避免模板和新浇混凝土直接受阳光照射,保证混凝土入模前模板和钢筋的温度以及附近的局部气温均不超过 40℃。应尽可能安排在傍晚而避开炎热的白天灌注混凝土。在低温条件下(当昼夜平均气温低于 5℃或最低气温低于 -3℃时)灌注混凝土时,应采取适当的保温防冻措施,防止混凝土提前受冻。在相对湿度较小、风速较大的环境下灌注混凝土时,应采取适当挡风等措施,防止混凝土失水过快,此时应避免灌注有较大暴露面积的构件。

(4)新浇混凝土与邻接的已硬化混凝土或岩土介质间的温差不得大于 20℃。

(5)混凝土浇筑应连续进行。因故间歇时,其间歇时间宜缩短。对于不掺外加剂的混凝土,其允许间歇时间不大于2h；当气温降达到30℃左右时，不应大于1.5h；当气温降至10℃左右时，可延时至2.5h。

(6)对于掺外加剂或有特定要求的混凝土，其允许间歇时间须根据环境温度、水泥性能、水灰比和外加剂类型等条件，通过试验确定。当已超过允许间歇时间时，按浇筑中断处理，同时预留施工缝，并做记录。施工缝平面与结构的轴线相垂直，施工缝处须埋入适量的接茬片石、钢筋或型钢，并使其体积露出前层混凝土外一半左右。

(7)在混凝土施工缝处接续浇筑新混凝土时，须符合以下规定：前层混凝土强度不得小于1.2MPa。施工缝处的水泥砂浆薄膜、松动石或松弱混凝土层须凿除，并用水冲净、湿润，但不得有积水。

(8)新混凝土浇筑前，须在横向施工缝处先铺一层厚约15mm并与混凝土灰沙比相同而水灰比略小的水泥砂浆(竖向施工缝处可刷一层水灰比为0.3左右的薄水泥浆)，或铺一层厚约30cm的混凝土，其粗集料比新浇筑混凝土减少10%，然后再继续浇筑新层混凝土。施工缝处的新层混凝土须捣实。

3. 混凝土振捣

混凝土振捣可采用插入式高频振动棒、附着式平板振捣器、表面平板振捣器等振捣设备。振捣时不得碰撞模板、钢筋及预埋铁件。

混凝土振捣须按事先规定的工艺路线和方式进行，在混凝土灌注过程中及时将灌注的混凝土均匀振捣密实，不得随意加密振点或漏振，每点的振捣时间以表面泛浆或不冒大气泡为准，一般不超过30s，避免过振。

采用插入式高频振捣器振捣混凝土时，宜采用垂直点振方式振捣。若需变换振捣棒在混凝土拌和物中的水平位置，应首先竖向缓慢将振捣棒拔出，然后再将振捣棒移至新的位置，不得将振捣棒放在拌和物内平拖，也不得用插入式振捣棒平拖驱赶下料口处堆积的拌和物。

在振捣混凝土过程中，应检查模板支撑的稳定性和接缝的密合情况，以防漏浆。混凝土灌注完后，应仔细将混凝土表面压实抹平，抹面时严禁洒水。

4. 混凝土养护

混凝土振捣完毕，应及时采取适当的保温保湿措施对混凝土进行养护。当新浇混凝土具有暴露面时，应先将暴露面混凝土抹平，再用麻布、草帘等将暴露面覆盖，并及时采取喷雾洒水等措施对混凝土进行保湿养护7d以上。待喷雾洒水养护7d以上且水泥水化热峰值过后，若需撤除麻布或草帘，应再用塑料薄膜将暴露面紧密覆盖14d以上(塑料薄膜与混凝土表面之间不得留有空隙)，或蓄水养护混凝土14d以上，直至下道施工工序为止。

当混凝土采用带模养护方式养护时，应保证模板接缝处混凝土不失水干燥。新浇立面混凝土24～48h且强度发展至对结构安全性无不利影响时，可略微松开模板，并对模内混凝土进行浇水养护直至下道施工工序为止。

当混凝土强度满足拆模要求，且芯部混凝土与表层混凝土之间的温差、表层混凝土与环境之间的温差均不大于20℃时，方可拆模。

拆模后，应迅速采取切实措施对新暴露混凝土进行后期养护。采用麻布、草帘等材料将暴露面混凝土覆盖或包裹，以便使混凝土表面保持潮湿状态，再用塑料布或帆布等将麻布、草帘等保湿材料包覆(裹)完好。包覆(裹)期间，包覆(裹)物应完好无损，彼此搭接完整，内表面应具有凝结水珠。

在寒季和炎热季节，应采取适当的保温(寒季)隔热(夏季)措施，防止混凝土表面温度受环境因素影响(如暴晒、气温骤降等)而发生剧烈变化，保证养护期间混凝土的芯部与表层、表层与环境之间的温差不超过20℃。

新灌注的混凝土与流动的地表水相接触前，须采取临时保护措施，保证混凝土获得75%以上的设计强度为止，且同时采取上述保温保湿措施对混凝土进行养护。养护结束后及时回填。

当新浇筑混凝土强度未达到1.2MPa以前，不得在其表面来往行人或架设上层结构用的支撑和模板等设施。

**四、验收标准**

(1)混凝土原材料、配合比符合《铁路混凝土工程施工质量验收补充标准》的有关规定。

(2)混凝土涵身必须先浇筑底板(包括下梗肋)，当底板混凝土强度达到设计强度的50%，再施工中、边墙及顶板混凝土。分次浇筑时，边墙的施工缝不应设在同一水平面上。进行一组同条件养护试件强度试验。

（3）混凝土结构表面应密实平整，颜色均匀，不得有露钢、蜂窝、孔洞、疏松、麻面和缺棱掉角等缺陷。

**五、安全注意事项**

（1）按规定正确佩戴好劳动防护用品，如安全帽、口罩、胶鞋、手套。

（2）检查所用的工具设备，确认完好方可使用，夜间作业点是否有足够的照明和安全电压工作灯。

（3）使用振动棒应穿胶鞋，湿手不得接触开关，电源线不得有破皮漏电。低压架空线必须采用绝缘铜线或铝线架空线必须设在专用电杆上，严禁架设在树干、脚手架上。电缆线沿地面敷设时不得采用老化脱皮的电缆线，中间接头应牢固可靠并保持绝缘强度；过路处要穿管保护，电源端必须设漏电保护装置。

（4）混凝土振捣人员的作业场所，脚手板、栏杆等安全防护设施必须齐全可靠。下混凝土时速度应缓慢，且必须等吊斗停稳后方可下料，要避免吊斗碰撞平台上作业人员的现象。

**六、文明施工措施**

施工完成后，把所用的工具都按类别规格品种堆码，放置整齐。及时清理路面遗漏的混凝土残渣，并用水清理。遵守当地政府的有关规定，加强对职工的管理教育，努力建设文明工地。

<table>
<tr><td>交底人</td><td colspan="4"></td><td>年　月　日</td></tr>
<tr><td>复核人</td><td colspan="4"></td><td>年　月　日</td></tr>
<tr><td rowspan="3">接受人</td><td>工种</td><td>签名</td><td>工种</td><td>签名</td><td rowspan="3">年　月　日</td></tr>
<tr><td></td><td></td><td></td><td></td></tr>
<tr><td></td><td></td><td></td><td></td></tr>
</table>

# 中心涵管安装技术交底

工程名称:沪昆客专铁路长昆(湖南段)CKTJ-6 标梨子坪隧道　　编号:LZPCK028 号

| 施工单位 | 中铁隧道集团沪昆项目部 | 作业班组 | 管道班 |
|---|---|---|---|
| 交底部位 | 中心涵管安装 | 交底时间 | 年　月　日 |

**一、设计参数**

梨子坪隧道中心排水沟为 ϕ60 混凝土涵管,从隧道进口每隔 30m 设置一个检查井。

**二、施工工艺**

施工工艺流程图见图 1。

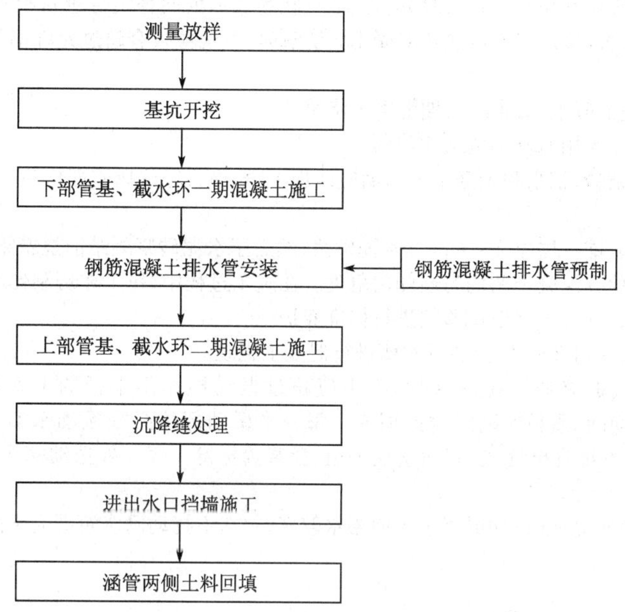


图 1　施工工艺流程

**三、施工方法**

1. 测量放样

用全站仪准确对涵管的中桩及纵横轴线,以及内外边桩进行准确放样,并用白灰在地上做出标志。利用已有的测量控制点对原地面高程进行放样,确定开挖深度。线位设好以后请监理工程师检测,符合要求后方可进入下一道工序。

2. 基底开挖

(1)基底开挖前,首先要对涵管基础所在位置进行清表或清淤。地基处理的范围至少应宽出基础之外 0.5m。为便于施工中的检验校核,基坑开挖前应在纵横轴线上、基坑边桩以外设控制桩,每侧 2 个。

(2)基底开挖采用机械开挖,人工辅助的方式。应避免超挖:机械开挖至距槽底设计高程 10 ~ 20cm 时,改用人工挖掘、修整至设计尺寸,不能扰动槽底及坡面原土层。基坑槽底采用平板振动夯夯实,确保基底高程误差满足设计规范要求。

(3)基底放样。基坑开挖好后应重新放设涵管的纵横轴线,同时用全站仪、钢尺对基础平面尺寸进行准确的细部放样;并用水准仪按涵管分节抄平,逐节钉设水平桩,控制基底和基顶高程。

(4)垫层施工。基坑开挖好后,先进行砂碎石垫层施工,回填砂碎石并夯实。砂碎石垫层为压实的连续材料层,不得有离析现象。

(5)下部混凝土管座、截水环一期混凝土施工。

混凝土管座、截水环分两次浇筑,先浇筑管底以下部分(管节外壁最低点以下部分),待安放管节以后再浇筑管底以上部分(管节外壁最低点以上部分)。

模板宜优先采用胶合板和钢模板。

浇筑混凝土之前,模板应涂刷脱模剂,外露面混凝土模板的脱模剂应采用同一品种,不得使用废机油等油料,且不得污染钢筋及混凝土的施工缝处。

为防止模板移位和凸出,安装侧模板时应在基础模板外设立支撑固定,且在模板安装过程中,必须设置防倾覆设施。浇筑在混凝土中的拉杆,应按拉杆拔出或不拔出的要求,采取相应的措施。

模板安装完毕后,应对其平面位置、顶部高程、节点联系及纵横向稳定性进行检查,并在模板内侧制作标记以示混凝土浇筑位置,签认后方可浇筑混凝土。浇筑时,发现模板有超过允许偏差变形值的可能时,应及时纠正。

3. 下部混凝土管座混凝土、截水环一期混凝土浇筑

管座、截水环混凝土采用C20的混凝土浇筑。

浇筑前,模板内的杂物、积水和钢筋上的污垢应清理干净,模板经现场监理检验合格后方可进行混凝土浇筑。

垫层应先加以湿润,铺一层厚2~3cm的水泥砂浆,然后于水泥砂浆凝结前浇筑第一层混凝土。

浇筑混凝土前,应检查混凝土的均匀性和坍落度。在施工过程中,每工作班制作混凝土试件2组,在制作完后第二天进行脱模,并送至工地试验室进行标准养护。

当混凝土倾落高度超过2m时,应通过溜槽进行混凝土浇筑。

混凝土采用插入式振捣器振捣,移动间距不应超过振动器作用半径的1.5倍,与侧模保持50~100mm的距离。振捣期间,避免振动时碰撞模板。每一个振动部位必须振动密实,避免过振和漏振,密实以混凝土停止下沉,不再冒出气泡,表面呈现平坦、泛浆为标准。每一处振动完毕后边振动边徐徐提出振动棒。

在浇筑过程中或浇筑完成时,如混凝土表面泌水较多,须在不扰动已浇筑混凝土的条件下,采取措施将水排出。

## 四、质量要求

(1)应注意按涵顶填土高度取用相应的管节。

(2)各管节应流水安装平顺,管节必须垫稳坐实,管道内不得遗留泥土等杂物。

(3)管节沉降缝与基础沉降缝的端面必须严格一致,不得有犬牙交错现象。非沉降缝的管节接缝,应尽量顶紧。

(4)管节采用柔性接口乙型承插口连接。

(5)圆管在运输、装卸过程中应防止碰撞,避免管节损坏或产生裂纹。

(6)涵管接缝宽度不大于10mm,禁止加大接缝宽度来满足涵长的要求,并应用橡胶密封圈填塞接缝的内侧,胶圈直径为12mm;每根橡胶密封圈最多允许拼接两处,两处拼接点之间的距离不应小于600mm。

## 五、安全要求

(1)现场作业人员必须佩戴安全帽。

(2)人员在确定边坡稳固后方能进入基坑施工,施工中若发现异常必须马上离开。

(3)现场涵管必须放置整齐,高度不得超过3层。

(4)吊运涵管时下放处不得站人,涵管放置对位时要缓慢移动。

**六、注意事项**

(1)严格按照此交底施工,如有疑问须及时与技术人员联系。

(2)未尽事宜请参照相关图纸及现场交底执行。

| 交底人 | | | | | 年　月　日 |
|---|---|---|---|---|---|
| 复核人 | | | | | 年　月　日 |
| 接受人 | 工种 | 签名 | 工种 | 签名 | 年　月　日 |
| | | | | | |
| | | | | | |

# 电缆过轨管安装技术交底

工程名称:沪昆客专铁路长昆(湖南段)CKTJ-6 标梨子坪隧道　　　　编号:LZPCK029 号

| 施工单位 | 中铁隧道集团沪昆项目部 | 作业班组 | 管道班 |
|---|---|---|---|
| 交底部位 | 过轨管安装 | 交底时间 | 年　月　日 |

**一、设计参数**

(1)通信信号过轨管设置:$\phi$100 信号过轨管 2 根,弯曲半径不小于 1.0m。

(2)电力过轨管设置:$\phi$100 电力过轨管 10 根,$\phi$150 电力过轨管 4 根,$\phi$100 通信过轨管 2 根,弯曲半径不小于 1.0m。

(3)通信过轨管设置:$\phi$100 通信过轨管 4 根,$\phi$100 通信过轨管 2 根,弯曲半径不小于 1.0m。

(4)所有过轨管均设置于中心水沟底与仰拱之间,下穿弧度同仰拱曲率。

**二、施工工艺**

施工准备→测量放线→加工固定支架→安装过轨管→加固过轨管→穿铁丝→浇筑混凝土。

**三、施工方法**

(1)过轨管与两侧槽道应平顺连接,各预埋管半径应按要求进行弯曲。

(2)过轨管采用《低压流体输送焊接钢管》(GB 3091—2008)热侵塑钢管(壁厚 3mm),直径 $\phi$100、$\phi$150 的钢管。

(3)过轨管采用洞内安装;安装过程中要控制高程和位置。

(4)管口接头处要用无纺布进行包裹,外用铁丝绑扎,避免浇筑混凝土过程中水泥浆渗入过轨管内。

(5)各预埋管端头应打磨光滑,加防水堵头,避免水、砂石等进入,导致堵塞。过轨管安装完毕后进行穿铁丝,铁丝要外漏过轨管一定的余量,管口要设堵头,采用冷胶封闭,以防渗水或弃碴堵塞,然后再进行浇筑混凝土。

(6)每根过轨管内均预留 2 根 $\phi$3 贯穿铁丝。过轨管与电缆槽连接的弯曲半径应大于 100cm,管口应高于槽底 1cm。

(7)浇筑混凝土过程中要注意对过轨管的保护,不能倾斜或改变方位,混凝土捣固时捣固棒与过轨管之间的距离要大于 30cm。避免过轨管出现振动,而使位置发生变化。

(8)混凝土浇筑完毕后要注意对过轨管的保护,在过轨管周围插设 $\phi$22 螺纹钢,旁边设置警示标识,避免行车压弯。

(9)过轨管口比较多,施工完毕后要采取有效的措施进行保护。

(10)该段模板台车行走时要注意线路两侧外漏过轨管头,避免压破。

**四、质量控制**

(1)必须严格按照技术交底书的要求和规范进行施工。

(2)工序完成后先由工班自检,再由现场施工员检查合格后报质检人员复检,复检合格后由质检工程师向驻地监理工程师报验,驻地监理工程师验收合格后,方可进行下道工序施工。

**五、安全措施**

(1)正确佩戴安全帽及相关劳动防护用品。

(2)加强安全知识教育培训,坚持班前教育、班中检查、班后总结。

(3)听从现场统一指挥和安排,遵守施工劳动纪律。

(4)注意过往行走机械,特别在栈桥下施工时,当有行走机械路过时必须及时避让,确保安全。

(5)施工用的钉子、抓丁等尖锐物必须及时清理,不能到处乱扔,以免伤人或破坏行走车辆轮胎。

(6)洞内组装过程中要注意对过轨管的保护,避免碰坏、压弯、戳穿等现象。

<table>
<tr><td colspan="6">

**六、环水保要求**

(1)进入施工现场必须正确佩戴安全帽及相关劳动防护用品。

(2)各临时设施必须符合规定标准,做到场地整洁、道路平顺、标志醒目、生产环境达到标准作业要求。

(3)施工现场必须做到工完、料尽、场地清,垃圾杂物集中整齐堆放,及时处理。

(4)施工期间生产场地修建必要的临时排水渠道,污水经处理后,与永久性排水设施相接,不致引起渠道淤积冲刷。

</td></tr>
<tr><td>交底人</td><td colspan="4"></td><td>年　月　日</td></tr>
<tr><td>复核人</td><td colspan="4"></td><td>年　月　日</td></tr>
<tr><td rowspan="3">接受人</td><td>工种</td><td>签名</td><td>工种</td><td>签名</td><td rowspan="3">年　月　日</td></tr>
<tr><td></td><td></td><td></td><td></td></tr>
<tr><td></td><td></td><td></td><td></td></tr>
</table>

# 第五章 衬 砌

# 初期支护净空检查及基面处理技术交底

工程名称：沪昆客专铁路长昆(湖南段)CKTJ-6 标梨子坪隧道　　　　编号：LZPCK030 号

| 施工单位 | 中铁隧道集团沪昆项目部 | 作业班组 | 防水板班组 |
|---|---|---|---|
| 交底部位 | | 交底时间 | 年月日 |

**一、设计参数**(图 1)

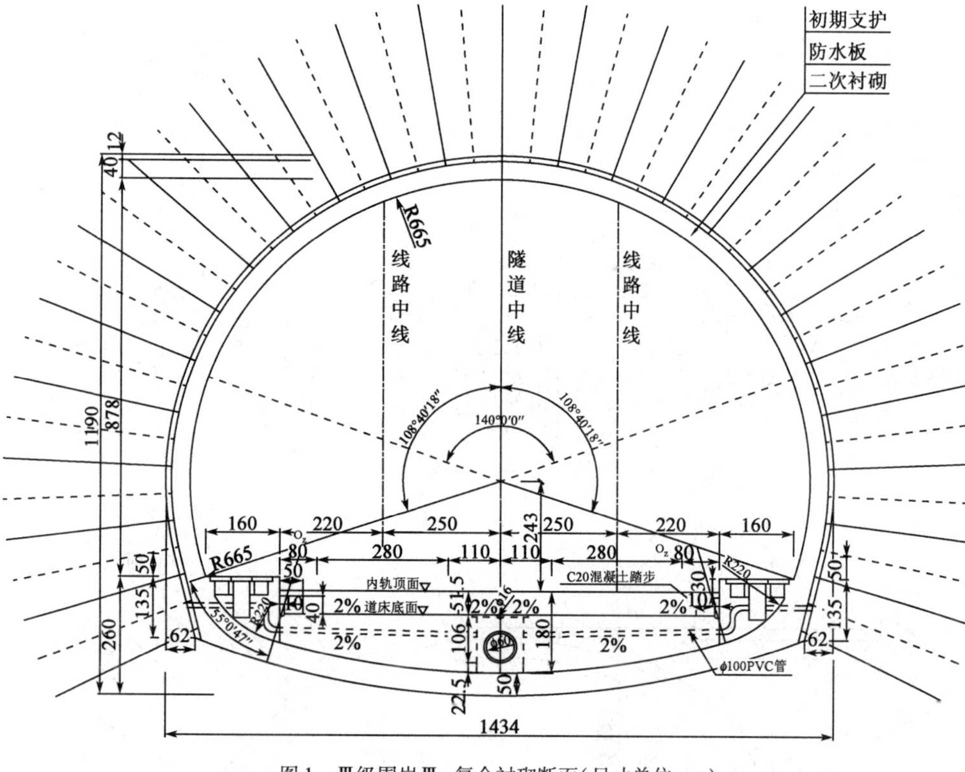

图 1　Ⅲ级围岩Ⅲa 复合衬砌断面(尺寸单位：cm)

**二、施工工艺**

施工准备→断面净空尺寸、平整度复测→超限部位凿除→基面外露钢筋头、锚杆头等突出物的切除→锚杆头盖塑料帽、管道孔砂浆找平→凹陷、切除部位补喷→漏水点引排。

**三、施工方法**

(1)采用徕卡全站仪对初期支护按照环向间距 30～50cm，纵向 100～300cm 进行断面扫描，并采用钢卷尺对基面的平整度进行检查。在进行断面扫描中，对于基面平整度较差地段，环纵向间距要缩短，保证断面净空尺寸符合要求。

(2)对于立拱地段，可适当调整初支检测断面间距，检测拱内侧初支断面。(3)对初期支护表面凸凹不平处进行处理，使混凝土表面平顺，无尖锐棱角，表面平整度应控制在 $D/L \leq 1/10$($D$ 为两凸凹面间凹进深度，$L$ 为两凸凹面间距离)。

如图 2～图 11 所示。

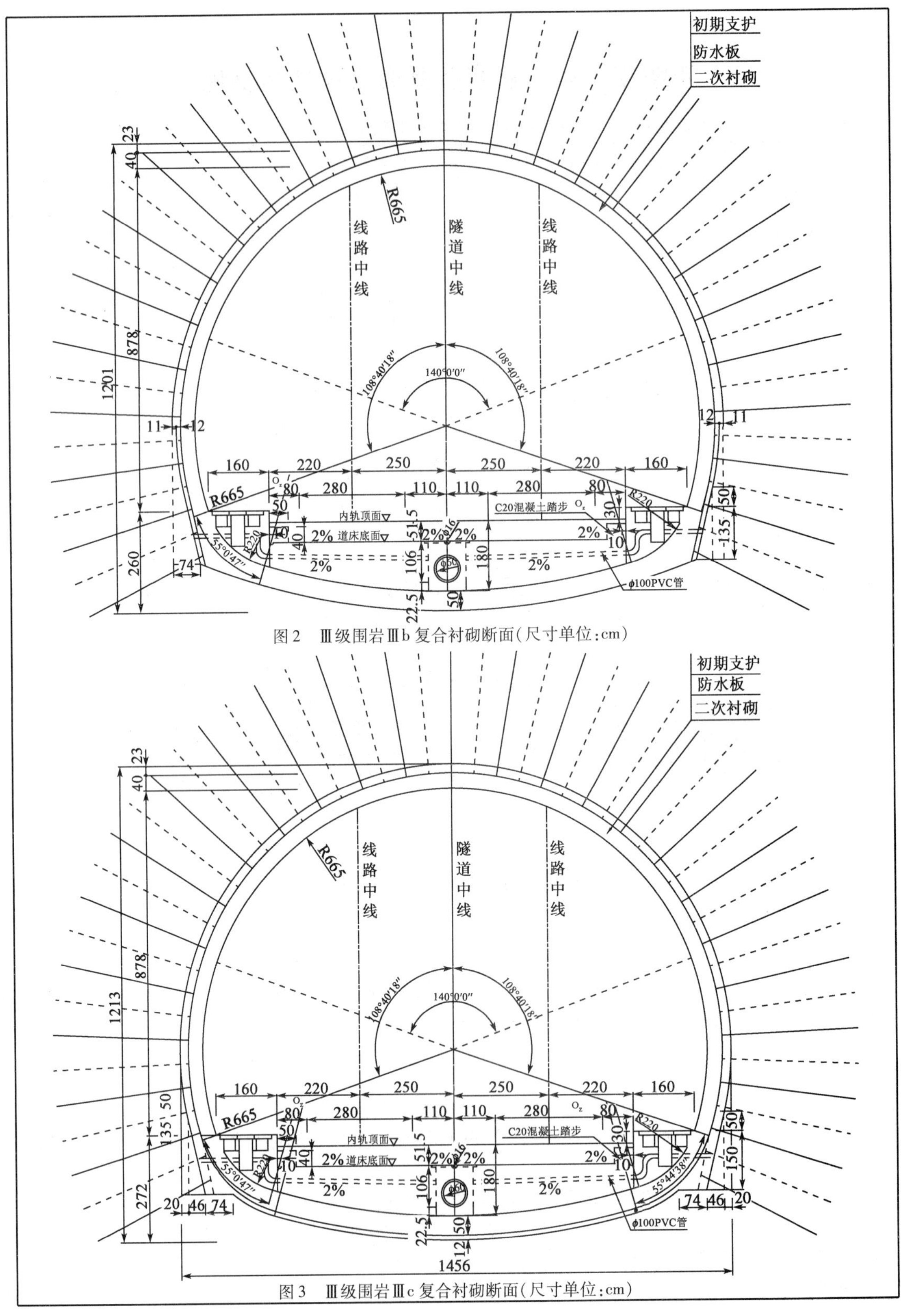


图2　Ⅲ级围岩Ⅲb复合衬砌断面(尺寸单位:cm)

图3　Ⅲ级围岩Ⅲc复合衬砌断面(尺寸单位:cm)

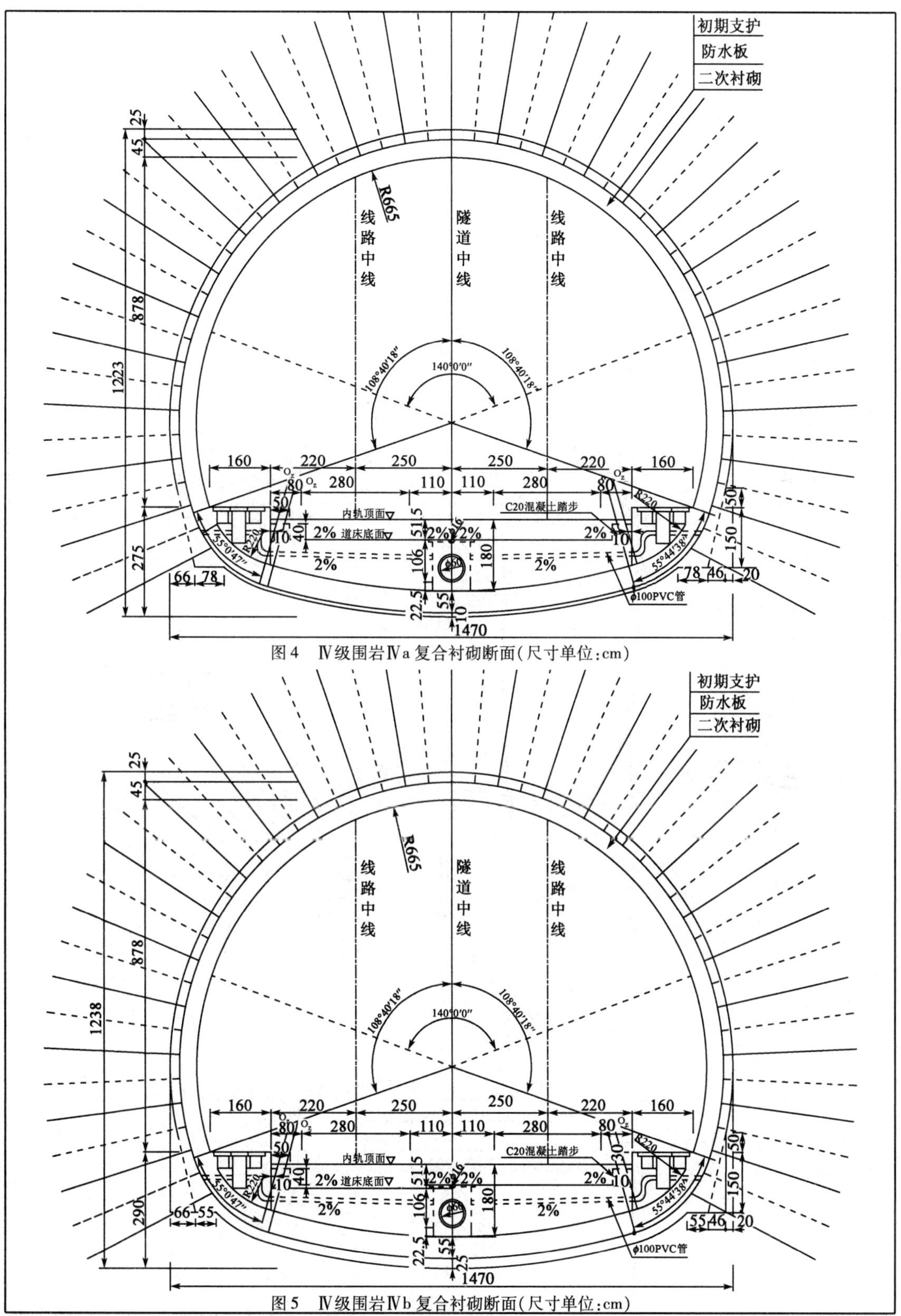


图4 Ⅳ级围岩Ⅳa复合衬砌断面(尺寸单位:cm)

图5 Ⅳ级围岩Ⅳb复合衬砌断面(尺寸单位:cm)

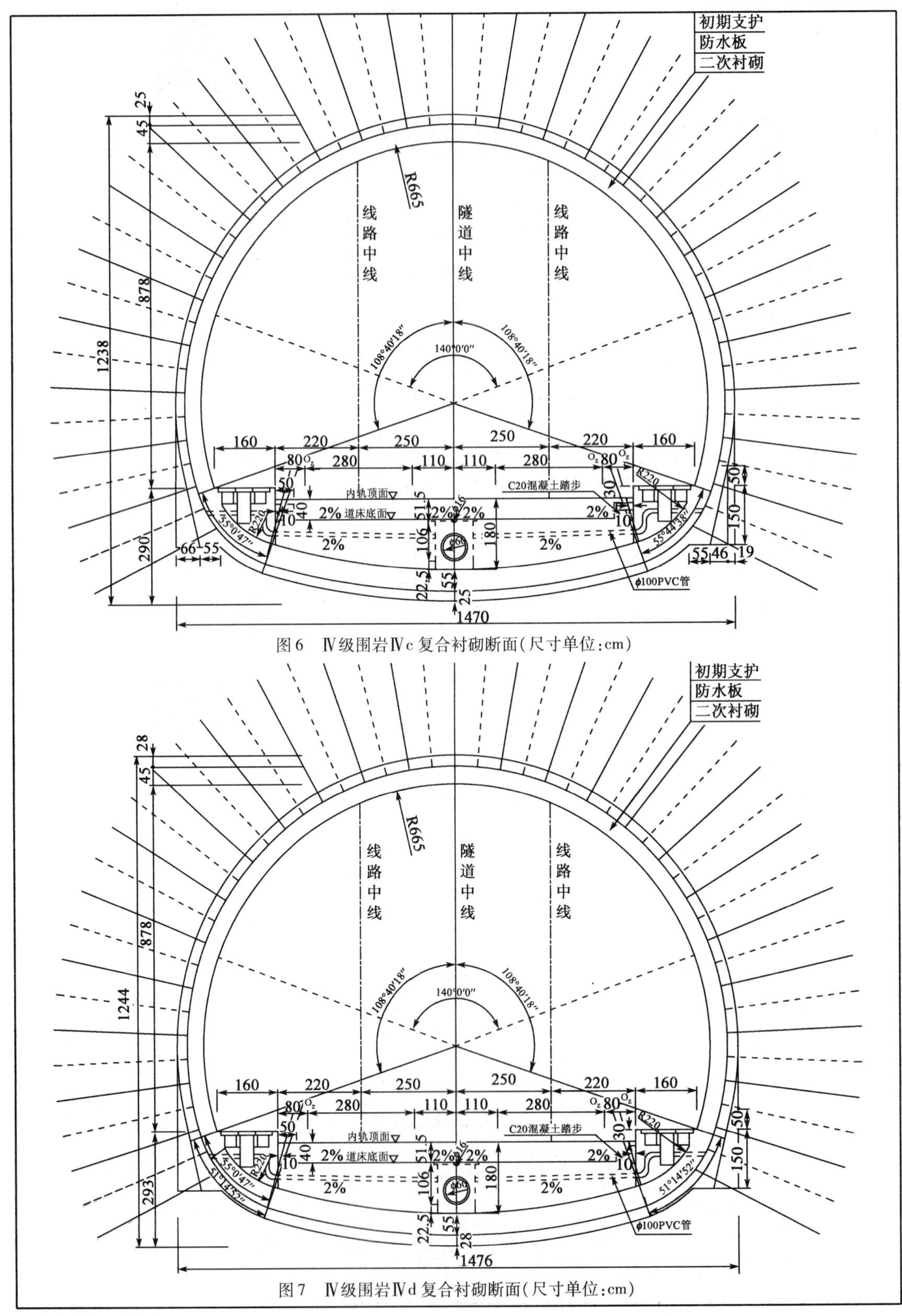

图6 Ⅳ级围岩Ⅳc复合衬砌断面(尺寸单位:cm)

图7 Ⅳ级围岩Ⅳd复合衬砌断面(尺寸单位:cm)

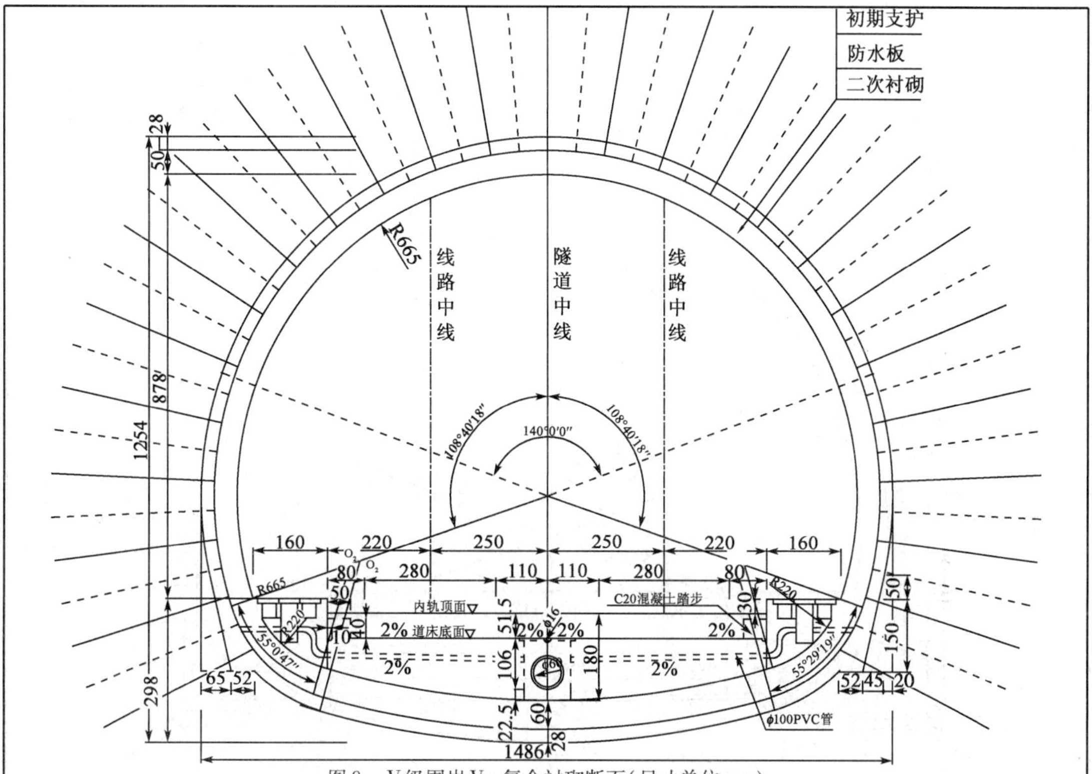

图 8　Ⅴ级围岩Ⅴa 复合衬砌断面(尺寸单位:cm)

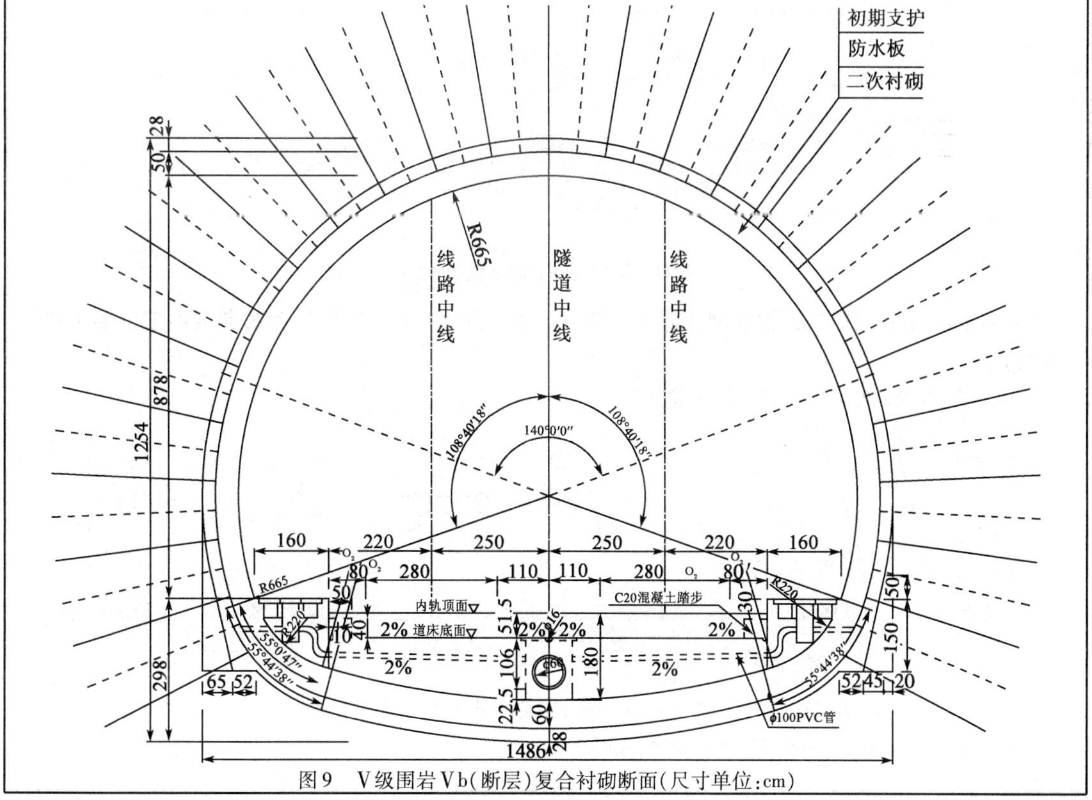

图 9　Ⅴ级围岩Ⅴb(断层)复合衬砌断面(尺寸单位:cm)

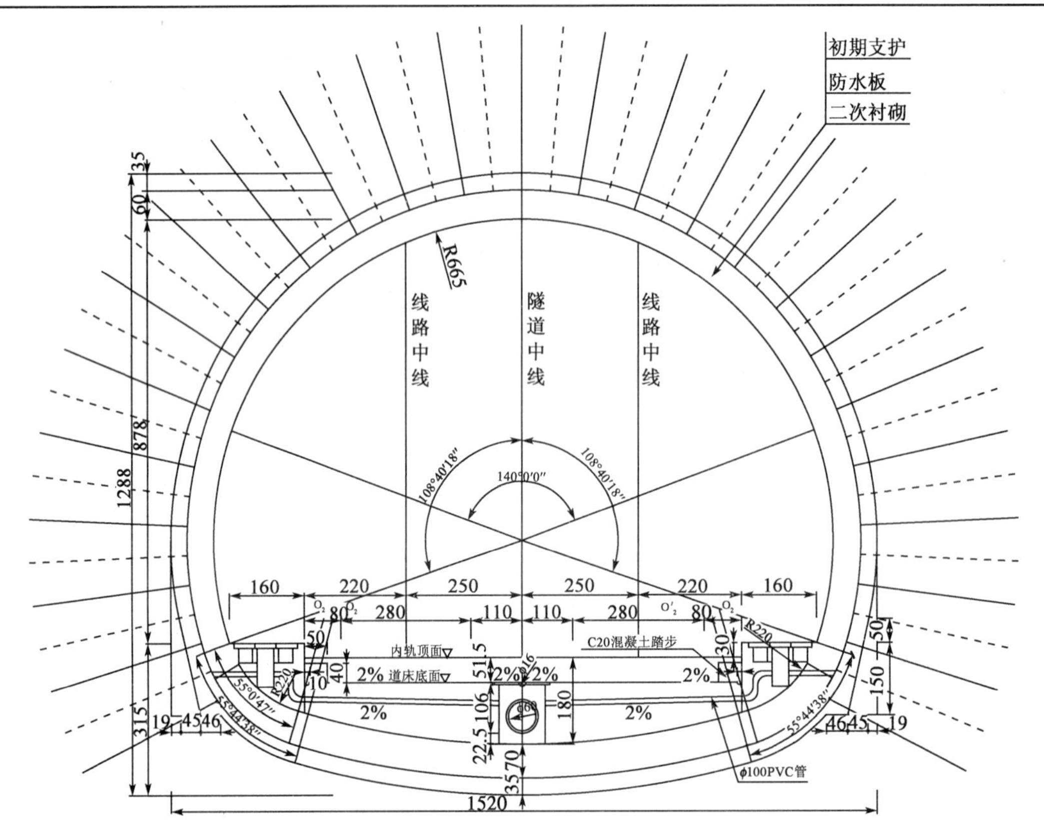


图10　Ⅴ级围岩Ⅴe复合衬砌断面(尺寸单位:cm)

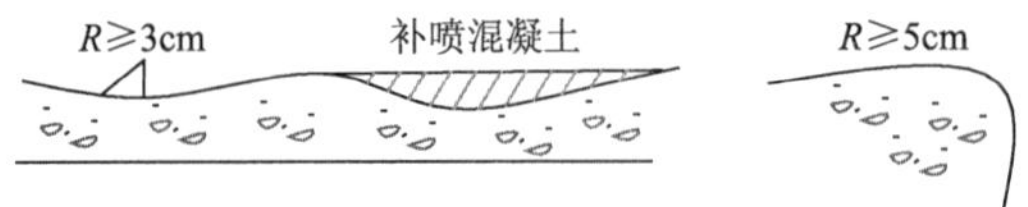


图11　初期支护表面修整示意图

(3)对于基面外露锚杆头、钢筋网片等突出部分应先切断、遮盖或铆平后,用砂浆或喷射混凝土找平(图12)。

凸出的管道先切断,再用砂浆抹平(图13)。

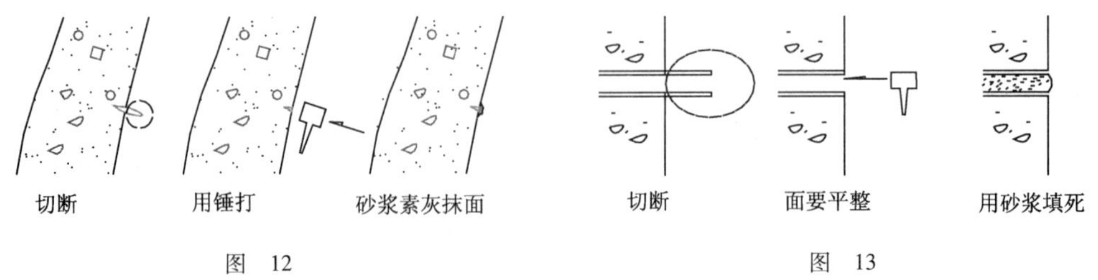


图　12　　　　图　13

锚杆头有凸出部位时,在螺头顶预留5mm切断,用塑料帽处理(图14)。

(4)初期支护表面应平整,无空鼓、裂缝、松酥。

(5)基面出现股状水时，采用局部或围截注浆法进行封堵，封堵后的剩余水量利用排水盲管或排水板集中将水引入洞内排水沟排出；当基面出现线状水时，采用弹簧半圆管将流水引排至边墙，并引入洞内排水沟排出。

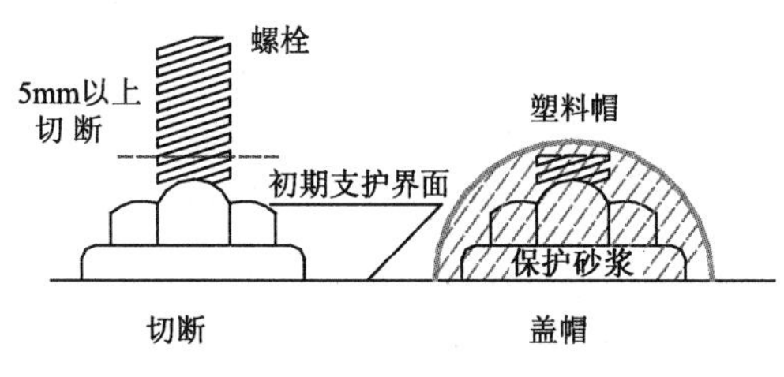


图 14

**四、质量验收标准**

(1)初期支护净空尺寸不小于设计断面。

(2)基面平整度需达到 $D/L \leqslant 1/10$。

**五、安全注意事项**

(1)在初期支护，外露网片、锚杆头等尖锐物体的处理过程中，处理区下方严禁站人或人员通过，并采用铁板或木板等对落物进行收集，防止落物伤人。

(2)在施工中需要动火作业时，必须达到相关要求后方可作业。

(3)所有施工人员必须正确佩戴安全帽等防护用品，以保证施工安全。

**六、环保注意事项**

(1)在现场施工过程中，施工人员的生产管理符合施工技术规范和施工程序要求，不违章指挥，不蛮干。对不服从统一指挥和管理的行为，按处罚条例严格执行。

(2)开展文明教育，加强班组建设，提高班组整体素质。

(3)工程实施过程中全面开展创建文明工地活动，工区、作业队设文明施工负责人，定期与不定期检查文明施工措施落实情况，切实搞好文明施工。

(4)施工产生的垃圾集中堆放。

(5)喷射混凝土时用湿喷混凝土，减少粉尘污染。

(6)组建专业文明施工班组，负责场内场貌整洁、有序、文明。

<table>
<tr><td>交底人</td><td colspan="4"></td><td>年 月 日</td></tr>
<tr><td>复核人</td><td colspan="4"></td><td>年 月 日</td></tr>
<tr><td rowspan="3">接受人</td><td>工种</td><td>签名</td><td>工种</td><td>签名</td><td rowspan="3">年 月 日</td></tr>
<tr><td></td><td></td><td></td><td></td></tr>
<tr><td></td><td></td><td></td><td></td></tr>
</table>

# 防水板施工技术交底

工程名称:沪昆客专铁路长昆(湖南段)CKTJ-6 标梨子坪隧道　　编号:LZPCK031 号

| 施工单位 | 中铁隧道集团沪昆项目部 | 作业班组 | 防排水班组 |
|---|---|---|---|
| 交底部位 | 防水板铺设 | 交底时间 | 年　月　日 |

**一、设计参数**

(1)隧道二次衬砌采用防水混凝土,其抗渗等级不低于 P10。

(2)隧道初期支护与二次衬砌间拱墙部位铺设 1.5mm 防水板 +400g/m$^2$ 土工布作为防水层。

**二、施工工艺**

施工准备→土工布铺设→防水板铺设→充气检查→缺陷整改→复检。

**三、施工方法**

防水板铺设应超前二次衬砌施工 10～20m,并注意防止机械损伤和电火花灼伤已铺好的防水板,同时应与开挖掌子面保持一定的安全距离。下部防水板应压住上部防水板,松紧应适度并留有余量,松铺系数为 10/8(防水板长度与断面周长比),保证防水板全部面积均能与初支面密贴。

1. 土工布铺设

先在隧道拱部位标出纵向中线,使土工布基本与隧道轴线直交,留足基面凹凸部位的富有量,由拱部向边墙铺设;用带热熔衬垫的射钉将缓冲层平整顺直地固定在基层上,每幅土工布布置适当衬垫数,呈梅花形布置,拱部 0.5～0.8m,边墙 0.8～1.0m。土工布接缝搭接宽度不得小于 10cm,铺设要松紧适度,使之能紧贴在喷射混凝土表面,不至于因过紧而被撕裂,过松而影响防水板挂设。固定点土工布铺设示意图见图 1。

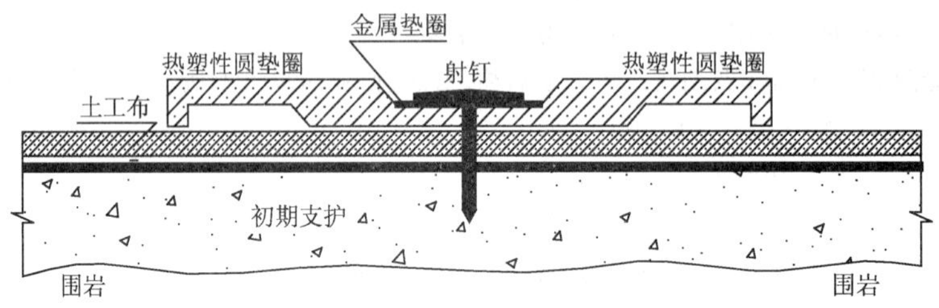


图 1　固定点土工布铺设示意图

2. 防水板铺设

采用从上向下的顺序铺设,下部防水板应压住上部防水板,松紧应适度并留有余量,保证防水板全部面积均能与初支面密贴,两幅防水板的搭接宽度不应小于 15cm,如图 2～图 4 所示。

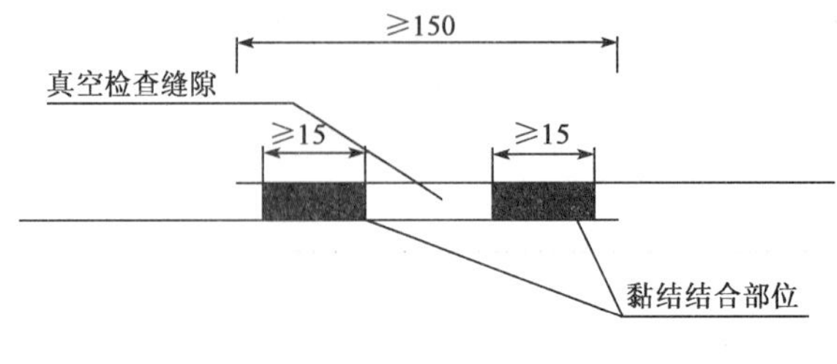


图 2　防水板搭接示意图(尺寸单位:mm)

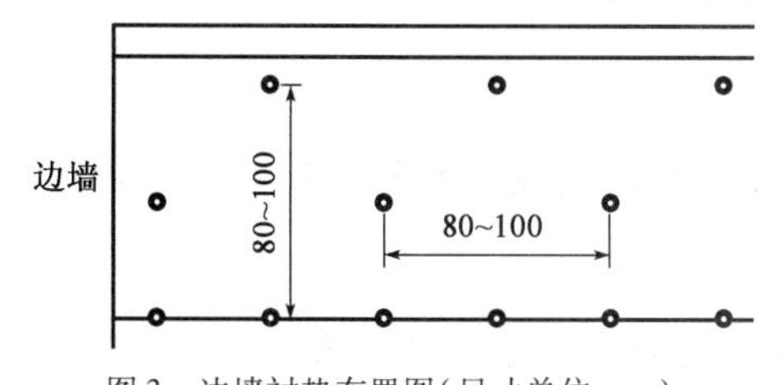


图3 边墙衬垫布置图(尺寸单位:mm)

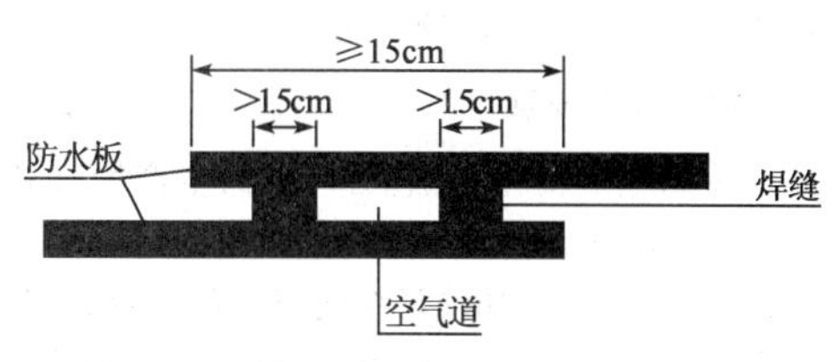


图4 拱部衬垫布置图

**四、质量验收标准**

(1)防水板搭接是控制重点。防水板焊接采用爬焊机,形成双焊缝。防水板搭接宽度不小于15cm,焊缝宽度大于1.5cm。防水板不允许在同一位置三层以上焊接。如图5所示。

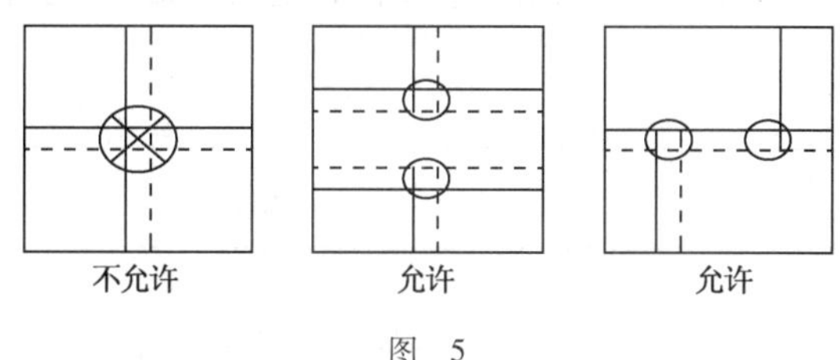


图 5

(2)防水板焊缝的检测。将5号注射针与压力表相接,然后进行充气,当压力表达到0.25MPa时停止充气,保持10min以上,压力下降在10%以内,说明焊缝合格。如压力下降过快,说明焊缝不严。此时需用肥皂水涂在焊缝上找出漏气部位,用手动热熔器焊接修补后再次检测,直到完全粘合。

(3)防水板和土工布位置控制。土工布铺设前,要在边墙标出法线,每幅土工布和防水板应该与隧道法线方向平行。土工布相互间和防水板相互间应平行。

(4)保证防水材料原材料合格。ECB防水板厚度≥1.5mm,土工布重量≥400g/m²。

**五、质量控制要点**

(1)焊接时,接缝处必须擦洗干净,且焊缝接头应平整,不得有气泡、折皱及空隙。

(2)防水板之间的搭接缝应采用自动爬行式热合机热熔焊接,细部处理或修补采用手持焊枪。

(3)两幅防水板的搭接宽度不应小于15cm,单条焊缝的有效焊接宽度不应小于15mm。

(4)防水板纵向搭接与环向搭接处,除按正常施工外,应再覆盖一层同类材料的防水板材,用热熔焊焊接。

(5)在焊缝搭接的部位焊缝必须错开1/2~1/3幅宽,不允许有三层以上的接缝重叠。焊缝搭接处必须用刀刮成缓角后拼接,使其不出现错台。

(6)防水板焊缝严禁出现漏焊、假焊,发现后应予补焊;若有烤焦、焊穿、破损处,必须用圆角补丁进行修补。

(7)防水板和土工布位置控制。土工布铺设前,要在边墙标出法线,每幅土工布和防水板应该与隧道法线方向平行。土工布相互间和防水板相互间应平行。

(8)由试验室人员对防水板进行充气检查。

**六、安全注意事项**

(1)土工布、防水板铺设需在台架上进行,属高空作业,需配备高空作业防护用品。

(2)防止射钉枪伤人。

(3)防止热熔焊伤人。

(4)防止高空作业掉落物体伤人。

**七、环水保注意事项**

(1)在现场施工过程中,施工人员的生产管理符合施工技术规范和施工程序要求,不违章指挥,不蛮干。对不服从统一指挥和管理的行为,按处罚条例严格执行。

(2)开展文明教育,加强班组建设,提高班组整体素质。

(3)工程实施过程中全面开展创建文明工地活动,工区、作业队设文明施工负责人,定期与不定期检查文明施工措施落实情况,切实搞好文明施工。

(4)施工产生的垃圾集中堆放。

(5)组建专业文明施工班组,负责场内场貌整洁、有序、文明。

(6)建筑材料按区域分类堆放整齐,生产区与生活办公区分隔,场容场貌整洁、有序、文明。

(7)施工现场设置以明沟、集水池为主的临时排水系统,施工污水经明沟引流、集水池沉淀过滤后,间接排入下水道。

<table>
<tr><td>交底人</td><td colspan="4"></td><td>年　月　日</td></tr>
<tr><td>复核人</td><td colspan="4"></td><td>年　月　日</td></tr>
<tr><td rowspan="3">接受人</td><td>工种</td><td>签名</td><td>工种</td><td>签名</td><td rowspan="3">年　月　日</td></tr>
<tr><td></td><td></td><td></td><td></td></tr>
<tr><td></td><td></td><td></td><td></td></tr>
</table>

# 排水盲管施工技术交底

工程名称:沪昆客专铁路长昆(湖南段)CKTJ-6标梨子坪隧道　　　　编号:LZPCK032号

| 施工单位 | 中铁隧道集团沪昆项目部 | 作业班组 | 防排水班组 |
|---|---|---|---|
| 交底部位 | 排水盲管安装 | 交底时间 | 年　月　日 |

**一、设计参数**

(1)纵向设置 $\phi$100HPDE打孔波纹管。

(2)环向设置 $\phi$50HPDE打孔波纹管。

**二、施工工艺**

盲管土工布包裹→测量放线(纵向高程、环向法线)→超限部位凿除→基面外露钢筋头、锚杆头等突出物切除→锚杆头盖塑料帽、管道孔砂浆找平→凹陷、切除部位补喷→漏水点引排。

**三、施工方法**

环向每隔8m设 $\phi$50环向盲管一道,渗水集中处可适当加密,环向盲管直接引入侧沟。盲管先用土工布包裹,再用土工布条和射钉固定在喷射混凝土基面上(图1),土工布条间距1m。盲管挂设前,要先在边墙放出法线,每环环向盲管要在同一里程上。

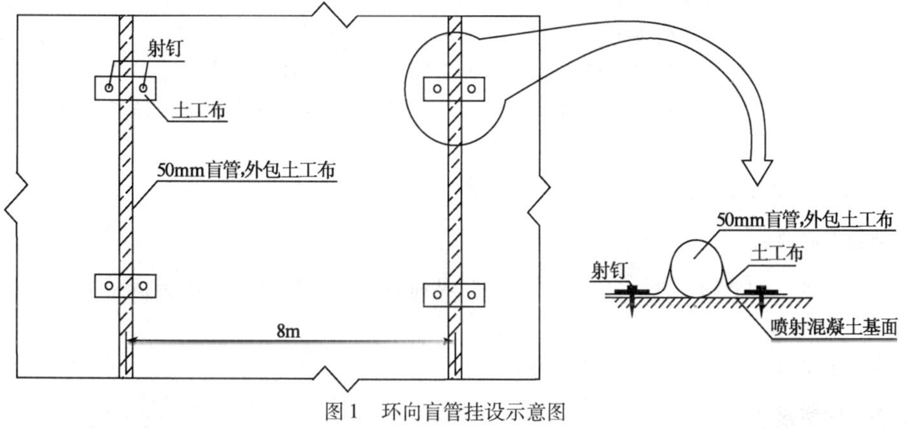


图1　环向盲管挂设示意图

边墙墙角设 $\phi$100纵向盲管,纵向盲管高度为内轨顶面下30cm。纵向盲沟坡度与隧道坡度一致。纵向盲沟每隔12m引入侧沟。盲管先用土工布包裹,再用土工布条和射钉固定在喷射混凝土基面上(图2),土工布条间距1m,也可用冲击钻预埋钢筋在预定位置,再将盲管放置在钢筋上。

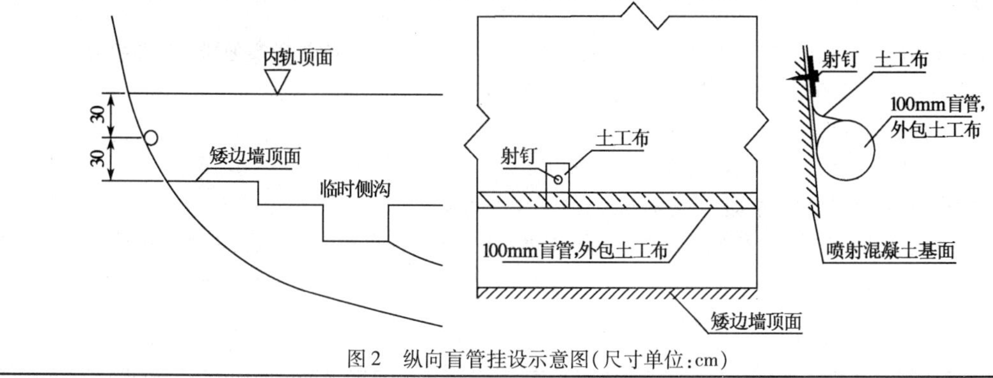


图2　纵向盲管挂设示意图(尺寸单位:cm)

环向盲沟和纵向盲沟都直接引入侧沟,纵向盲沟要采用135°的弯头进行拐弯。环向盲沟和纵向盲沟的外露口在一条直线上,即内轨线下30cm,形成独立的排水系统。如图3所示。

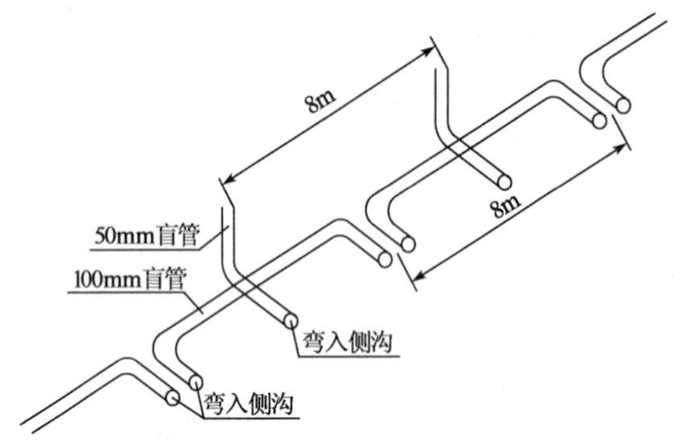


图3 环、纵向盲管弯入侧沟示意图

**四、质量验收标准**

(1)盲管材料质量符合设计要求。

(2)盲管的铺设位置和范围应符合设计要求。

(3)盲管接头的连接,纵、环向之间的连接,纵向盲管与排水沟的连接应符合设计要求。

(4)衬砌背后设置的排水盲管应结合衬砌一次施工,施工中应防止混凝土或压浆浆液浸入盲管堵塞水路。

(5)盲管(沟)的综合排水效果应符合设计要求。

**五、质量控制要点**

(1)盲管出水口高度要在同一条直线上。环、纵向盲管出水口高度为内轨顶面下30cm,矮边墙上30cm。

(2)排水盲管要用土工布反包,不得遗漏。

**六、安全注意事项**

(1)在用土工布钉射盲管时防止射钉枪伤人。

(2)所有施工人员必须正确佩戴安全帽等防护用品,以保证施工安全。

**七、环水保注意事项**

(1)在现场施工过程中,施工人员的生产管理符合施工技术规范和施工程序要求,不违章指挥,不蛮干。对不服从统一指挥和管理的行为,按处罚条例严格执行。

(2)作业台架周围材料、机具堆放整齐。

(3)作业现场做到"工完、料尽、场地清"。

(4)防水材料边角料回收整理,不得随意丢弃。

(5)施工现场设置以明沟、集水池为主的临时排水系统,施工污水经明沟引流、集水池沉淀过滤后,间接排入下水道,同时,落实"防台"、"防汛"和"雨季防涝措施",配备三防器材和值班人员,做好"三防"工作。

<table>
<tr><td>交底人</td><td colspan="4"></td><td>年　月　日</td></tr>
<tr><td>复核人</td><td colspan="4"></td><td>年　月　日</td></tr>
<tr><td rowspan="3">接受人</td><td>工种</td><td>签名</td><td>工种</td><td>签名</td><td rowspan="3">年　月　日</td></tr>
<tr><td></td><td></td><td></td><td></td></tr>
<tr><td></td><td></td><td></td><td></td></tr>
</table>

# 钢筋绑扎技术交底

工程名称:沪昆客专铁路长昆(湖南段)CKTJ-6 标梨子坪隧道　　编号:LZPCK033 号

| 施工单位 | 中铁隧道集团沪昆项目部 | 作业班组 | 钢筋班 |
|---|---|---|---|
| 交底部位 | | 交底时间 | 年　月　日 |

**一、设计参数**

(1)Ⅳb:主筋采用 ϕ20,间距为 20cm;分布筋采用 ϕ12,间距为 25cm;箍筋采用 ϕ8。如图 1 所示。

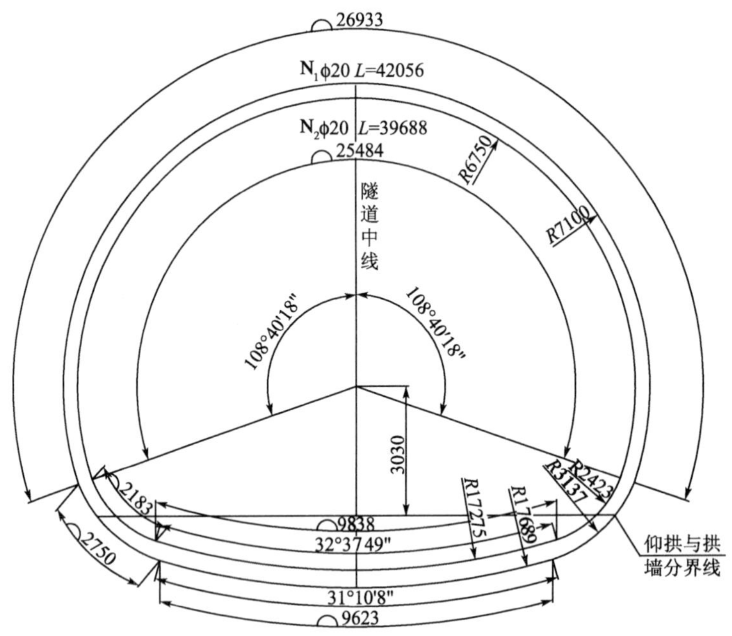


图 1　Ⅵb 二衬主筋大样图(尺寸单位:mm)

(2)Ⅳc:主筋采用 ϕ20,间距为 20cm;分布筋采用 ϕ14,间距为 25cm;箍筋采用 ϕ8。

(3)Ⅳd:主筋采用 ϕ20,间距为 20cm;分布筋采用 ϕ16,间距为 25cm;箍筋采用 ϕ8。

(4)Ⅴa:主筋采用 ϕ20,间距为 20cm;分布筋采用 ϕ14,间距为 25cm;箍筋采用 ϕ8。

(5)Ⅴb(断层):主筋采用 ϕ22,间距为 20cm;分布筋采用 ϕ14,间距为 25cm;箍筋采用 ϕ8。

(6)Ⅴe:主筋采用 ϕ25,间距为 20cm;分布筋采用 ϕ16,间距为 25cm;箍筋采用 ϕ8。

**二、施工工艺**

施工准备→防水板铺设质量检查→定位钢筋测量放样→钢筋配料→钢筋绑扎→钢筋连接。

**三、施工方法**

(1)施工准备。

①成型钢筋:必须符合配料单的规格、尺寸、形状、数量。

②绑扎铁丝:20～22 号火烧丝。

③垫块:采用混凝土垫块。

④主要机具:钢筋钩子、钢筋运输车、石笔、墨斗、尺子等。

(2)土工布、防水板铺设施作完毕后,经检查符合要求方可进入钢筋绑扎工序。

如图 2～图 7 所示。

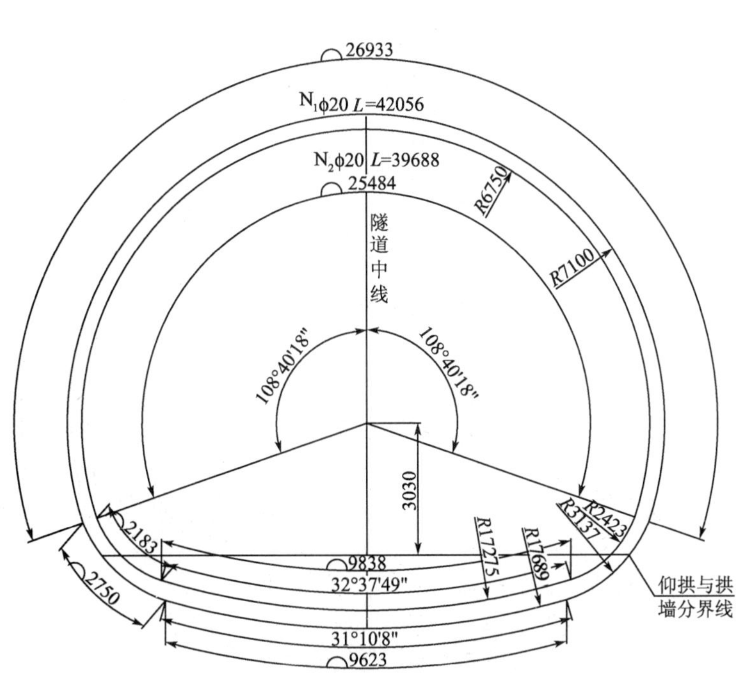

图 2 Ⅵc 二衬主筋大样图(尺寸单位:mm)

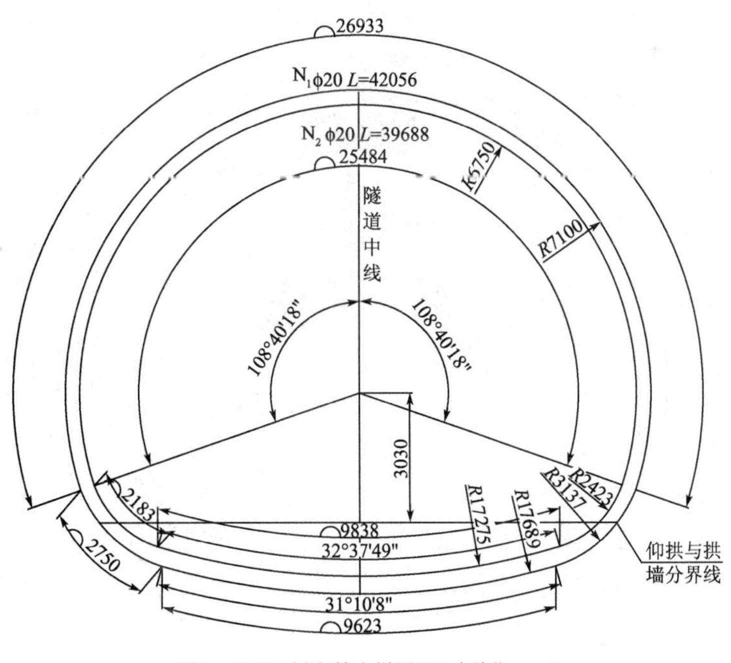

图 3 Ⅵd 二衬主筋大样图(尺寸单位:mm)

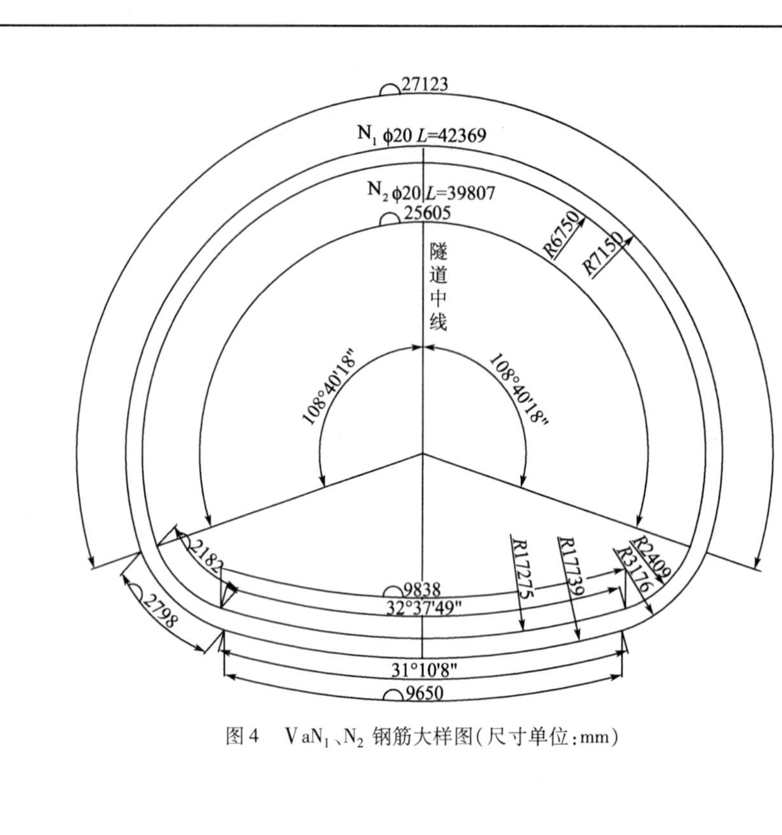


图 4　Ⅴa$N_1$、$N_2$ 钢筋大样图(尺寸单位:mm)

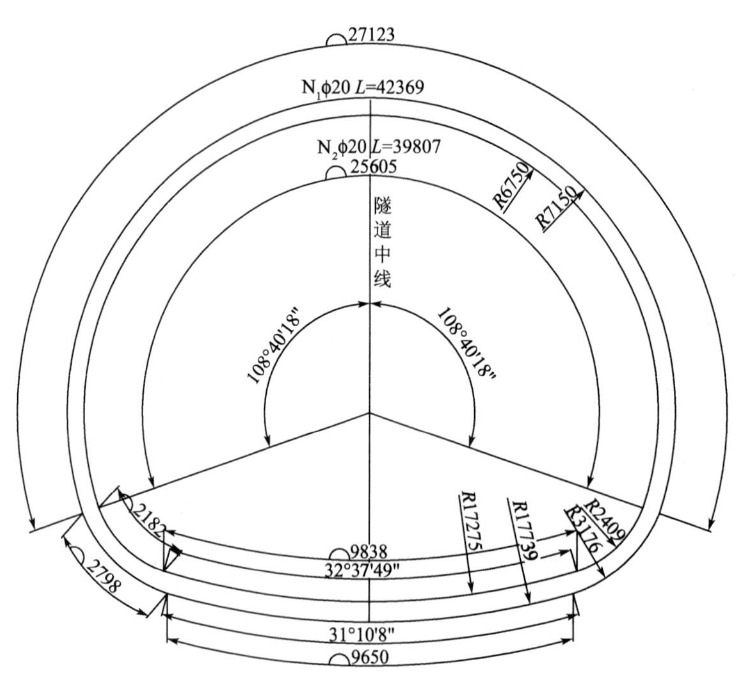


图 5　$V_b$ 断层钢筋大样图(尺寸单位:mm)

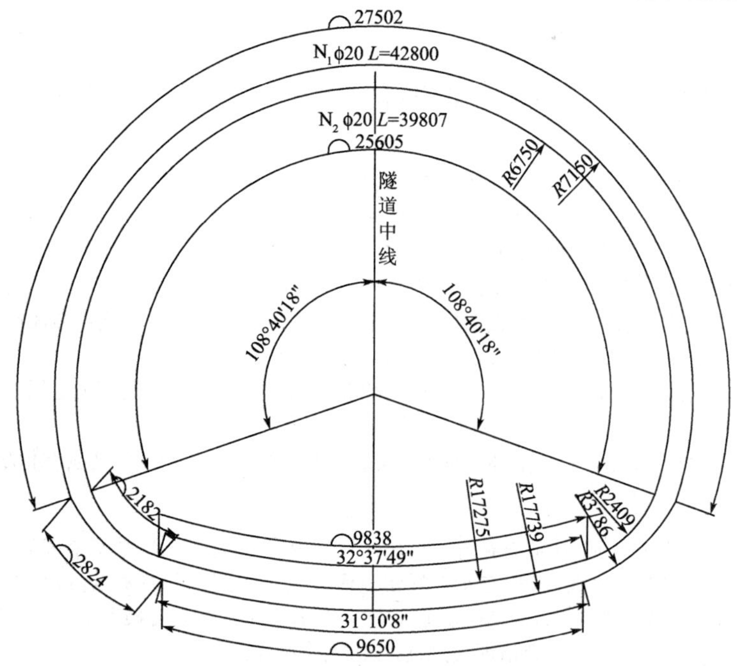

图6 Ⅴe 钢筋大样图(尺寸单位:mm)

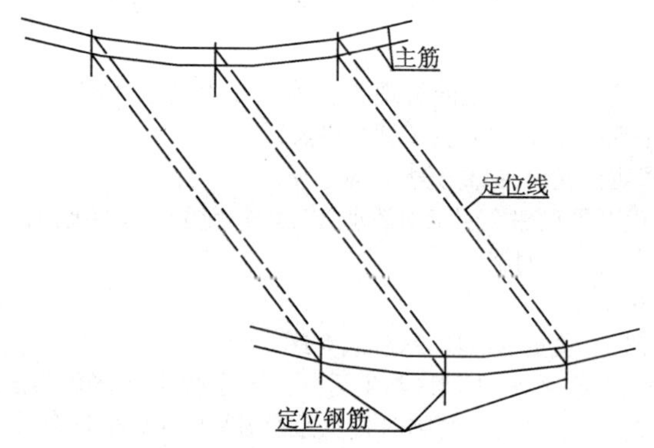

图7 仰拱钢筋定位示意图

(3)将防水板表面清扫干净,用石笔和墨斗在上面弹放钢筋位置线。

(4)按钢筋位置线布放钢筋。

(5)绑扎钢筋。四周两行钢筋交叉点应每点绑扎牢。中间部分交叉点可相隔交错扎牢,但必须保证受力钢筋不产生位移。双向主筋的钢筋网,则需将全部钢筋相交点扎牢。

**四、质量验收标准**

(1)受力钢筋的接头宜设置在受力较小处。接头末端至钢筋弯起点的距离不应小于钢筋直径的10倍。

(2)若 φ14 分布筋采用绑扎搭接接头,则接头相邻纵向受力钢筋的绑扎接头宜相互错开。钢筋绑扎接头连接区段的长度为1.3倍搭接长度。凡搭接接头中点位于该区段的搭接接头均属于同一连接区段。位于同一区段内的受拉钢筋搭接接头面积百分率为25%。

(3)当钢筋的直径大于16mm时,不宜采用绑扎接头。

(4)纵向受力钢筋采用机械连接接头或焊接接头时,连接区段的长度为35$d$($d$为纵向受力钢筋的较大值)且不小于500mm。

(5)同一区段内钢筋接头面积不大于全部钢筋网面积的50%,且连接位置不得在拱顶。

## 五、质量控制要点

(1)施工中定位钢筋与防水板间应加小块土工布,防止防水板被损坏。

(2)钢筋的接头位置及接头面积百分率要符合要求。

(3)钢筋的布放位置要准确,绑扎要牢固。

(4)钢筋绑扎完后,应采取保护措施,防止钢筋的变形、位移。

(5)钢筋接头部位焊接时应对防水板采取保护措施,防止烧伤,各工种操作人员不准任意掰动切割钢筋。

(6)施工缝处的分布筋预留长度为0.5m、1.0m间隔设置。

(7)检查钢筋的出厂合格证,按规定进行复试,经检验合格后方能使用。钢筋无老锈及油污,成型钢筋经现场检验合格。

(8)钢筋应在现场指定位置堆放,钢筋外表面如有铁锈时,应在绑扎前清除干净,锈蚀严重的钢筋不得使用。

## 六、安全注意事项

(1)施工平台,必须搭设牢固,验收合格方可使用。属高处作业范围时,应系安全带及工具袋。

(2)拱墙已施工钢筋发现倾斜、弯扭、变形等异常情形时,必须立即采取加固与防护措施。

(3)施工人员上下施工台架,必须从爬梯上下,不得站在骨架上或攀登骨架上下。

(4)各类操作人员应进行安全教育培训,合格后方可上岗操作。

(5)配备必要的防护装备(安全帽、手套、工具带等)并正确使用。

(6)主要工种应有相应的安全技术操作规程,特种作业人员应进行培训后持证上岗。

## 七、环水保注意事项

(1)在现场施工过程中,施工人员的生产管理符合施工技术规范和施工程序要求,不违章指挥,不蛮干。对不服从统一指挥和管理的行为,按处罚条例严格执行。

(2)开展文明教育,加强班组建设,提高班组整体素质。

(3)工程实施过程中全面开展创建文明工地活动,工区、作业队设文明施工负责人,定期与不定期检查文明施工措施落实情况,切实搞好文明施工。

(4)施工产生的垃圾集中堆放。

(5)组建专业文明施工班组,负责场内场貌整洁、有序、文明。

(6)建筑材料按区域分类堆放整齐,生产区与生活办公区分隔,场容场貌整洁、有序、文明。

(7)施工现场设置以明沟、集水池为主的临时排水系统,施工污水经明沟引流、集水池沉淀过滤后,间接排入下水道。

<table>
<tr><td>交底人</td><td colspan="4"></td><td>年　月　日</td></tr>
<tr><td>复核人</td><td colspan="4"></td><td>年　月　日</td></tr>
<tr><td rowspan="3">接受人</td><td>工种</td><td>签名</td><td>工种</td><td>签名</td><td rowspan="3">年　月　日</td></tr>
<tr><td></td><td></td><td></td><td></td></tr>
<tr><td></td><td></td><td></td><td></td></tr>
</table>

# 衬砌台车就位及端头模板安装技术交底

工程名称:沪昆客专铁路长昆(湖南段)CKTJ-6 标梨子坪隧道 编号:LZPCK034 号

| 施工单位 | 中铁隧道集团沪昆项目部 | 作业班组 | 衬砌施工班组 |
|---|---|---|---|
| 交底部位 | 衬砌台车就位及端头模板安装 | 交底时间 | 年 月 日 |

**一、设计参数**

模板台车长度:12m。

**二、施工工艺**

施工准备→台车就位→模板加固→基面外露钢筋头、锚杆头等突出物切除→锚杆头盖塑料帽、管道孔砂浆找平→凹陷、切除部位补喷→漏水点引排。

**三、施工方法**

1. 台车就位

台车在行走时按设计轨道位置行走,轨道下垫的枕木数量必须保证为轨道提供足够的支撑点,以确保轨道刚度;间隔不超过 0.4 ~ 0.6m,且每节轨道的接头处必须垫枕木,轨道采用 50kg/m 钢轨。台车在就位前应对模板进行打油,采用高压喷雾器喷液压油,要求模板打油均匀,无遗漏。台车就位由测量组负责,工班台车操作手配合。首先将台车横梁抬平,在台车横梁顶两端悬挂钢卷尺,用水准仪观察读数,通过台车的液压升降油缸调节台车横梁的高度,直到台车前后两端横梁完全平行。然后用水准仪测量台车模板顶的高度,用台车的升降油缸将台车模板顶调到设计高程,再次检查台车横梁两端是否平行,若超限则调节平行。最后进行调节台车中线,用全站仪放出隧道中心线,调节台车的左右摆动油缸使台车中线与隧道中线重合为止。

矮边墙放样点立面见图 1。

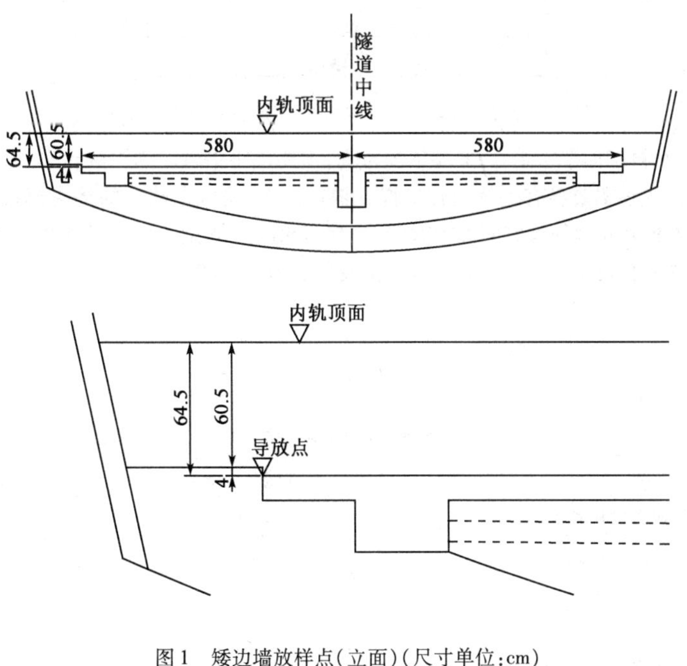


图 1 矮边墙放样点(立面)(尺寸单位:cm)

2. 模板加固

台车确定位置后，由工班进行台车模板加工。锁定台车升降油缸，台车丝杆紧顶在台车主骨架上，丝杆加固从上向下分次进行，下排丝杆紧好后，再倒回紧上排丝杆，然后再回来紧下排丝杆，直到丝杆完全顶紧。丝杆加固好后，应用塑料袋将丝杆丝口包裹，避免混凝土浇筑时将丝口污染。台车模板裙边一定要顶紧在边基上，并与边基严密结合，避免错台及漏浆。

矮边墙倒放点及中线控制点平面见图2。

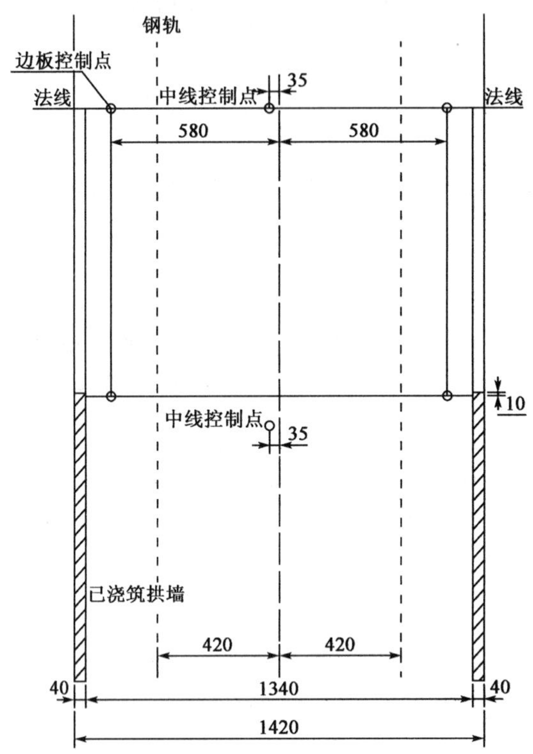


图2　矮边墙倒放点及中线控制点(平面)(尺寸单位:cm)

台车模板与上一组衬砌面严密结合，紧顶混凝土面，不要产生错台。为保证台车在混凝土浇筑过程中不产生偏移，台车两侧主纵梁要各有一排丝杆支撑在铺底面上，关台车端头的挡头模板，用定型钢模板和5cm厚的木板施作，木板缝间用硬橡胶间隙带塞缝，严禁用水泥袋等杂物堵塞挡头板缝隙。保证混凝土的泌浆水顺利排出，在堵头板设排气孔。用台车端头的夹板夹紧，模板安放牢固。在混凝土浇筑前，冲洗清理台车模板内的杂物。

**四、质量验收标准**

质量验收标准见表1。

**质量验收标准**　　表1

| 序　号 | 项　　目 | 允许偏差(mm) | 检 验 方 法 |
|---|---|---|---|
| 1 | 边墙脚平面位置及高程 | ±15 | 尺量 |
| 2 | 起拱线高程 | ±10 | |
| 3 | 拱顶高程 | 10 | 水准测量 |
| 4 | 模板表面平整度 | 5 | 2m靠尺和塞尺 |
| 5 | 相邻浇筑段表面高低差 | ±10 | 尺量 |

<table>
<tr><td colspan="6">

**五、质量控制要点**

(1)台车就位时应保证与已浇筑的衬砌 10cm 的搭接。

(2)定位时先定中线位置,再调水平,最后复测中线。

(3)台车伸边模时严禁强行顶压。

(4)模板内预埋件应加固牢固,予以防护。

(5)脱模剂在定位前进行涂抹,避免钢筋污染。

(6)定位后台车采取防滑、防溜措施。

(7)安装输送管道,用水湿润并进行检查。安装后检查管路连接是否牢固、严密。

**六、安全注意事项**

(1)在拱顶安设挡头模时属于高空作业,必须佩戴高空防护用品。

(2)施工人员上岗前必须进行安全交底,操作人员对所进行的工作的危险源和危险隐患应明确。

(3)施工人员上下施工台架,必须从爬梯上下,不得站在骨架上或攀登骨架上下。

(4)各类操作人员应进行安全教育培训,合格后方可上岗操作。

(5)配备必要的防护装备(安全帽、手套、工具带等)并正确使用。

(6)模板台车的走行,立、拆模作业,必须由台车驾驶员操作,操作者必须熟悉有关液压传动的基本知识,熟悉各部件的位置、功能和特性,运行要平稳,运行速度不得大于 25m/min。

**七、环水保注意事项**

(1)在现场施工过程中,施工人员的生产管理符合施工技术规范和施工程序要求,不违章指挥,不蛮干。对不服从统一指挥和管理的行为,按处罚条例严格执行。

(2)开展文明教育,加强班组建设,提高班组整体素质。

(3)工程实施过程中全面开展创建文明工地活动,工区、作业队设文明施工负责人,定期与不定期检查文明施工措施落实情况,切实搞好文明施工。

(4)施工产生的垃圾集中堆放。

(5)组建专业文明施工班组,负责场内场貌整洁、有序、文明。

(6)建筑材料按区域分类堆放整齐,生产区与生活办公区分隔,场容场貌整洁、有序、文明。

(7)施工现场设置以明沟、集水池为主的临时排水系统,施工污水经明沟引流、集水池沉淀过滤后,间接排入下水道。

</td></tr>
<tr><td>交底人</td><td colspan="4"></td><td>年 月 日</td></tr>
<tr><td>复核人</td><td colspan="4"></td><td>年 月 日</td></tr>
<tr><td rowspan="3">接受人</td><td>工种</td><td>签名</td><td>工种</td><td>签名</td><td rowspan="3">年 月 日</td></tr>
<tr><td></td><td></td><td></td><td></td></tr>
<tr><td></td><td></td><td></td><td></td></tr>
</table>

# 止水带安装技术交底

工程名称：沪昆客专铁路长昆(湖南段)CKTJ-6 标梨子坪隧道　　　　　编号：LZPCK035 号

| 施工单位 | 中铁隧道集团沪昆项目部 | 作业班组 | 防排水班组 |
|---|---|---|---|
| 交底部位 | 止水带安装 | 交底时间 | 年　月　日 |

**一、设计参数**

隧道拱墙衬砌环向施工缝设背贴式橡胶止水带 + 中埋式橡胶止水带防水，仰拱衬砌环向施工缝设中埋式橡胶止水带；水沟环向施工缝采用遇水膨胀止水胶防水；隧道边墙衬砌纵向施工缝设混凝土界面剂 + 遇水膨胀止水胶防水 + 中埋式止水带。

**二、施工工艺**

施工准备→头模板钻钢筋孔→固定钢筋卡→固定止水带→灌注混凝土。

**三、施工方法**

二次衬砌的变形缝、施工缝处设置有背贴式止水带、中埋式止水带、钢边止水带，在施工中应按照设计要求认真施作。

(1)背贴式止水带用于整体式衬砌施工缝处，设置在衬砌结构施工缝、变形缝的外侧，施工时按设计要求，先在需要安装止水带的位置放出安装线，将接缝处擦洗干净。采用黏结法将其与防水板连接。

(2)通过专门设计的分离式"L"形挡头模将止水带夹在中间，外侧通过挡头模翼板上的螺栓夹紧固定，内侧(待浇混凝土一侧)可通过"U"形卡支撑，使其在混凝土振捣过程中不致下垂变形。

中埋式止水带的固定方案见图 1。

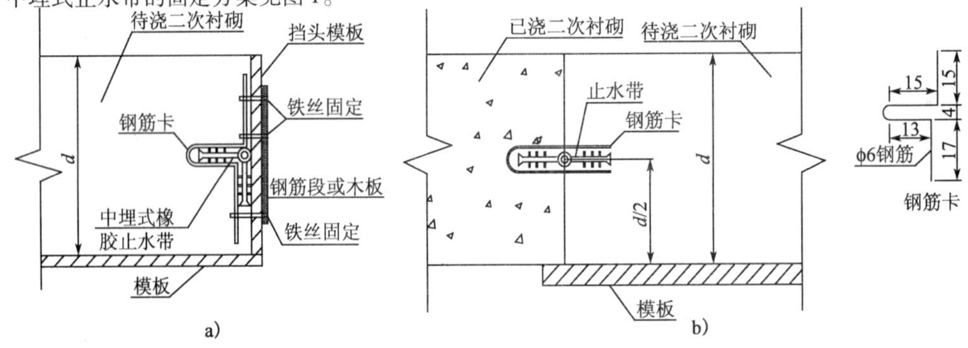


图 1　中埋式止水带的固定方案(尺寸单位：mm)

(3)中埋式止水带安装时要绷线，确保止水带位置正确，线形顺直。

(4)止水带黏结前应做好接头表面的清刷与打毛，接头处选在衬砌结构应力较小的部位，黏结可采用热硫化连接的方法，搭接长度不得小于 10cm，焊接缝宽不小于 50mm。

(5)遇水膨胀止水胶施工。

遇水膨胀止水胶施工前，应先用钢丝刷清除敷设范围内施工缝面的砂粒及混凝土渣，然后用抹布擦净或用高压水冲洗干净。

遇水膨胀止水胶要求挤出断面为 15mm × 8mm(宽 × 高)，混凝土界面剂厚度取 2mm。施工后应确认混凝土基面和止水胶间无缝隙，连续均匀地敷设在基面上。如遇挤出胶体不连续或不均匀，可以用刮片适当刮匀或修整。

为保证止水胶对混凝土有很好的黏结性，必须保证有充分的养护时间。施工后的止水胶到表面硬化为止不超过 24h，表面硬化需要完全达到指触干燥后，才能进行下一次混凝土续浇。

施工中注意保护止水胶不要浸水。如遇浸水引起水膨胀而使止水胶剥离，在浇筑混凝土前必须加以修补。修补方法如下：先用钉子固定剥离的止水胶，除去积水；再除去剥离的止水胶，重新施工。

施工过程中，止水胶距混凝土的边缘距离不得小于 120mm。如需分次挤出时，其搭接长度不小于 20cm。混凝土浇筑时，振捣棒不得直接接触到止水胶。

如图 2～图 4 所示。

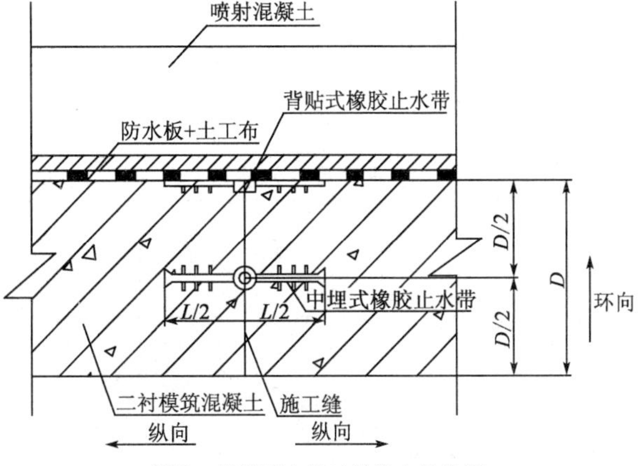


图 2　拱墙环向施工缝防水构造图

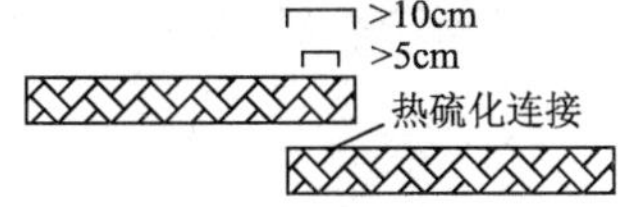


图 3　止水带搭接

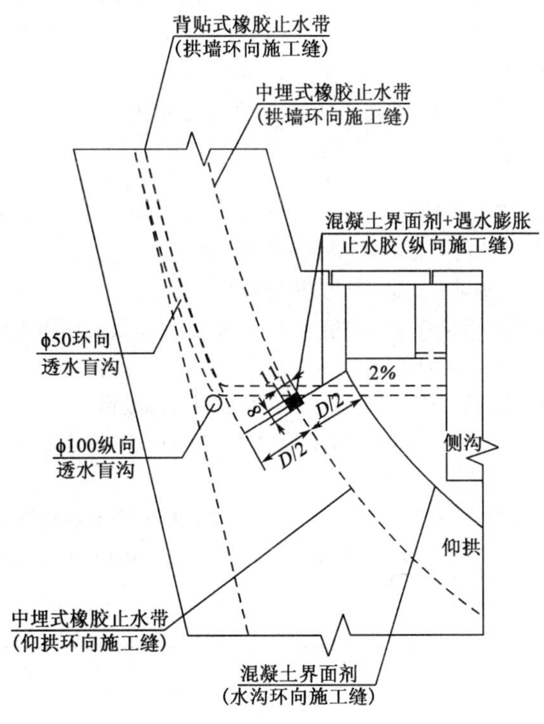


图 4　纵向施工缝及水沟环向施工缝防水构造图

**四、质量验收标准**

(1)止水带的表面不允许有开裂、缺胶、海绵状等影响使用的缺陷,中心孔偏心不允许超过管状断面厚度的1/3。

(2)橡胶止水带宽度应大于25cm。止水带表面允许有深度不大于2mm,面积不大于$16mm^2$的凹痕、气泡、杂质、明疤等缺陷,但不超过4处。

(3)施工缝用中埋式橡胶止水带厚度不小于8mm;外贴式止水带厚度不小于6mm,凸高不小于35mm;变形缝用止水带厚度不小于10mm,半径$R$不小于10mm。

止水带尺寸公差见表1。

**止水带尺寸公差** 表1

| 止水带公称尺寸 | | 极限偏差 |
|---|---|---|
| 厚度$B$(mm) | 6~10 | +1.3,0 |
| 宽度$L$(mm) | | 3,0 |

**五、质量控制要点**

(1)止水带在安装过程中要居中并用U形钢筋卡住,防止侧翻。

(2)在止水带安装前要先检查止水带的完整性。

**六、安全注意事项**

(1)所有施工人员必须正确佩戴安全帽等防护用品,以保证施工安全。

(2)止水带的安设需在台架上进行,属高空作业,需配备高空作业防护用品。

(3)施工人员上下施工台架,必须从爬梯上下,不得站在骨架上或攀登骨架上下。

(4)各类操作人员应进行安全教育培训,合格后方可上岗操作。

(5)配备必要的防护装备(安全帽、手套、工具带等)并正确使用。

**七、环水保注意事项**

(1)在现场施工过程中,施工人员的生产管理符合施工技术规范和施工程序要求,不违章指挥,不蛮干。对不服从统一指挥和管理的行为,按处罚条例严格执行。

(2)开展文明教育,加强班组建设,提高班组整体素质。

(3)工程实施过程中全面开展创建文明工地活动,工区、作业队设文明施工负责人,定期与不定期检查文明施工措施落实情况,切实搞好文明施工。

(4)施工产生的垃圾集中堆放。作业现场做到"工完、料尽、场地清"。

(5)组建专业文明施工班组,负责场内场貌整洁、有序、文明。作业台架周围材料、机具堆放整齐。防水材料边角料回收整理,不得随意丢弃。

(6)建筑材料按区域分类堆放整齐,生产区与生活办公区分隔,场容场貌整洁、有序、文明。

(7)施工现场设置以明沟、集水池为主的临时排水系统,施工污水经明沟引流、集水池沉淀过滤后,间接排入下水道。

| 交底人 | | 年 月 日 |
|---|---|---|
| 复核人 | | 年 月 日 |

<table>
<tr><td rowspan="3">接受人</td><td>工种</td><td>签名</td><td>工种</td><td>签名</td><td rowspan="3">年　月　日</td></tr>
<tr><td></td><td></td><td></td><td></td></tr>
<tr><td></td><td></td><td></td><td></td></tr>
</table>

# 混凝土浇筑及养生技术交底

工程名称:沪昆客专铁路长昆(湖南段)CKTJ-6标梨子坪隧道 编号:LZPCK036号

| 施工单位 | 中铁隧道集团沪昆项目部 | 作业班组 | 衬砌班组 |
|---|---|---|---|
| 交底部位 | 混凝土浇筑及养生 | 交底时间 | 年 月 日 |

**一、设计参数**

1. Ⅲ复合衬砌

仰拱:C30纤维混凝土。

拱墙:C30纤维混凝土。

仰拱填充:C20素混凝土。

2. Ⅳ复合衬砌

仰拱:ⅣaC35纤维混凝土;Ⅳb、Ⅳc、ⅣdC35钢筋混凝土。

拱墙:ⅣaC35纤维混凝土;Ⅳb、Ⅳc、ⅣdC35钢筋混凝土。

仰拱填充:C20素混凝土。

3. Ⅴ复合衬砌

仰拱:C35钢筋混凝土。

拱墙:C35钢筋混凝土。

仰拱填充:C20素混凝土。

**二、施工工艺**

施工前检查→泵送混凝土入模捣固→养生→拆模→洒水养护。

**三、施工方法**

1. 施工前检查

在台车混凝土施工前,质检工程师要对模板、支架、钢筋骨架的可靠程度,预埋件安装位置和高程,钢筋的安装位置及脱模剂涂刷进行检查。

2. 分层分窗浇筑

泵送混凝土入仓自下而上,从已灌注段接头处向未灌注方向进行。充分利用台架上、中、下三层窗口,分层对称浇筑,尽量使两侧混凝土灌注面等高同步,注意观察两侧混凝土浇筑面高差不得大于1m,以免测压引起台车位移。在出料管前端加接3~5m同径软管,使管口向下,避免水平直泵。在模板台车上开工作窗,内侧面安设附着式振捣器,大跨以下部分用高频低幅振捣器捣固,浇筑过程中利用插入式振捣器和附着式振捣器及输送泵压力使混凝土密实。

(1)混凝土浇筑时的自由倾落高度不得大于2m,当大于2m时采用滑槽等器具浇筑;台车前后混凝土高差不得大于6m,左右混凝土高差不超过0.5m,严禁单侧一次浇筑1m以上。

(2)浇筑混凝土应分层进行,分层厚度不宜大于振捣棒作用部分长度的1.25倍,厚度控制在30cm左右。

(3)用插入式振捣器振捣混凝土时,应符合下列规定:移动间距不宜大于振捣器作用半径的1.5倍;插入下层混凝土内的深度宜为5~10cm,以保证上下层结合良好;振捣器应尽可能垂直地插入混凝土中。如条件困难,可略带倾斜,但与水平面夹角不宜小于45°;振捣棒捣固时应快插、慢拔,每一振点的振捣时间为15~30s,且间隔20~30min后进行第二次复振,以混凝土表面出现浮浆和不再沉落为准;振捣时不得碰撞模板、防水板和预埋件,距模板的垂直距离,不应小于振捣器有效半径的1/2;混凝土必须振捣密实,无漏振及过振现象。当振捣完毕后,应竖向缓慢拔出,不得在浇筑仓内平拖。

(4)在浇筑混凝土时,要有专人负责看模,防止跑模和漏浆现象发生。

(5)混凝土浇筑至顶部时,应再次确定混凝土的需求量,防止混凝土浪费。

(6)注浆孔在拱部混凝土浇筑前预埋在拱顶处,注浆管采用$\phi$50PVC管,上端距初期支护下的防水板2~4cm,下端穿过模板10cm,PVC为直线形,管上不许钻孔。纵向间距3m。

3.脱模

(1)混凝土拆模时的强度应符合设计要求。设计未提要求时,在混凝土强度达到8MPa以上,且其表面及棱角不因拆模而受损时,方可拆除。

(2)拆除模板时,不得影响混凝土养护工作。

(3)拆除的挡头模不得乱丢乱弃,应堆放整齐,以备下一循环使用,同时堆放位置不得影响台车行走。

(4)脱模后安排专人对衬砌外观进行检查,发现有蜂窝、麻面等质量通病或缺陷应及时进行修复。

4.养护

(1)混凝土浇筑后,12h内即应覆盖和洒水。

(2)养护时间不少于14d,洒水次数以保持混凝土表面湿润状态为度。

5.衬砌背后回填注浆

**四、质量验收标准**

(1)混凝土结构外形尺寸允许偏差和检验方法应符合表1规定。

检验数量:施工单位每一浇筑段检查一个断面。

**二次衬砌结构外形尺寸允许偏差和检验方法** 表1

| 序号 | 项目 | 允许偏差(mm) | 检验方法 |
|---|---|---|---|
| 1 | 边墙平面位置 | ±10 | 尺量 |
| 2 | 拱部高程 | +30,0 | 水准测量 |
| 3 | 边墙、拱部表面平整度 | 15 | 2m靠尺检查或自动断面仪测量 |

(2)混凝土结构表面应密实平整、颜色均匀,不得有露筋、蜂窝、孔洞、疏松、麻面和缺棱掉角等缺陷。

检验数量:施工单位全部检查。

检验方法:观察。

**五、质量控制要点**

(1)在安装挡头模时要注意不能有较大缝隙,以免漏浆。

(2)混凝土外观。表面应密实平整、颜色均匀,不得有漏筋、蜂窝、麻面、孔洞、疏松、缺棱掉角等缺陷。

(3)对挡头模表面要清理、打油。

**六、安全注意事项**

(1)施工人员上岗前必须进行安全交底,使操作人员明确所进行的工作的危险源和危险隐患。

(2)认真熟悉各种机械的操作规程和注意事项,严格遵守操作规程。

(3)各种机械的防护措施由专职安全员进行检查并落实到位。

(4)用混凝土输送泵输送混凝土时,管道接头、安全阀均应完好,管道架子必须牢固,输送前必须先试送,检修必须卸压。

(5)混凝土捣固时,应检查电线是否有破皮,同时湿手不得接触捣固器开关。

(6)灌注混凝土时,必须两侧轮流交替灌注,减少偏压,使台车受力均匀,并要有专人随时观察模板台车受力后的变形情况,及时反馈给施工技术人员。

**七、环水保注意事项**

(1)在现场施工过程中,施工人员的生产管理符合施工技术规范和施工程序要求,不违章指挥,不蛮干。对不服从统一指挥和管理的行为,按处罚条例严格执行。

(2)开展文明教育,加强班组建设,提高班组整体素质。

(3)工程实施过程中全面开展创建文明工地活动,工区、作业队设文明施工负责人,定期与不定期检查文明施工措施落实情况,切实搞好文明施工。

(4)作业现场做到"工完料尽场地清",剩余混凝土定点丢弃。

(5)组建专业文明施工班组,负责场内场貌整洁、有序、文明。作业台架周围材料、机具堆放整齐。

(6)建筑材料按区域分类堆放整齐,生产区与生活办公区分隔,场容场貌整洁、有序、文明。

(7)施工现场设置以明沟、集水池为主的临时排水系统,施工污水经明沟引流、集水池沉淀过滤后,间接排入下水道。

<table>
<tr><td>交底人</td><td colspan="4"></td><td>年 月 日</td></tr>
<tr><td>复核人</td><td colspan="4"></td><td>年 月 日</td></tr>
<tr><td rowspan="3">接受人</td><td>工种</td><td>签名</td><td>工种</td><td>签名</td><td rowspan="3">年 月 日</td></tr>
<tr><td></td><td></td><td></td><td></td></tr>
<tr><td></td><td></td><td></td><td></td></tr>
</table>

# 接触网槽道安装技术交底

工程名称:沪昆客专铁路长昆(湖南段)CKTJ-6 标梨子坪隧道　　　　编号:LZPCK037 号

| 施工单位 | 中铁隧道集团沪昆项目部 | 作业班组 | 二衬班组 |
|---|---|---|---|
| 交底部位 | 电缆槽施工 | 交底时间 | 年　月　日 |

**一、设计参数**

预埋槽道类型有 A1、A2、C1、C2、D1、D2、F1、F2、F3、F4、G1、G2、K1、K2,以及由它们组合而成的一些型号,主要使用的是 A 型和 F 型。

**二、施工工艺**

槽道定位前准备→槽道基础分块(复核设计里程及槽道的位置、台车类型)→槽道类型选定→隧道中心线位置确定→槽道在工作台上的位置确定→槽道与钢筋网的连接→槽道位置的复核→槽道后部的锚钉与钢筋网位置的确定→T 形螺栓与钢模板之间的固定→槽道位置的复核→锁紧 T 形螺栓使之紧贴模板→槽道位置的精确定位→衬砌浇筑、脱模→槽道位置误差的检测。

**三、施工方法**

1. 槽道定位前准备

(1)检查槽道内发泡填充物的完整状态,如有残缺,应进行填充。

(2)槽道焊接成组:对于两根一组的槽道,应根据设计要求的槽道平行间距,将槽道摆放至标好尺寸的钢板上进行初步固定,检查槽道之间的间距,焊接两根槽道的连接钢筋并加焊槽道定位斜筋,焊接成槽道组(图 1),避免在灌注混凝土时槽道发生移位。

(3)依据台车模板上槽道的设计要求位置,在模板台车上准确开螺栓二次定位孔,尺寸为 40mm × 30mm × 8mm、40mm × 50mm × 4mm 的矩形孔,长度小于 2.5m 的槽道设置三个孔,在两端及中间开孔。严格按照图纸要求控制槽道距台车边缘的距离。

2. 槽道一次定位(图 2)

(1)在二衬钢筋绑扎至靠近台车侧后,按照设计位置进行放样,测量出槽道的里程中心位置及垂直方向后将焊接固定好的槽道组用定位钢筋临时焊接固定在钢筋网上就位。

(2)在槽道后部锚杆处,垂直槽道方向间隔绑扎或焊接带弯钩的几根短钢筋,长度约 30mm,弯钩与槽道方向一致,将锚杆加固在钢筋网上。

图 1　槽道初步固定

图 2　槽道二次边位

(3)根据接地要求,将槽道和环向接地钢筋进行可靠焊接,检测槽道贯通电阻,贯通性合格后方可进入下道工序。

(4)将槽道与模板的固定点位置(开孔位置)的发泡填充物扣除。

3. 槽道二次定位(图 3)

(1)台车移动就位至指定位置后,台车油缸顶升拱顶、拱腰模板到位,与钢筋网片上固定的槽道接近贴住后通过二次定位孔,找到槽道并调整台车的位置,将孔位与槽道相应位置对准,再次检查,复核槽道位置,防止顶升过程中槽道移位。

(2)将 T 形螺栓穿过钢模板的二次定位长孔,放入已经剔除泡沫填充物的槽道相应位置,旋转 90°。将螺母拧紧,使槽道紧贴台车背面,达到模板上精确二次定位的目的,同时避免混凝土覆盖槽道。

(3)对台车上所开的二次定位孔进行有效封堵,避免出现漏浆造成脱模后观缺陷。

4. 浇筑及脱模

(1)台车模板封堵完后,进行二次衬砌浇筑。

(2)脱模后 T 形螺栓螺母松开,打开封堵,将 T 形螺栓反方向旋转 90°,取出螺栓,螺栓螺母可重复使用。

(3)将槽道表面的少量水泥浆剔除(图 4),并做好养护工作。

图 3　槽道二次定位

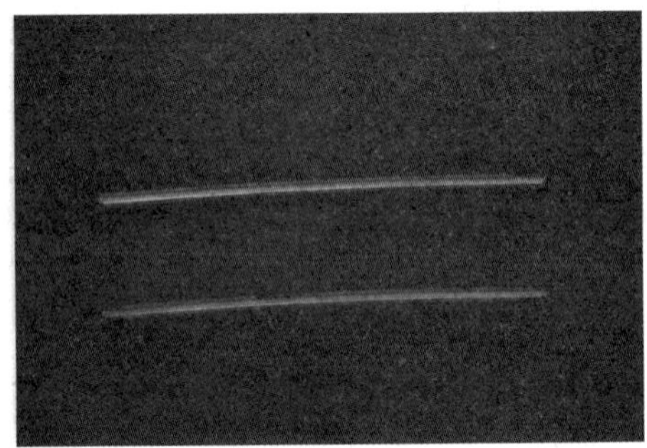

图 4　清理后的槽道

**四、质量验收标准**

(1)槽道安装时应将固定螺栓上紧,浇筑混凝土后槽道镶入混凝土误差不得大于 5mm,槽道在混凝土中局部倾斜误差不得大于 3mm,不允许出现整体倾斜,一组槽道间距误差 ±4mm,详见图 5。

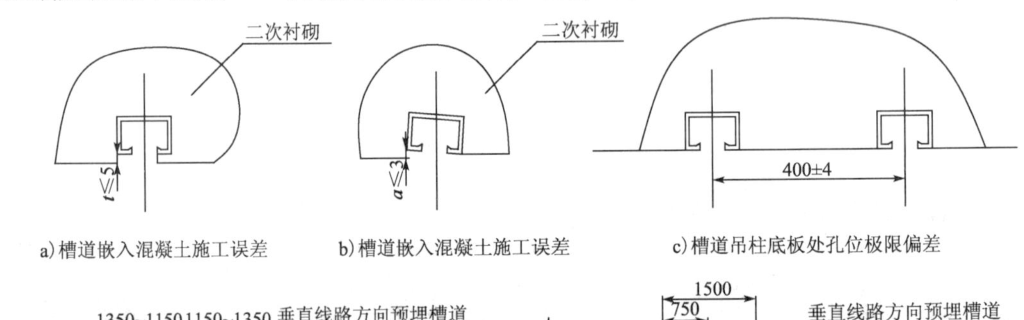


a)槽道嵌入混凝土施工误差　b)槽道嵌入混凝土施工误差　c)槽道吊柱底板处孔位极限偏差

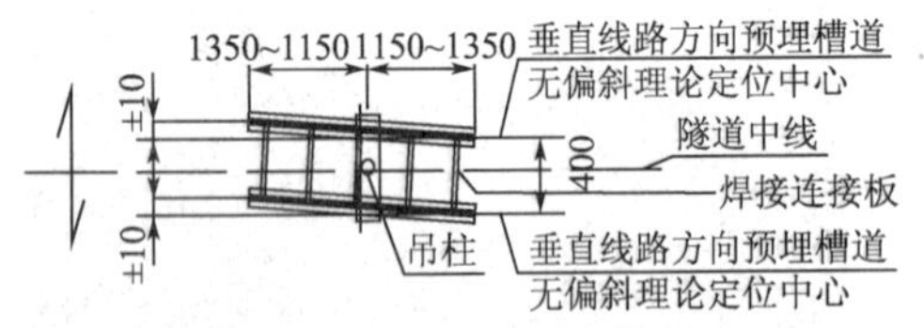


d)吊住槽道垂直线路偏转施工误差

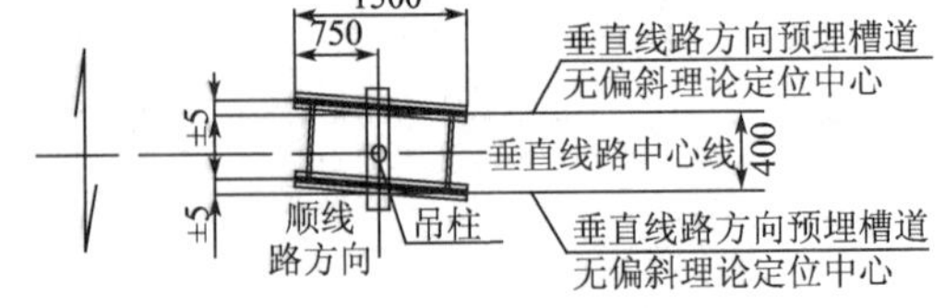


e)PW、AF槽道垂直线路偏转施工误差

图 5　槽道安装各种误差极限示意图(尺寸单位:mm)

(2)两根槽道是焊接成为一个整体后再浇筑于混凝土中的,所以顺线路方向偏转只容许同时产生偏转误差,不允许两根槽道各向两边岔开等情况,槽道组间(吊柱跨距、附加导线)的定位误差为 100mm。

(3)混凝土施工完成后,应及时对槽道边及槽道内的混凝土进行清除修补。

**五、质量控制要点**

(1)槽道和二衬钢筋网冲突问题解决:槽道固定在台车上并精确定位时,必然要和二衬钢筋网冲突,若强行移动,会破坏槽道预埋锚杆或扯坏钢筋网。对此,将所预埋槽道处的二衬纵向钢筋人工调整即可,使原本设计 20cm×20cm 钢筋网格变成 20cm×40cm。

(2)每组二衬施工的预埋槽道是有限的,一定存在没有使用的割孔点,则在二衬施工时,未使用的割孔点必须堵塞,保证二衬的外观,对此问题的解决办法为:制作楔形木塞,其最大断面要大于割孔面积,最小断面要小于割孔面积,将其打入割孔,用打磨机械将其打磨光滑,为了防止其脱落,可以在模板背后加焊支撑钢筋。

(3)槽道接地问题:按照设计槽道必须接地,但是在槽道定位后根本无法有操作空间把其与二衬钢筋网焊接。对此采取的办法为:槽道在安装前,每组就用 φ16 钢筋焊连,焊位选在槽道锚杆上,每点焊接面积不小于 $360mm^2$。将靠近施工缝处的槽道焊连一根 φ16 钢筋,长度能到达施工缝处的钢筋网即可,焊接要求同上。在台车移到施工位置,先不上升油缸,仅定位水平位置(当然,也是初步定位),把钢筋与钢筋网焊接,单面焊搭接长度不小于 110mm。

(4)选用的环向接地钢筋至少与 3 根槽道锚杆进行可靠焊接。

(5)所有接地钢筋不能与接触网槽道接触避免破坏其防腐层或使材料强度发生变化。

(6)预埋槽道背后锚杆与钢筋网冲突时不允许切断锚杆。

(7)槽道内发泡填充物在检测和试验安装阶段方可剔除。

**六、安全注意事项**

(1)槽道安装施工为高空作业,应按照高空作业安全标准,佩戴安全帽,系安全带。

(2)气割工作附近要有灭火设施,防止火灾发生。

(3)模板台车上要有安全防护网,避免螺栓、铁锤等重物掉落。

(4)台车下行人、车辆通过要有专门的指挥人员,避免掉落重物伤人。

<table>
<tr><td>交底人</td><td colspan="4"></td><td>年 月 日</td></tr>
<tr><td>复核人</td><td colspan="4"></td><td>年 月 日</td></tr>
<tr><td rowspan="3">接受人</td><td>工种</td><td>签名</td><td>工种</td><td>签名</td><td rowspan="3">年 月 日</td></tr>
<tr><td></td><td></td><td></td><td></td></tr>
<tr><td></td><td></td><td></td><td></td></tr>
</table>

# 电气化接地施工技术交底

工程名称：沪昆客专铁路长昆(湖南段)CKTJ-6 标梨子坪隧道　　　　编号：LZPCK038 号

| 施工单位 | 中铁隧道集团沪昆项目部 | 作业班组 | 衬砌班 |
|---|---|---|---|
| 交底部位 | | 交底时间 | 年　月　日 |

**一、设计参数**

(1)利用隧道系统锚杆和 ϕ16 专用环向接地钢筋作为接地极，以约 6m 间距选择锚杆作为接地锚杆(即 6 根 ϕ22 的锚杆，每根长 3m，单环电阻大于 10Ω 时应增加锚杆，直到电阻满足要求为止)，以约一个台车长度为间距设置专用环向接地钢筋，接地锚杆与专用环向接地钢筋焊接为一体，采用 L 形焊接(单面焊焊接长度不小于 200mm，双面焊焊接长度不小于 110mm)，专用环向钢筋通过 ϕ16 连接钢筋与通信信号电缆槽侧墙 ϕ16 纵向接地钢筋左右间隔连接，通信信号电缆槽侧墙 ϕ16 纵向接地钢筋每 100m 断开一次，断开的钢筋端头间距为 10cm，100m 以内必须保持连续。无拱段综合接地图如图 1 所示。

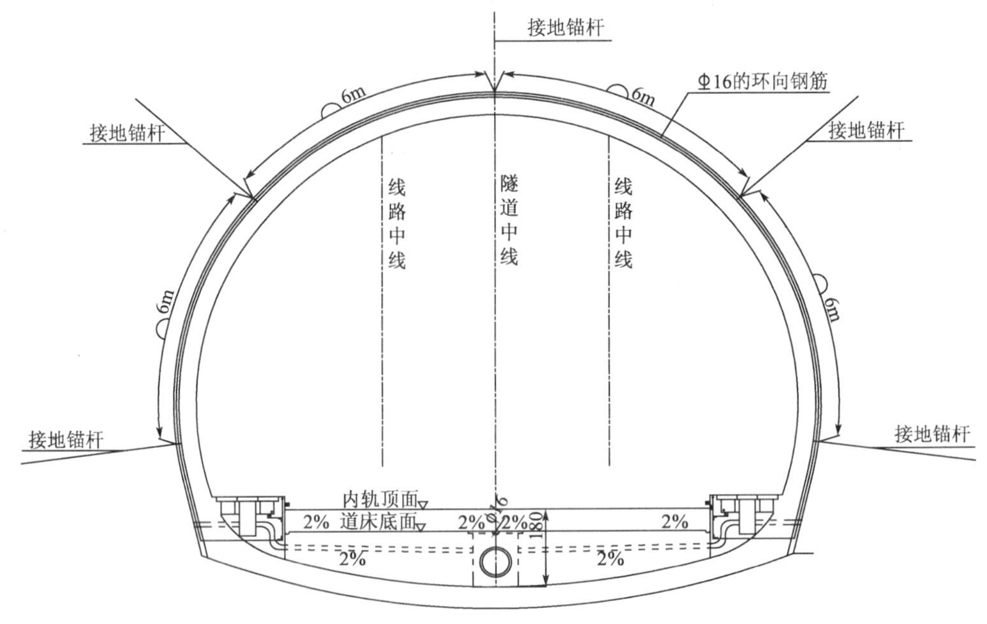


图 1　无拱段综合接地图

(2)型钢拱段利用隧道系统锚杆和拱架作为接地极，以约 8m 间距选择锚杆作为接地锚杆(即 5 根 ϕ22 的锚杆，每根长 4m，单环电阻大于 10Ω 时应增加锚杆，直到电阻满足要求为止)，以约一个台车长度为间距设置选一榀拱架作为接地拱架，接地锚杆与钢架焊接为一体，采用 L 形焊接(单面焊焊接长度不小于 200mm，双面焊焊接长度不小于 110mm)，拱架拱脚在施作仰拱矮边墙时用一根 ϕ16 的连接钢筋焊接接出(单面焊焊接长度不小于 200mm，双面焊焊接长度不小于 110mm)，通过该 ϕ16 连接钢筋与通信信号电缆槽侧墙 ϕ16 纵向接地钢筋左右间隔连接。有拱段综合接地图如图 2 所示。

(3)通信信号电缆槽侧墙 ϕ16 纵向接地钢筋每 100m 断开一次，断开的钢筋端头间距为 10cm，100m 以内必须保持连续。隧道左右两侧通信信号电缆槽中各设置一根贯通地线，并采取砂防护措施，ϕ16 纵向接地钢筋每 100m 与通信信号电缆槽中的贯通地线连接一次。

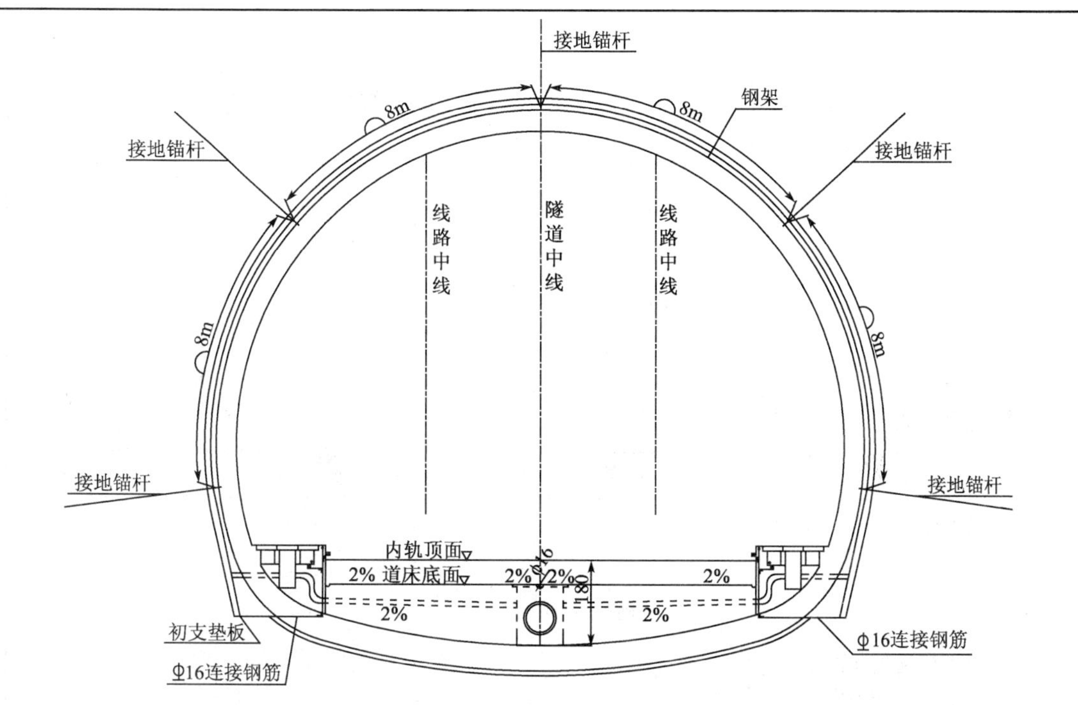


图 2 有拱段综合接地图

**二、施工工艺**

施工准备→断面净空尺寸、平整度复测→超限部位凿除→基面外露钢筋头、锚杆头等突出物切除→锚杆头盖塑料帽、管道孔砂浆找平→凹陷、切除部位补喷→漏水点引排。

**三、施工方法**(图 3 ~ 图 5)

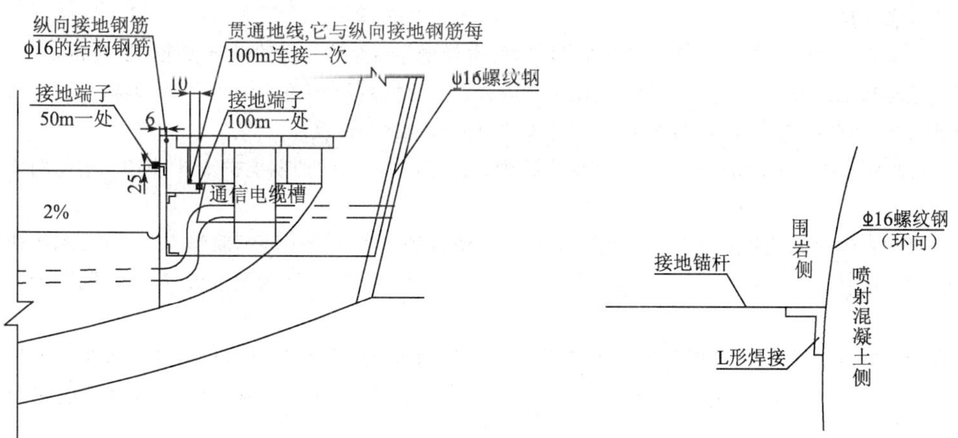


图 3 电缆槽处综合接地详图(尺寸单位:cm) 图 4 L 形焊接示意图

(1)贯通地线铺设在两侧的通信信号电缆槽内,并采取砂防护措施。

(2)接地钢筋:

①纵向接地钢筋:在两侧通信信号电缆槽的线路侧外缘利用水沟侧壁的 ϕ10 结构钢筋各设一根纵向接地钢筋,每 100m 断开一次,断口为 10cm,用于隧道内接地极、接触网闪络保护及接地钢筋间的等电位连接。

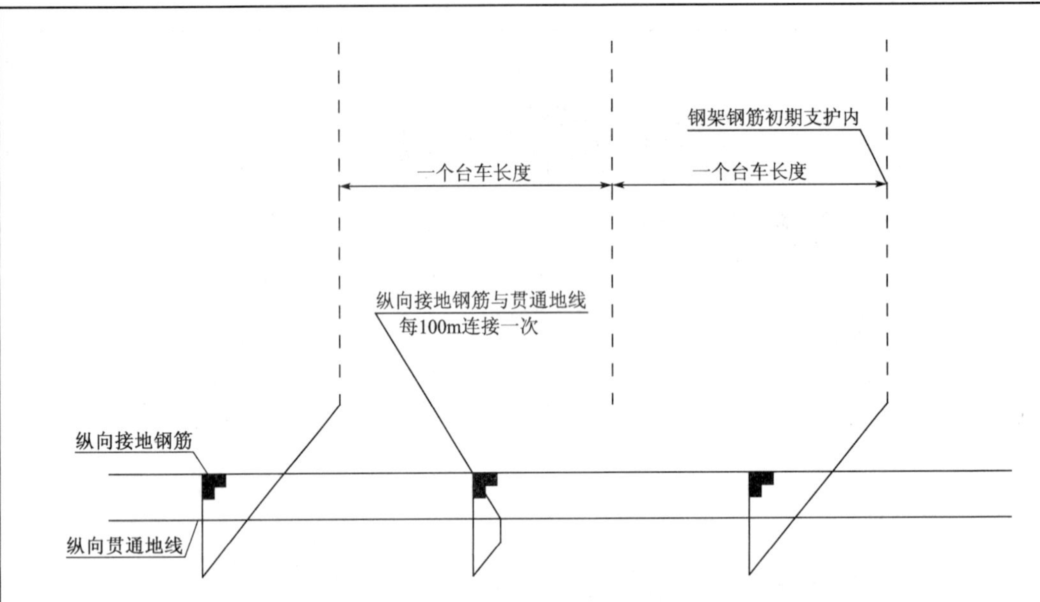


图5 综合接地纵向图

②二衬中接地钢筋设置。

二次衬砌中有结构钢筋的隧道段：

a. 在每台车位（作业段）中部选一根环向结构钢筋作为环向接地钢筋，每台车位（作业段）的隧道左右线线路中心线垂直向上在拱顶的投影线两侧，以0.5m为间隔，各选3根纵向结构钢筋作为接地钢筋；上述投影线两侧各1.5m外的其他位置，以1m为间隔，选择纵向结构钢筋作为接地钢筋；环、纵向接地钢筋间可靠焊接；纵向接地钢筋在作业段间可不连接。

b. 利用二次衬砌的内层纵、环向结构钢筋作为接触网闪络保护接地钢筋。接触网基础通过接地端子与接地钢筋可靠连接。

c. 每个作业段内的环向接地钢筋与两侧通信信号电缆槽靠线路侧外缘的纵向接地钢筋连接。

除接触网基础接地外，不再单独考虑接地钢筋设置，在二衬中每台车位（作业段）均单独设置一根环向接地钢筋，并与两侧通信信号电缆槽靠线路侧外缘的纵向接地钢筋连接。

（3）接地极设置。隧道接地极设置在初期支护中，充分利用隧道的初期支护锚杆、钢架、钢筋网或底板钢筋。

①Ⅲ级围岩接地极设置。Ⅲ级围岩地段，利用系统锚杆和专用环向接地钢筋作为接地极，施作初期支护时，每台车位（作业段）设置一根专用环向接地钢筋并与系统锚杆连接作为接地极，接地极间距为一个台车长度。

②Ⅳ、Ⅴ、Ⅵ级围岩地段，利用系统锚杆、钢拱架作为接地极，施作初期支护时，每隔一台车长度选出一榀钢拱架或钢格栅，在其上焊接一根连接钢筋（ϕ16），并做好标记，在施工水沟时与纵向接地钢筋进行焊接。

（4）接地端子设置：

①从隧道进口2m开始，每隔100m在通信电缆槽底部预埋1个接地端子并与贯通地线连接。

②从隧道进口2m开始，每隔50m在水沟侧墙外缘上预埋一个接地端子并与纵向接地钢筋连接。此接地端子供轨旁设备、设施接地。

③每隔200m在隧道二衬拱部中央预埋两个接触网接地端子，并与二衬中接地钢筋可靠连接。

④每个综合洞室中均应设置两个接地端子,供室内设备、设施接地,并通过 ϕ16 连接钢筋与纵向接地钢筋焊接。

(5)综合接地系统连接:

①隧道接地极及二衬接地钢筋通过连接钢筋与纵向连接钢筋焊接。

②轨旁设备、设施通过水沟侧墙外缘接地端子及连接钢筋与纵向连接钢筋焊接。

③综合洞室中设备及设施均通过接地端子及连接钢筋与纵向接地钢筋进行连接。

④接触网中间柱基础通过接地端子与环向接地钢筋与纵向接地钢筋进行连接。

⑤纵向接地钢筋通过电缆槽底的接地端子每 100m 与贯通地线连接一次。

**四、质量验收标准**

(1)初支接地电阻小于 10Ω。

(2)二衬接地电阻小于 1Ω。

(3)水沟接地电阻小于 10mΩ。

**五、质量控制要点**

(1)隧道内均采用桥隧型接地端子。

(2)钢筋截面应不小于 200mm$^2$(或直径不小于 16mm)。当结构钢筋的截面不满足要求时,可将相邻的两根结构钢筋并接使用(无须改变钢筋的间距)或局部更换为 ϕ14 或 ϕ16 钢筋。

(3)结构物内的接地钢筋之间均要求可靠焊接,保证电气连接。

(4)隧道内的接地极、二衬内的钢筋、综合洞室等接地装置均应通过连接钢筋与两侧电缆槽靠线路侧外缘的纵向接地钢筋连接,再通过连接电缆槽底接地端子与贯通地线连接接入综合接地系统。

(5)各接地极与接地钢筋以及综合洞室的接地装置通过连接钢筋与纵向接地钢筋连接,连接钢筋在二衬施工前务必预埋,并做好显眼标记,经常检查,防止破坏,在施工中做好保护,切勿遗漏。

**六、安全注意事项**

初支接地锚杆施工应按照高空作业安全标准,施工人员佩戴安全帽,系安全带。

**七、环水保注意事项**

(1)在现场施工过程中,施工人员的生产管理符合施工技术规范和施工程序要求,不违章指挥,不蛮干。对不服从统一指挥和管理的行为,按处罚条例严格执行。

(2)开展文明教育,加强班组建设,提高班组整体素质。

(3)工程实施过程中全面开展创建文明工地活动,工区、作业队设文明施工负责人,定期与不定期检查文明施工措施落实情况,切实搞好文明施工。

(4)作业现场做到"工完料尽场地清"。

(5)组建专业文明施工班组,负责场内场貌整洁、有序、文明。作业台架周围材料、机具堆放整齐。

(6)建筑材料按区域分类堆放整齐,生产区与生活办公区分隔,场容场貌整洁、有序、文明。

(7)施工现场设置以明沟、集水池为主的临时排水系统,施工污水经明沟引流、集水池沉淀过滤后,间接排入下水道。

<table>
<tr><td>交底人</td><td colspan="4"></td><td>年　月　日</td></tr>
<tr><td>复核人</td><td colspan="4"></td><td>年　月　日</td></tr>
<tr><td rowspan="3">接受人</td><td>工种</td><td>签名</td><td>工种</td><td>签名</td><td rowspan="3">年　月　日</td></tr>
<tr><td></td><td></td><td></td><td></td></tr>
<tr><td></td><td></td><td></td><td></td></tr>
</table>

# 衬砌回填注浆技术交底

工程名称:沪昆客专铁路长昆(湖南段)CKTJ-6 标梨子坪隧道　　　　编号:LZPCK039 号

| 施工单位 | 中铁隧道集团沪昆项目部 | 作业班组 | 注浆班 |
|---|---|---|---|
| 交底部位 | 衬砌背后回填注浆技术交底 | 交底时间 | 年　月　日 |

**一、设计参数**

注浆材料:M10 水泥砂浆。

**二、施工工艺**

施工准备→预埋注浆孔→注浆孔清理→第一次注浆→补注浆→封填管口。

**三、施工方法**

(1)施工条件:衬砌背后注浆时间应在衬砌混凝土强度达到设计强度 70% 后进行。

(2)预埋注浆孔:衬砌背后注浆孔采用预埋管法,在隧道衬砌顶部预埋钢管,位于衬砌端头处。

(3)施工器具及材料准备:PO42.5 普通硅酸盐水泥、中砂、压浆机、制浆机、电焊机。

(4)浆液配比(水泥:砂:水):注浆材料采用 M10 水泥砂浆,浆液配比采用实验室试配的配合比,灌浆过程中尽量灌注浓浆。

(5)注浆:回填注浆施工自较低的一端开始,向较高一端推进,即沿线路上坡方向进行,注浆过程中要时刻观察注浆压力和流量的变化。注浆压力初压控制在 0.1 ~ 0.15MPa,终压 0.2MPa。灌浆结束标准:在设计灌浆压力下,注入量不大于 3L/min,延续灌注 15min 后;或者漏浆严重,采取间歇性、低压、浓浆灌注,经反复多次(3 次以上)仍不能恢复注浆的,宜采取加入速凝剂的特殊方法结束灌浆;再或者注浆时,附近待注孔的拱顶孔渗浆,经反复停、注,仍然漏浆的。

(6)封填管口:灌浆孔和检查孔施工检查结束后,使用 M10 水泥砂浆将管孔封填密实。

**四、质量验收标准**

拱顶回填密实。

**五、质量控制要点**

(1)严格按照施工工艺,严格执行操作规程。

(2)注浆过程中如因故中断,要及早恢复注浆,否则立即洗孔,而后恢复注浆。

(3)注浆后必须进行回填封堵。

**六、安全注意事项**

(1)施工必须做好安全防护措施,注浆人员必须佩带安全绳。

(2)所有作业人员进入施工现场必须戴好安全帽,传递工具和材料时严禁抛掷。

(3)台架照明装置必须能够满足施工需要,台架两侧行车道设置警示标志,施工过程中要有专人负责安全,防止车辆通行过程中碰、挂台架。

(4)施工时,所有操作工人必须戴安全帽、防尘口罩、橡胶手套,穿防尘工作服、雨靴。

(5)注浆操作手必须控制好注浆压力,严格执行注浆结束标准。

(6)电线包皮应完好,开关应装在固定的开关箱内。

(7)注浆结束后,应清洗注浆机及管路,避免堵管炸裂伤人。

**七、环水保注意事项**

(1)在现场施工过程中,施工人员的生产管理符合施工技术规范和施工程序要求,不违章指挥,不蛮干。对不服从统一指挥和管理的行为,按处罚条例严格执行。

<table>
<tr><td colspan="6">（2）开展文明教育，加强班组建设，提高班组整体素质。<br>（3）工程实施过程中全面开展创建文明工地活动，工区、作业队设文明施工负责人，定期与不定期检查文明施工措施落实情况，切实搞好文明施工。<br>（4）作业现场做到“工完料尽场地清”。<br>（5）组建专业文明施工班组，负责场内场貌整洁、有序、文明。作业台架周围材料、机具堆放整齐。<br>（6）建筑材料按区域分类堆放整齐，生产区与生活办公区分隔，场容场貌整洁、有序、文明。<br>（7）施工现场设置以明沟、集水池为主的临时排水系统，施工污水经明沟引流、集水池沉淀过滤后，间接排入下水道。</td></tr>
<tr><td>交底人</td><td colspan="4"></td><td>年 月 日</td></tr>
<tr><td>复核人</td><td colspan="4"></td><td>年 月 日</td></tr>
<tr><td rowspan="3">接受人</td><td>工种</td><td>签名</td><td>工种</td><td>签名</td><td rowspan="3">年 月 日</td></tr>
<tr><td></td><td></td><td></td><td></td></tr>
<tr><td></td><td></td><td></td><td></td></tr>
</table>

# 水沟电缆槽模板加工及安装技术交底

工程名称：沪昆客专铁路长昆（湖南段）CKTJ-6 标梨子坪隧道　　　　编号：LZPCK040 号

| 施工单位 | 中铁隧道集团沪昆项目部 | 作业班组 | 衬砌班 |
|---|---|---|---|
| 交底部位 | 接触网预埋槽道施工 | 交底时间 | 年　月　日 |

**一、设计参数**

C20 混凝土，2.02$m^3$/m。

**二、施工工艺**

施工准备→断面净空尺寸、平整度复测→超限部位凿除→基面外露钢筋头、锚杆头等突出物切除→锚杆头盖塑料帽、管道孔砂浆找平→凹陷、切除部位补喷→漏水点引排。

**三、施工方法**

（1）在电缆槽混凝土灌注前清理淤泥、积水及其他杂物并凿毛；采用高压风水对基面进行冲洗，保证基面洁净后方可关模浇筑混凝土。

（2）安装模板时首先按设计要求安装接地端子，电缆槽内每 100m 预埋一个（图 1），电缆槽外缘每 50m 一个；预留过水槽每 5m 一对采用 $\phi$50 的 PVC 管进行埋设，排水出口用 $\phi$100 的 PVC 管与侧沟相连；电缆槽外缘壁构造钢筋（图 2）按要求架立。

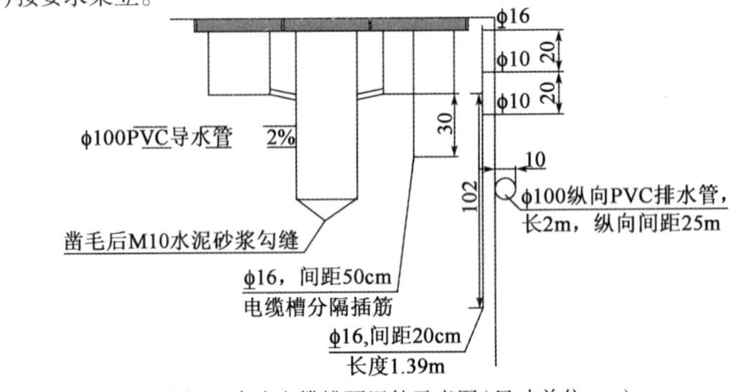


图 1　水沟电缆槽预埋件示意图（尺寸单位：cm）

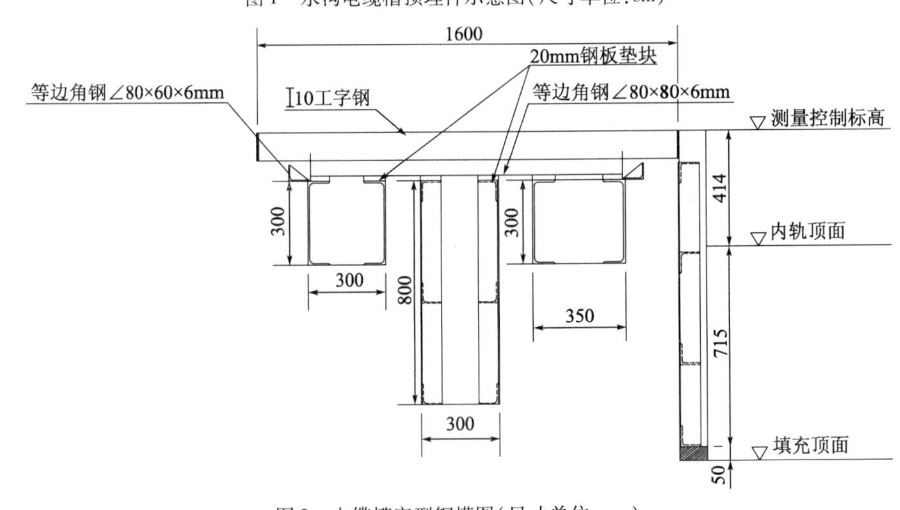


图 2　电缆槽定型钢模图（尺寸单位：mm）

(3)预留的二衬综合接地钢筋用 ϕ16 钢筋与电缆槽侧墙上纵向接地钢筋相连接。纵向接地钢筋每 50m 与电缆槽侧墙外缘接地端子相连接;每 100m 与电缆槽内接地端子相连接,连接方式采"L"形连接。

(4)预埋的初支接地极必须采用 ϕ16 连接钢筋与电缆槽侧墙上的 ϕ16 纵向接地钢筋左右间隔连接,如图 3 所示。

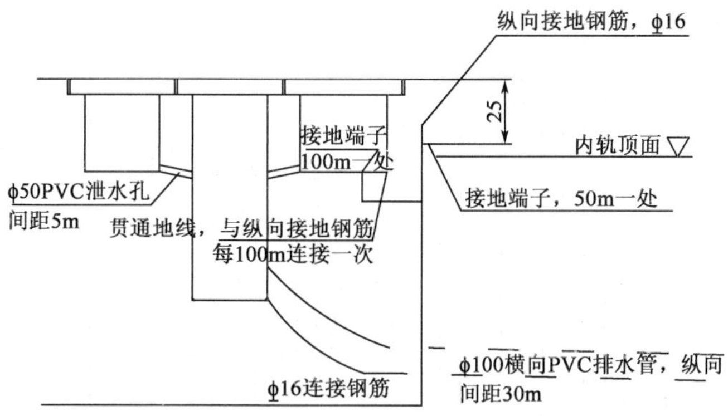


图 3 电缆槽处断面详图(尺寸单位:cm)

(5)侧沟每 30m 要采用 ϕ100PVC 管(横向排水管)将水排入中心水沟。

(6)在综合洞室处要在电缆槽处预埋过轨钢管(图 4)。

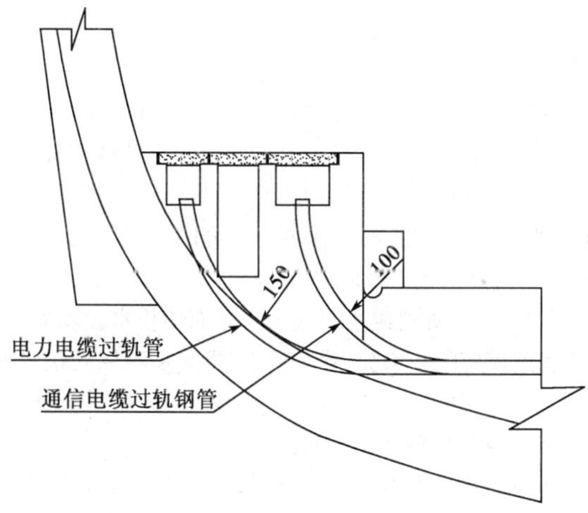


说明:

1. 每个通信洞室设置过轨管 4 根 100mm 钢管,通信电缆过轨钢管两头弯为角度 90°、半径 100cm 的弯头。

2. 每个电力变电所设置过轨 ϕ150 钢管 4 根、ϕ100 钢管 10 根。电力电缆过轨钢管两头弯为角度 90°、半径 100cm 的弯头。

3. 每隔 500m 设置信号过轨 2 根,过轨管内穿 ϕ2.0 铁丝两根,两端用土工布封堵。信号电缆过轨钢管两头弯为角度 90°、半径 120cm 的弯头。

4. 电力过轨钢管和信号过轨钢管采用热浸塑钢管,通信过轨钢管采用 ϕ100 钢管。

5. 过轨管在电缆槽内的钢管需伸出槽底 10mm。

图 4 过轨钢管施工说明(尺寸单位:cm)

仰拱填充预埋管道见图 5，施工时按设计位置预埋过轨管道。

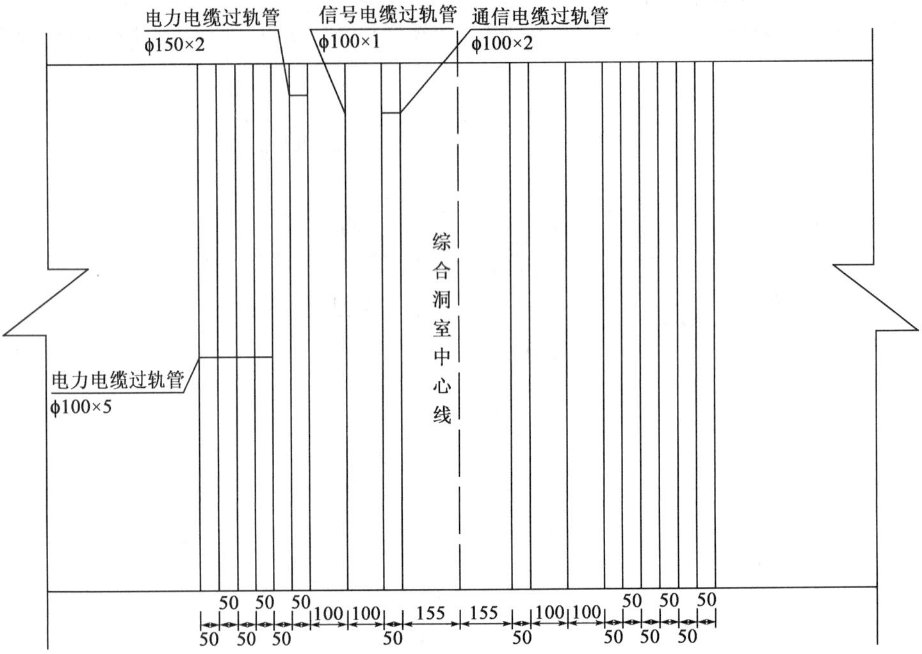

电力电缆过轨管
ϕ150×2
信号电缆过轨管
ϕ100×1
通信电缆过轨管
ϕ100×2
综合洞室中心线
电力电缆过轨管
ϕ100×5
50 50 50 100 100 155 155 100 100 50 50 50
50 50 50 50 50 50 50 50

图 5　过轨钢管预埋位置图（尺寸单位：cm）

（7）止水胶的施工。遇水膨胀止水胶施工前，应先用钢丝刷清除敷设范围内施工缝面的砂粒及混凝土渣，然后用抹布擦净或高压水冲洗干净。

遇水膨胀止水胶要求挤出断面为 15mm × 8mm（宽 × 高），混凝土界面剂厚度取 2mm。施工后应确认混凝土基面和止水胶间无缝隙，连续均匀地敷设在基面上。如遇挤出胶体不连续或不均匀，可以用刮片适当刮匀或修整。

为保证止水胶对混凝土有很好的黏结性，必须保证有充分的养护时间。施工后的止水胶到表面硬化为止不超过 24h，表面硬化需要完全达到指触干燥后，才能进行下一次混凝土续浇。

施工中注意保护止水胶不要浸水。如遇浸水引起水膨胀而使止水胶剥离，在浇筑混凝土前必须加以修补。修补方法如下：先用钉子固定剥离的止水胶，除去积水；再除去剥离的止水胶，重新施工。

施工过程中，止水胶距混凝土的边缘距离不得小于 120mm。如需分次挤出时，其搭接长度不小于 20cm。混凝土浇筑时，振捣棒不得直接接触到止水胶。

（8）电缆槽模板关模时应保证混凝土结构设计形状、尺寸（图 6）正确且满足施工高程要求。模板应具有足够的稳定性，能安全地承受新浇筑混凝土的重力、侧压力及施工中可能产生的各项荷载确保混凝土施工中不跑模、不漏浆。

160
12
13
13
13
470
30
30
20
内轨顶面
30
80
55
30

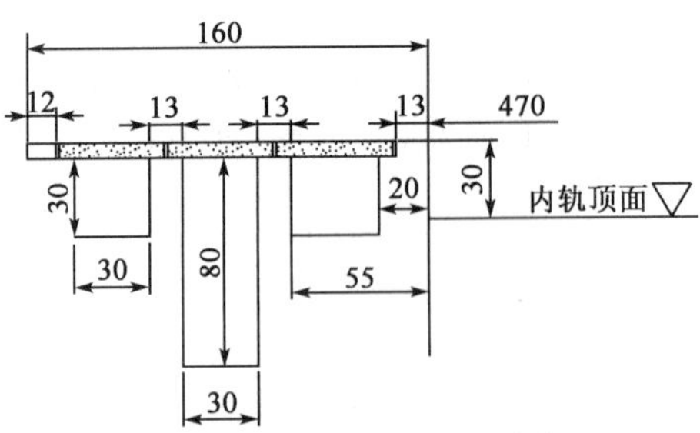

图 6　电缆沟结构尺寸图（尺寸单位：cm）

(9)模板接缝应平整、密贴,防止造成混凝土接缝或漏浆,棱角边线处振捣后将浮浆清除,保证混凝土线条顺直。

(10)严格控制钢模清洁,脱模剂要涂刷均匀,不得漏刷。

(11)在混凝土的入模和振捣过程中混凝土浆不可避免地要溅到模板上,并且有可能形成初凝,模内操作人员如不清理,则会使先后不同时间入模的混凝土发生离散,混凝土脱模后,由于溅点凝结不牢而脱落,形成麻面现象,从而影响混凝土外观质量。

(12)侧壁内的纵向贯通地线一定要保证整根的通连。

(13)混凝土的拌制:

①混凝土所用的原材料(水泥、粗骨料、细骨料、水、外加剂等)必须经检测合格后方可使用。严禁使用未经检测或检测不合格的原材。

②每次混凝土施工时拌和时要提前对计量设备进行检查,发现问题及时处理。拌制混凝土的自动计量装置应定期检定,使其保持良好状态。

③严格按照试验室出具的配合比进行计量。

④粗细骨料含水率应经常测定,雨天施工时应增加测定次数,根据工地实际情况及时调整配合比。

⑤混凝土搅拌时间不得少于3min,搅拌时间也不宜过长。

(14)混凝土的运输:

①混凝土在运输过程中不应发生离析、漏浆、严重泌水及坍落度损失过多等现象。当运至浇筑点发生离析现象时,应在浇筑前进行二次搅拌,但严禁再次加水。

②用混凝土搅拌运输车运输混凝土时,应符合下列规定:

在运输已拌制好的混凝土时,以2~4r/min的转速搅动,严禁高速旋转。卸料前应以常速再次搅拌;在运输中同时拌制混凝土时,从加水后算起,至全部卸出所经过的时间,不宜大于90min;车体内壁应平整光滑,不吸水,不漏水。每天使用完毕后应清洗黏附的混凝土。

(15)混凝土的振捣:

①用插入式振捣器振捣混凝土时,应符合下列规定:移动间距不宜大于振捣器作用半径的1.5倍;插入下层混凝土内的深度宜为5~10cm,以保证上下层结合良好;振捣器应尽可能垂直地插入混凝土中。如条件困难,可略带倾斜,但与水平面夹角不宜小于45°;振捣棒捣固时应快插、慢拔,在每一孔位的振捣时间,以混凝土不再显著下沉、水分和气泡不再逸出并开始泛浆为准,一般为10~30s;振捣时不得碰撞模板,距模板的垂直距离,不应小于振捣器有效半径的1/2;混凝土必须振捣密实,无漏振及过振现象。

②在混凝土浇筑振捣过程中要有专人负责,防止跑模和漏浆现象发生。

③混凝土浇筑应尽量连续进行,如已浇筑混凝土已经初凝,则必须等先浇筑的混凝土达到1.2MPa后方可按施工缝处理继续浇筑。

(16)拆模。混凝土拆模时的强度应符合设计要求在混凝土强度达到2.5MPa以上,且其表面及棱角不因拆模而受损时,方可拆除。

**四、质量验收标准**

水沟断面尺寸允许偏差和检验方法见表1。

**水沟断面尺寸允许偏差和检验方法** 表1

| 序 号 | 项 目 | 允许偏差(mm) | 检验方法 |
|---|---|---|---|
| 1 | 断面尺寸 | ±10 | 尺量 |
| 2 | 壁厚 | ±5 | 尺量 |
| 3 | 高程 | 0<br>-20 | 尺量 |
| 4 | 沟底高程 | ±20 | 仪器测量 |

五、质量控制要点

(1)水沟电缆槽边模要平、直、顺。水沟电缆槽顶面高程为内轨顶面上30cm,顶面宽160cm;沟槽身采用C30混凝土浇筑;电力电缆槽宽30cm、高30cm;通讯信号电缆槽宽35cm、高30cm;水沟宽30cm、高80cm。

(2)电力电缆槽、通讯信号电缆槽与水沟之间采用ϕ50PVC管连接(间距5m);水沟底缝凿毛后采用M10水泥砂浆勾缝;边墙出水口采用ϕ100PVC管引至侧沟,再由ϕ100PVC管(30m一道)引至中心水沟。

(3)两侧电缆槽侧墙上部的1根ϕ16螺纹钢作为纵向接地钢筋,此钢筋确保每100m断开一次,断开钢筋端头间距10cm,100m以内必须保持连接。

(4)左右两侧每50m电缆槽侧墙外缘设置一个接地端子,左右两侧每100m通讯信号槽内底部设置一个接地端子并且与纵向接地钢筋连接。

(5)预埋的初支接地极必须采用ϕ16连接钢筋与电缆槽侧墙上的ϕ16纵向接地钢筋左右间隔连接,不允许两端同时连接,并且所有焊接必须用"L"形钢筋焊接,单面焊焊接长度不得小于20cm,双面焊不小于11cm。

(6)左右两侧的通讯信号电缆槽中各设置一根贯通地线,并采取砂防护措施。贯通地线与纵向接地钢筋每100m连接一次。

(7)通讯信号电缆槽中每50cm预留一根ϕ16的分隔插筋;电缆槽外侧墙设置ϕ16(间距20cm,$L=1.39$m)竖向主筋和ϕ10(间距20cm)的纵向分布筋加固。

(8)水沟环向施工缝采用遇水膨胀止水胶防水。

六、安全注意事项

(1)施工人员上岗前必须进行安全交底,使操作人员对所进行的工作的危险源和危险隐患心知肚明。

(2)认真熟悉各种机械的操作规程和注意事项,严格遵守操作规程。

(3)各种机械的防护措施由专职安全员进行检查并落实到位。

(4)严格遵守施工用电安全规程,配电箱必须保证一机一闸,所用电力线路必须配备漏电保护器。

(5)操作工人必须按照规定佩戴防护用品。

(6)施工处设立反光标识,车辆限速行驶,防止开挖和二次衬砌车辆对操作人员造成伤害。

七、环水保注意事项

(1)在现场施工过程中,施工人员的生产管理符合施工技术规范和施工程序要求,不违章指挥,不蛮干。对不服从统一指挥和管理的行为,按处罚条例严格执行。

(2)开展文明教育,加强班组建设,提高班组整体素质。

(3)工程实施过程中全面开展创建文明工地活动,工区、作业队设文明施工负责人,定期与不定期检查文明施工措施落实情况,切实搞好文明施工。

(4)作业现场做到"工完料尽场地清",剩余混凝土定点丢弃。

(5)组建专业文明施工班组,负责场内场貌整洁、有序、文明。作业台架周围材料、机具堆放整齐。

(6)建筑材料按区域分类堆放整齐,生产区与生活办公区分隔,场容场貌整洁、有序、文明。

(7)施工现场设置以明沟、集水池为主的临时排水系统,施工污水经明沟引流、集水池沉淀过滤后,间接排入下水道。

<table>
<tr><td>交底人</td><td colspan="4"></td><td>年　月　日</td></tr>
<tr><td>复核人</td><td colspan="4"></td><td>年　月　日</td></tr>
<tr><td rowspan="3">接受人</td><td>工种</td><td>签名</td><td>工种</td><td>签名</td><td rowspan="3">年　月　日</td></tr>
<tr><td></td><td></td><td></td><td></td></tr>
<tr><td></td><td></td><td></td><td></td></tr>
</table>

# 沉降观测技术交底

工程名称:沪昆客专铁路长昆(湖南段)CKTJ-6标梨子坪隧道　　　　编号:LZPCK041号

| 施工单位 | 中铁隧道集团沪昆项目部 | 作业班组 | 测量组 |
|---|---|---|---|
| 交底部位 | 沉降观测 | 交底时间 | 年　月　日 |

**一、设计参数**

隧道内一般地段沉降观测断面的布设根据地质围岩级别确定,一般情况下Ⅲ级围岩每400m、Ⅳ级围岩每300m、Ⅴ级围岩每200m布设一个观测断面。

(1)明暗交界处、围岩级别、衬砌类型变化段及沉降变形缝位置应至少布设两个断面。

(2)地应力较大、断层或隧底溶蚀破碎带、膨胀土等不良和复杂地质区段,特殊基础类型的隧道段落,隧底由于承载力不足进行过换填、注浆或其他措施处理的复合地基段落适当加密布设。

**二、施工工艺**

施工准备→监测网布置→现场实测→数据分析→异常情况分析。

**三、施工方法**

1. 监测网布置

该段隧道总长6315m,按照细则要求并根据地质围岩级别情况共设观测断面79个,总测点158个,位置如图1所示。

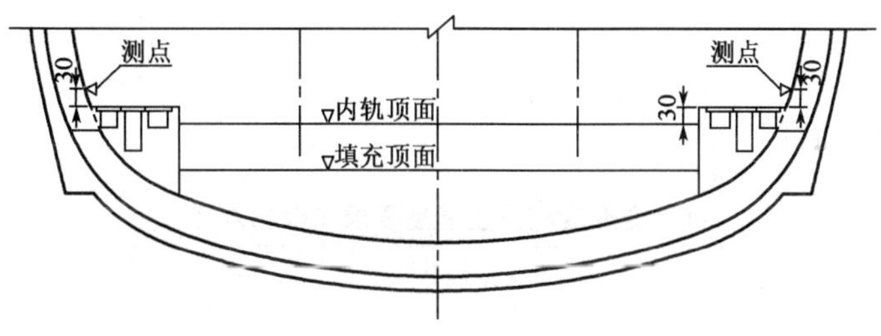


图1　观测点布设图

2. 现场实测施工情况

(1)现场沉降变形观测严格按实施细则的要求和国家二等规范进行。严格执行“三固定,两一致”原则,即固定观测线路、固定观测人员、固定仪器;观测时间一致,观测条件一致。

(2)仪器和水准尺都在检定期内,使用前和使用过程中,经常进行常规检查,水准仪视准轴和水准管轴的夹角不大于15″。

(3)观测时,视线长度≤50m,前后视距差≤1.5m,前后视距累积差≤3.0m,视线高度≥0.55m。测站限差:两次读数差≤0.3mm,两次所测高差之差≤0.3mm,检测间歇点高差之差≤1.0mm。观测读数和记录的数字取位:0.01mm。

(4)观测时,我们严格按照二等水准测量规范的要求方法进行外业数据采集。按照“后前前后”的测量模式进行测量。

(5)观测过程中,选用手提式强光探照灯及矿务专用灯照明,2.5kg重尺垫,尺子用竹竿支撑。

3. 数据异常情况分析

由于该段隧道线路较长,沉降观测受光线影响和隧道施工干扰比较严重,再加上前期由于经验不足,对沉降观测工作重视不到位。针对观测过程中出现异常数据的现象,做到数据及时处理,为能在最短的时间内解决问题,保证数据的有效性,对沉降异常情况我们从三个方面进行分析:

(1)在同一个闭合测段内所有观测点高程变化值均按同一方向大幅度上浮或下沉,可以判定工作基点高程发生变化。

处理方法:重新观测看是否为操作原因,如若不是,及时对工作基点和基准点进行联测,并对其高程进行修正,建立工作基点台账。

(2)观测时发现闭合差超限,一种情况由工作基点不均匀沉降引起;另一种情况由观测误差、精度不满足规范要求引起。

处理方法:联测工作基点和重新观测,如工作基点稳定,则可判断观测过程中出现错误,精度不能满足规范要求,本次观测数据作废并需要重新观测。

## 四、质量验收标准

梨子坪隧道沉降观测基准网以二等几何水准进行测量,并与勘测二等水准网联测,以便统一高程基准。进行沉降观测时,以工作基点的高程作为起算数据,利用精密水准仪固定测站和尺号,进行闭合水准测量、计算沉降观测点每期观测的高程。

技术要求及精度标准:根据《沪昆铁路客运专线线下工程沉降变形观测及评估实施细则及补充规定》的有关规定,确定本工程沉降变形观测精度按照二等水准观测要求进行,观测精度 1mm,数据取位至 0.01mm。根据《客运专线无砟轨道铁路工程测量暂行规定》、《沪昆铁路客运专线线下工程沉降变形观测及评估实施细则及补充规定》及《国家一、二等水准测量规范》有关技术要求确定沉降观测主要技术指标见表 1 ~ 表 4。

**沉降变形观测网主要技术要求** 表 1

| 等级 | 相邻基准点高差中误差(mm) | 每站高差中误差(mm) | 往返较差、附和或环闭合差(mm) | 检测已测高差较差(mm) | 使用仪器 |
|---|---|---|---|---|---|
| 三等 | 1.0 | 0.3 | $4\sqrt{F}$ | $6\sqrt{R}$ | DS05 或 DS1 型仪器 |

注:$F$——附和路线或环线长度,km。
$R$——检测已测测段长度,km。

**沉降变形观测点的精度要求和观测方法** 表 2

| 等级 | 高差中误差(mm) | 相邻点高差中误差(mm) | 观测方法 | 往返较差、附和或环闭合差(mm) |
|---|---|---|---|---|
| 三等 | ±1.0 | ±0.5 | 按国家二等水准测量 | $\leqslant 0.6\sqrt{n}$ |

**二等水准测量精度要求** 表 3

| 等级 | 每千米水准测量偶然中误差 $M$(mm) | 每千米水准测量权中误差(mm) | 观测方法 | | | |
|---|---|---|---|---|---|---|
| | | | 检测已测测段高差之差 | 往返测不符值 | 附和路线或环线闭合差 | 左右路线高差不符值 |
| 二等 | ≤1.0 | ≤2.0 | $6\sqrt{L}$ | $4\sqrt{L}$ | $4\sqrt{L}$ | — |

注:$L$——往返测段、附和或环线的水准路线长度,km。

**二等水准测量规范中仪器主要技术要求** 表 4

| 等级 | 仪器类型 | 视线长度 | 前后视距差 | 任一测站上前后视距累计差 | 视线高度 | 数字水准仪重复测量次数 |
|---|---|---|---|---|---|---|
| | | 数字 | 数字 | 数字 | 数字 | |
| 二等 | DSZ1 | ≥3 且≤50 | ≤1.5 | ≤6 | ≤2.8 且≥0.55 | ≥2 次 |

注:下丝为近地面的视距丝,几何法数字水准仪视线高度的高端限差一、二等允许到 2.85m,相位法数字水准仪重复测量次数可以为上表中数值减少一次,所有数字水准仪,在地面震动较大时,应随时增加重复测量次数。

<table>
<tr><td colspan="6">

**五、质量控制要点**

观测桩、观测点保护，标示设置：

（1）按照《沉降观测实施细则》要求，梨子坪隧道进口二等水准点1个，出口二等水准点2个，洞内沉降工作点9个与设计院CPⅡ水准点共桩。按要求埋设在稳定区域，在观测期间稳定不变，对不稳定的点及时处理，重新埋设。

（2）在观测过程中，因梨子坪隧道的测段长度较长，为防止观测标或工作基点被人为破坏，针对此情况，梨子坪隧道专门制定了沉降观测标志保护的制度，责任到人，对破坏的观测标及时地进行恢复，保证观测数据的连续性。

**六、安全注意事项**

（1）进行观测时应在观测点前后100m设置路障。

（2）观测人员必须戴安全帽、穿反光背心。

</td></tr>
<tr><td>交底人</td><td colspan="4"></td><td>年　月　日</td></tr>
<tr><td>复核人</td><td colspan="4"></td><td>年　月　日</td></tr>
<tr><td rowspan="3">接受人</td><td>工种</td><td>签名</td><td>工种</td><td>签名</td><td rowspan="3">年　月　日</td></tr>
<tr><td></td><td></td><td></td><td></td></tr>
<tr><td></td><td></td><td></td><td></td></tr>
</table>

# 第六章 明洞工程

# 防水层施作技术交底

工程名称：沪昆客专铁路长昆（湖南段）CKTJ-6 标梨子坪隧道　　编号：LZPCK042 号

| 施工单位 | 中铁隧道集团沪昆项目部 | 作业班组 | 防排水班组 |
|---|---|---|---|
| 交底部位 | 防水层施工技术交底 | 交底时间 | 年　月　日 |

**一、设计参数**

隧道防排水设计采用防、排、堵相结合的综合治理原则，在隧道复合衬砌间设由 1mm 厚 LPDE 卷材和 300g/m² 无纺布组成的防水层，在防水层背后设有 $\phi$50HDPE 横向排水管和 $\phi$100HDPE 纵向排水管，将衬砌背后渗水排入隧道路面中心 $\phi$300 中央排水管内排出洞外。

施工缝处设置膨胀橡胶止水条，沉降缝处设置橡胶止水带。

**二、施工方法及操作要点**

1. 防水材料施工

防水材料采用 1mm 厚 LPDE 卷材和 300g/m² 无纺布组成的复合防水材料。

（1）防水材料在初期支护变形基本稳定后铺设，铺设时基层先进行平整处理，平整度达到规范要求的 $D/L \leqslant 1/6$ 的要求，清理混凝土基面，对基面的尖锐突出物及钢筋头进行处理，钢筋处理后，还应用灰浆抹平，钢筋头不得露出，对隧道表面局部渗水严重部位进行堵水和引排水处理。

（2）防水材料采用吊绳、吊钉铺设，拱部吊钉间距 1m×1m，边墙吊钉间距 1.5m×1.5m（梅花形布置）。

（3）防水材料焊缝与衬砌施工缝错开布置，错开距离不应小于 100cm。

（4）在铺设前采用全站仪进行周边布点，冲击钻按布点进行打眼，眼径 2cm，深 4～5cm，再进行木楔填充，木楔的外端与孔眼齐平。吊钉楔入木楔 4cm，外露 2cm（吊钉做成 L 形）。

（5）铺设防水材料，防水材料与吊钉之间用吊绳连接，固定防水材料。

（6）对防水材料之间的搭接缝进行焊接，焊接强度不小于 25kN/m。

2. 施工缝防水

隧道衬砌采用整体式衬砌台车施工，台车长度为 12m，施工缝每 12m 一道，设计采用带膨胀止水条防水，其施工方法及技术措施如下：

（1）在衬砌施工时，在前进端挡头模板中间位置钉设木条，以便在挡头模完好的情况下开始混凝土浇筑施工。

（2）混凝土施工中，应注意对止水条的保护，振捣器距离止水条保证一定安全距离，禁止捣固棒碰撞止水条。

（3）纵向施工缝混凝土基面在下循环混凝土浇筑施工作业前，已浇筑混凝土强度不低于 1.2MPa，按要求将缝面凿毛并清洗，同时涂刷界面处理剂。

**三、质量控制要点**

1. 基本要求

（1）防水材料的质量、规格、性能等必须符合设计和规范要求。

（2）防水卷材铺设前要对喷射混凝土基面进行认真的检查，不得有钢筋、凸出的管件等尖锐突出物；割除尖锐突出物后，割除部位用砂浆抹平顺。

（3）隧道断面变化处或转弯处的应抹成半径不小于 50mm 的圆弧。

（4）防水层施工时，基面不得有明水；如有明水，应采取措施封堵或引排。

2. 实测要求

搭接宽度≥100mm；两侧焊缝宽≥25mm；黏接缝宽≥20mm。

3. 外观要求

(1)防水层表面平顺,无褶皱、无气泡、无破损等现象,与洞壁密贴,松紧适度,无紧绷现象。

(2)接缝、补眼粘贴密实饱满,不得有气泡、空隙。

**四、质量验收标准**

(1)幅宽为2~4m。

(2)厚度不小于1mm。

(3)抗拉强度不小于12MPa。

(4)耐久性、耐水性、抗渗性、耐腐蚀性、耐菌性、耐穿刺性好。

(5)土工布单位面积质量不小于300g/$m^2$。

**五、安全保证措施**

(1)土工布、防水板铺设需在台架上进行,属高空作业,需配备高空作业防护用品。

(2)防止射钉枪伤人。

(3)防止热熔焊伤人。

(4)防止高空作业掉落物体伤人。

**六、文明施工保证措施**

(1)在现场施工过程中,施工人员的生产管理符合施工技术规范和施工程序要求,不违章指挥,不蛮干。对不服从统一指挥和管理的行为,按处罚条例严格执行。

(2)开展文明施工教育,加强班组建设,提高班组整体素质。

(3)工程实施过程中全面开展创建文明工地活动,工区、作业队设文明施工负责人,定期与不定期检查文明施工措施落实情况,切实搞好文明施工。

(4)建筑材料按区域分类堆放整齐,生产区与生活办公区分隔,场容场貌整洁、有序、文明。

(5)施工现场设置以明沟、集水池为主的临时排水系统,施工污水经明沟引流、集水池沉淀过滤后,间接排入下水道,同时,落实"防台"、"防汛"和"雨季防涝措施",配备三防器材和值班人员,做好"三防"工作。

<table>
<tr><td>交底人</td><td colspan="4"></td><td>年　月　日</td></tr>
<tr><td>复核人</td><td colspan="4"></td><td>年　月　日</td></tr>
<tr><td rowspan="3">接受人</td><td>工种</td><td>签名</td><td>工种</td><td>签名</td><td rowspan="3">年　月　日</td></tr>
<tr><td></td><td></td><td></td><td></td></tr>
<tr><td></td><td></td><td></td><td></td></tr>
</table>

# 明洞模板加工及安装技术交底

工程名称:沪昆客专铁路长昆(湖南段)CKTJ-6 标梨子坪隧道　　编号:LZPCK043 号

| 施工单位 | 中铁隧道集团沪昆项目部 | 作业班组 | 衬砌施工班组 |
|---|---|---|---|
| 交底部位 | 明洞混凝土浇筑及养生 | 交底时间 | 年　月　日 |

**一、交底范围**

本交底适用于梨子坪隧道出口明洞混凝土浇筑及养生施工。

**二、施工工序**

施工前检查→泵送混凝土入模捣固→养生→拆模→洒水养护

1. 施工前检查

在台车混凝土施工前,质检工程师要对模板、支架、钢筋骨架的可靠程度,预埋件安装位置和高程,钢筋的安装位置及脱模剂涂刷进行检查。

2. 分层分窗浇筑

自下而上泵送混凝土入仓,从已灌注段接头处向未灌注方向进行。充分利用台架上、中、下三层窗口,分层对称浇筑,尽量使两侧混凝土灌注面等高同步,注意观察两侧混凝土浇筑面高差不得大于 1m,以免侧压引起台车位移。在出料管前端加接 3 ~ 5m 同径软管,使管口向下,避免水平直泵。在模板台车上开工作窗,内侧面安设附着式振捣器,大跨以下部分用高频低幅振捣器捣固,浇筑过程中利用插入式振捣器和附着式振捣器及输送泵压力使混凝土密实。

(1)混凝土浇筑时的自由倾落高度不得大于 2m,当大于 2m 时采用溜槽等器具浇筑;台车前后混凝土高差不得大于 6m,左右混凝土高差不超过 0.5m,严禁单侧一次浇筑 1m 以上。

(2)浇筑混凝土应分层进行,分层厚度不宜大于振捣棒作用部分长度的 1.25 倍,厚度控制在 30cm 左右。

(3)用插入式振捣器振捣混凝土时,应符合下列规定:移动间距不宜大于振捣器作用半径的 1.5 倍;插入下层混凝土内的深度宜为 5 ~ 10cm,以保证上下层结合良好;振捣器应尽可能垂直地插入混凝土中。如条件困难,可略带倾斜,但与水平面夹角不宜小于 45°;振捣棒捣固时应快插、慢拔,每一振点的振捣时间为 15 ~ 30s,且间隔 20 ~ 30min 后进行第二次复振,以混凝土表面出现浮浆和不再沉落为准;振捣时不得碰撞模板、防水板和预埋件,距模板的垂直距离,不应小于振捣器有效半径的 1/2;混凝土必须振捣密实,无漏振及过振现象。当振捣完毕后,应竖向缓慢拔出,不得在浇筑仓内平拖。

(4)在浇筑混凝土时,要有专人负责看模,防止跑模和漏浆现象发生。

(5)混凝土浇筑至顶部时,应再次确定混凝土的需求量,防止混凝土浪费。

(6)注浆孔在拱部混凝土浇筑前预埋在拱顶处,注浆管采用 $\phi$50PVC 管,上端距初期支护下的防水板 2 ~ 4cm,下端穿过模板 10cm,PVC 为直线形,管上不许钻孔。纵向间距 3m。

3. 脱模

(1)混凝土拆模时的强度应符合设计要求。设计未提要求时,在混凝土强度达到 8MPa 以上,且其表面及棱角不因拆模而受损时,方可拆除。

(2)拆除模板时,不得影响混凝土养护工作。

(3)拆除的挡头模不得乱丢乱弃,应堆放整齐,以备下一循环使用,同时堆放位置不得影响台车行走。

(4)脱模后安排专人对衬砌外观进行检查,发现有蜂窝、麻面等质量通病或缺陷应及时进行修复。

4. 养护

(1)混凝土浇筑后,终凝后即应覆盖和洒水。

(2)养护时间不小于 14d,洒水次数以保持混凝土表面湿润状态为度。

5. 衬砌背后回填注浆

在衬砌混凝土强度达到设计强度的 70% 后进行,且回填要密实。

**三、质量控制要点**

(1)在安装挡头模时要注意不能有较大缝隙,以免漏浆。

(2)混凝土外观:表面应密实平整、颜色均匀,不得有漏筋、蜂窝、麻面、孔洞、疏松、缺棱掉角等缺陷。

(3)对挡头模表面要清理,打油。

(4)接输送管时,配合人员要同步,管卡应卡牢。混凝土输送前必须试送,检修时必须卸压。

(5)混凝土捣固时,应检查电线是否有破皮,同时湿手不得接触捣固器开关。

**四、质量验收标准**

拱部高程:30~0mm;边墙表面平整度:15mm;拱部表面平整度:15mm;预留孔洞中心线位置:10mm;预留孔洞尺寸:10~0mm;预埋件中心线位置:5mm;混凝土外观质量:混凝土结构表面密实平整、颜色均匀,无漏筋、蜂窝、孔洞、疏松、麻面和缺棱掉角等缺陷。

**五、安全保证措施**

(1)施工人员上岗前必须进行安全交底,使操作人员对所进行的工作的危险源和危险隐患应明确。

(2)认真熟悉各种机械的操作规程和注意事项,严格遵守操作规程。

(3)各种机械的防护措施由专职安全员进行检查并落实到位。

**六、文明施工保证措施**

(1)在现场施工过程中,施工人员的生产管理符合施工技术规范和施工程序要求,不违章指挥,不蛮干。对不服从统一指挥和管理的行为,按处罚条例严格执行。

(2)作业台架周围材料、机具堆放整齐。

(3)作业现场做到"工完料尽场地清"。

(4)防水材料边角料回收整理,不得随意丢弃。

(5)施工现场设置以明沟、集水池为主的临时排水系统,施工污水经明沟引流、集水池沉淀过滤后,间接排入下水道,同时,落实"防台"、"防汛"和"雨季防涝措施",配备三防器材和值班人员,做好"三防"工作。

<table>
<tr><td>交底人</td><td colspan="4"></td><td>年　月　日</td></tr>
<tr><td>复核人</td><td colspan="4"></td><td>年　月　日</td></tr>
<tr><td rowspan="3">接受人</td><td>工种</td><td>签名</td><td>工种</td><td>签名</td><td rowspan="3">年　月　日</td></tr>
<tr><td></td><td></td><td></td><td></td></tr>
<tr><td></td><td></td><td></td><td></td></tr>
</table>

# 第七章 弃渣场

# 挡土墙技术交底

工程名称：沪昆客专铁路长昆(湖南段)CKTJ-6标梨子坪隧道　　　　编号：LZPCK044号

| 施工单位 | 中铁隧道集团沪昆项目部 | 作业班组 | 挡墙施工班组 |
|---|---|---|---|
| 交底部位 | 弃渣场挡土墙 | 交底时间 | 年　月　日 |

**一、交底范围**

本交底适用于长城岭隧道2号斜井弃渣场挡土墙施工，弃渣挡土墙断面如图1所示。

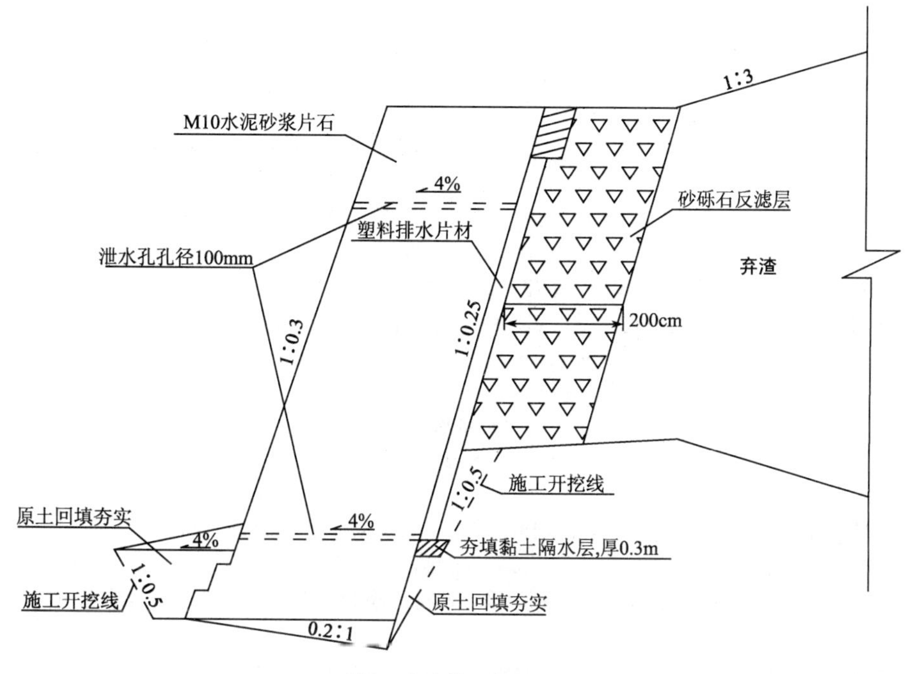


图1　弃渣挡土墙断面图

**二、施工方法**

1. 挡渣墙构造要求

(1)沿墙长不大于10m设置伸缩缝，在基础底的地层变化处设置沉降缝；缝宽2cm，缝内沿顶、内、外三边填塞沥青木板，其深度不小于0.2m。

(2)挡渣墙墙身在地面及以上部分每隔2m上下左右交错设置泄水孔(10cm×15cm)。为防止泄水孔堵塞，应在泄水孔进口处设置反滤层。反滤层可采用砂砾石、无砂混凝土板或无纺布反滤层。

(3)弃渣底应设置纵向透水盲沟，盲沟挡墙端接挡渣墙泄水孔。当地表水丰富时，应根据情况于挡渣墙墙背设置竖向盲沟，其尺寸间距与纵向盲沟一致。

(4)不同墙身高度的墙顶应顺坡连接，其坡度不得陡于1:2。

2. 原材料要求

(1)选用硬质材料，抗压强度不小于30MPa，片石应有两个大致的平面，厚度不小于15cm，宽度不小于厚度的1.5倍。用作镶面的片石，选择表面平整、尺寸较大的片石，表面不平应加以修整，风化石料严禁用作砌筑。

(2)砂浆中所用的水泥、砂和水的质量标准必须符合规范中相应材料的质量标准,砂采用中、粗砂,要过筛,砂浆配比准确。

(3)挡土墙采用M10号浆砌片石施工。

3.基坑处理要求

(1)位置准确,平面尺寸达到设计要求(基础埋深不小于1.2m),按设计的基坑宽度画两条边线,基坑两侧要有一定的坡度,确保施工安全。

(2)土质基底必须满足设计地基承载力要求。

(3)石质基底横坡较大时。在较硬的岩石地段做成向内倾斜的台阶状基底。

(4)砂质基底,用水压的方法增加基底的密实度,水量要饱和,直到基底不再下沉为止。

(5)基底的承载力不小于200kPa、各部尺寸及基底高程等经监理验收合格后才能进行下道工序。

4.砌筑施工

(1)基础砌筑,基底为坚硬的岩石时,应先将基底表面清洗、湿润,再坐浆砌筑,基底为土质可直接坐浆砌筑。基底有较大的坑槽或孤立的岩石时,基础应由低向高砌筑。

(2)墙身砌筑,每个自然段先砌筑5m墙身试验段,经监理验收合格后方可全段施工。墙身砌筑,应将较大的片石使用于下部,外层与里层片石交错,咬接连成一体,各层砂浆填塞饱满,不得有空洞,各工作层竖缝相互错开,不得贯通,砌石应大面向下,摆放平稳,坐浆砌筑,不得在石块下面用高于砂浆砌缝的小石块支垫,严禁采用先砌筑两侧,中间用小石块填筑,墙身两张皮的错误施工方法。工程间断,不得在工作面摊铺砂浆。

(3)沉降缝和伸缩缝的设置,在基础以下出现地质情况明显变化时应设置沉降缝,以防由于不均匀下沉引起墙体破坏;伸缩缝用以克服砌体受气温影响引起的张缩而破坏墙体,每隔10m设置一道。沉降缝和伸缩缝的设置均自下而上贯通,宽2cm,上下垂直。缝的两侧抹面,缝中填以沥青麻絮,沥青用建筑沥青,填塞时不得污染墙面,应和砌体同步进行。

(4)勾缝,砌筑时外露面预留深约2cm的空缝,备做勾缝之用,砌体隐蔽面砌缝可随砌随刮平,不另勾缝。勾缝采用凸缝,缝宽2cm,宽窄一致,表面平顺美观。

5.砌体的养护。

浆砌砌体砂浆初凝后,洒水覆盖养生7~14d,养生期间避免碰撞、振动或承重。

6.排水沟工程施工方案

(1)设置位置:渣场外缘迎水侧应设置截水沟,渣底每隔20m设置纵向透水盲沟,渣顶面设不小于0.3%的排水横坡。

(2)排水沟采用M10号浆砌片石施工,基础砌体在施工前,应提前通知项目部工程部进行基坑检查,符合断面尺寸后进行下道工序。

(3)片石要求:形状不受限制,但其中部厚度不得小于15cm。用作镶面的片石表面平整、尺寸较大,边缘厚度不得小于15cm,表面应清理干净。

(4)当使用有层理的石料时,层理应与受力方向垂直。

(5)砂浆应随拌随用,当在运输或储存过程中发生离析、泌水现象时,砌筑前应重新拌和,已凝结的砂浆,不得使用。且砂浆拌制符合配合比要求。

(6)砌筑时片石与片石间砂浆应充填饱满,不得出现空洞。

(7)定位砌块表面砌缝的宽度不得大于4cm。砌体表面与三块相邻石料切的内切圆直径不得大于7cm,两层间的错缝不得小于8cm。

**三、质量控制要点**

(1)石料质量应符合要求:当石料表面有泥土时,用水清洗干净。片石在砌筑前应浇水润湿,砌筑时片石大面朝下,不得立砌。片石的厚度不应小于150mm(卵形和薄片者不得使用)。镶面石料应选择尺寸稍大并具有较平整表面的,且应稍加粗凿。

(2)挡土墙在砌筑过程中不应做成水平通缝,在墙趾台阶转折处,应用大块的片石,并做成齿缝,以保证该处的强度和整体性。

(3)砂浆应用中砂,含泥量不得大于3%;砂浆强度为M10。

(4)砌筑时必须两面立杆挂线,外面线应顺直整齐,在砌筑过程中应经常校正线杆,以保证砌体各部尺寸符合要求。

(5)砌体采用挤浆法施工,分层坐浆砌筑。砌筑上层时,不应振动下层。不得在已砌好的砌体上抛掷、滚动、翻转和敲击石块。

(6)砌筑上层块时,应避免振动下层砌块。砌筑工作中断后恢复砌筑时,已砌筑的砌层表面应加以清扫和湿润。

(7)待砂浆初凝后应进行养护,7d内要保持湿润状态。最初洒水养护时注意不要冲走砂浆。

(8)雨季施工挡土墙时宜搭设雨棚,地面上加筑适当高度的围埂,以防地表汇集雨水流入基坑内,保持基坑干燥。基坑应挖一段砌一段。

(9)墙身强度达到设计70%时,即应进行基坑回填和墙后弃渣填筑。

**四、安全保证措施**

(1)各种堆物定点堆放,施工道路畅通无阻。

(2)片石搬运过程中不得随意抛掷,防止伤人。

**五、文明施工保证措施**

(1)在现场施工过程中,施工人员的生产管理符合施工技术规范和施工程序要求,不违章指挥,不蛮干。对不服从统一指挥和管理的行为,按处罚条例严格执行。

(2)开展文明教育,加强班组建设,提高班组整体素质。

(3)工程实施过程中全面开展创建文明工地活动,工区、作业队设文明施工负责人,定期与不定期检查文明施工措施落实情况,切实搞好文明施工。

(4)建筑材料按区域分类堆放整齐,生产区与生活办公区分隔,场容场貌整洁、有序、文明。

(5)施工现场设置以明沟、集水池为主的临时排水系统,施工污水经明沟引流、集水池沉淀过滤后,间接排入下水道,同时,落实“防台”、“防汛”和“雨季防涝措施”,配备三防器材和值班人员,做好“三防”工作。

(6)未用完的砂浆不得随意丢弃,避免污染河道。

<table>
<tr><td>交底人</td><td colspan="4"></td><td>年　月　日</td></tr>
<tr><td>复核人</td><td colspan="4"></td><td>年　月　日</td></tr>
<tr><td rowspan="3">接受人</td><td>工种</td><td>签名</td><td>工种</td><td>签名</td><td rowspan="3">年　月　日</td></tr>
<tr><td></td><td></td><td></td><td></td></tr>
<tr><td></td><td></td><td></td><td></td></tr>
</table>

第八章

# 轨道工程

# 无砟道床技术交底

工程名称:沪昆客专铁路长昆(湖南段)CKTJ-6 标梨子坪隧道　　　　编号:LZPCK045 号

| 施工单位 | 中铁隧道集团沪昆项目部 | 作业班组 | 无砟道床班组 |
|---|---|---|---|
| 交底部位 | 隧道无砟道床 | 交底时间 | 年　月　日 |

**一、设计参数**

(1)钢轨。钢轨采用 60kg/m,25m 定尺长、非淬火无螺栓孔 U71Mn(k)新轨。按一次铺设跨区间无缝线路设计。

(2)扣件。采用福斯罗 300-1 型弹性扣件,扣件应满足《客运专线扣件系统暂行技术条件》(铁科技函〔2006〕248 号)的相关规定。

(3)轨枕。采用 SK-2 型双块式轨枕,为厂内预制,轨枕间距一般取为 650mm,不能小于 600mm。

(4)道床板:

①道床板尺寸。道床板采用 C40 钢筋混凝土,采用连续浇筑,宽度为 2800mm,直线段厚度为高端 275mm、低端 255mm。曲线段根据测量组现场程序调整为准。

②道床板绝缘。道床板结构内纵横向钢筋搭接处采用小型绝缘塑料卡进行绝缘处理,不能用绝缘卡时应采用绝缘垫块进行绝缘,其中要保证“三纵一横”综合接地的贯通性,在道床板混凝土浇筑前进行钢筋网绝缘性能检查及纵横向综合接地的贯通性的测试,保证钢筋的绝缘性及贯通性符合相关技术要求。

③道床板配筋。隧道内的道床板配筋有三种:距洞口 200m 范围内的配筋结构和大于洞口 200m 的配筋结构,以及曲线段的配筋结构。

④道床板与板下结构连接。道床板浇筑在隧道仰拱回填层上,道床宽度范围内仰拱回填层表面进行凿毛或是拉毛处理,拉毛深度不小于 3mm。

(5)超高设置。曲线超高采用外轨抬高超高值的方式在道床板上设置,长城岭隧道最大超高为 70mm,梨子坪隧道最大超高值 85mm。在缓和曲线内过渡。

(6)排水设计。隧道内双块式无砟轨道直线地段道床表面向中央水沟设置 0.7% 的横向排水坡,曲线地段道床表面根据曲线超高设置横向排水坡。

**二、施工工艺**

清理现场凿毛→设置中线控制桩和标桩→人工散布轨枕,组装轨排→粗调→钢筋铺设→精调→安装模板,刷脱模剂→数据采集浇筑道床混凝土、振捣抹面成形→养生、拆除轨道排架进入循环。

**三、施工方法**

1. 基底凿毛

道床混凝土施工前对道床板范围内的下部结构进行混凝土凿毛处理。

2. 测量放线

(1)底座高程每隔 5m 进行复测,对超标地段进行必要的处理。

(2)清除道床板范围内的下部结构表面浮渣、灰尘及杂物。

(3)每隔 10m 测设并标记一个左右线路中线控制点,中线用明显颜色标记,为散枕机放置轨枕提供粗略位置。

(4)以标记的中线控制点为基准,用明显颜色标记道床板的纵向模板内侧边线和横向模板固定钢条位置。

(5)标记轨枕控制边线及每隔 20 根(约 13m)标定一次轨枕里程控制点的具体位置。

3. 分枕

布枕前对轨枕进行检查,伤损掉块、桁架变形的轨枕不得使用。轨枕采用人工配合叉车(图 1)散布,每 4 人一组,分区段按放样标识放置轨枕,专人对所摆放的轨枕位置进行调整,使其与放样标识线吻合。每散布 4 组轨枕,控制散布轨枕的累计纵向误差,做出相应调整。在轨枕布设完成后,按照图纸要求,测放出洞口路隧过渡段处销钉位置,并用红色油漆标识在混凝土支承层上。

轨排进场验收合格运送至工作面以及在施工倒用过程中,严禁强力撞击轨排及其部件,在吊装轨排时,防止轨排倾覆或者不均匀受力而使轨排发生扭曲变形。在用叉车进行运输时要注意以免使用了错误的方法。

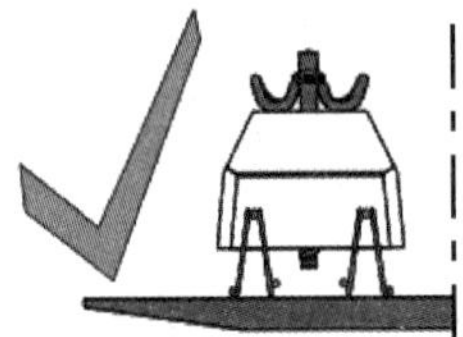

图1　叉车运输方法示意图

4. 组装轨枕道床

(1)拆装工具轨轨排

①主要工序为:扣件初装→铺设钢轨→固定钢轨→轨排检查。

②轨枕散铺完成后对承槽轨和扣件进行清理,并安装扣件绝缘垫块及弹条,人工用手组装扣件,扣件组装后只是固定,并未拧紧,以便后面工具轨的安装。

③工具轨安装前应进行检查,变形超标的钢轨不得使用。单根钢轨重750kg,人工铺设需每4人一组,先用运轨小车将上循环全部工具轨运至要作业区段散铺轨枕上,用方木垫起,工具轨底面要高于扣件,采用钢刷、抹布或凿子对轨底及轨顶进行清理,清理完成后用起道机同时顶起相对的两根工具轨,撤掉方木,再次用卡尺丈量,撬棍调整枕距,间距误差控制在±5mm,通过方尺调整轨枕方向垂直于钢轨。逐渐降低起道机,让工具轨摆放在预先铺设好的轨枕承轨槽中。扳手初拧扣件螺栓,拧紧程度以手拧不动为宜,施拧时先同步拧钢轨内侧两螺栓,然后同步拧钢轨外侧两螺栓,扣件弹条下颚与轨脚顶面要留出不小于0.5mm的间隙。工具轨接头应避开轨枕位置,连接轨缝间距控制在15~30mm之间,通过双头鱼尾夹板连接。

轨枕调整好后,利用轨距尺及轨距撑杆调整轨距,按照轨枕位置逐个检测调整,轨距标准为1435±2mm,轨距调节后必须为钢轨的真实轨距,认真检查避免钢轨扭曲或倾斜,造成轨距合格的假象。

轨枕及钢轨间距调整完成后进行扣件螺栓施拧。一套扣件的2个螺栓施拧必须采用双头内燃机或电动扳手对称施拧(扭矩在150~160kN·m),施拧时绝缘垫块和钢轨必须完全落槽,采用塞尺检查工具轨与垫块、挡块和扣件间三点是否密贴,间隙不得大于0.5mm,否则,需加大扭矩施拧。现场检查除抽查扣件扭力外,主要还是检查弹条中部下颚是否与塑料轨距挡板密贴。

(2)锚固钢销钉

①隧道进、出口过渡段及两次浇筑混凝土超过24h的施工缝两侧要按规定设置一定数量的销钉。钢销钉位置按当天计划施工长度提前确定,并按照设计要求进行钻孔和植筋胶锚固,确保钢销钉的位置、锚固力和垂直度符合设计要求。

②当铺设调整好轨枕后,钻孔并安装钢销钉。埋设销钉时保证销钉孔钻在轨枕与钢筋网格之间,且中心要垂直于支承层表面,并用植筋胶进行封锚。

(3)安装螺杆调整器底板

轨排组装完成后,在每隔3根(曲线地段2根、工具轨接头处1根)轨枕之间的钢轨上各放置一对螺杆调整器。螺杆调整器安装位置要正确,螺杆必须始终竖直地位于轨道外侧,通过竖向螺杆调整轨排高低,通过水平调整螺栓对轨排中线进行调整。

在无砟轨道板的施工中,螺杆调节器用于固定工具轨,实现最终定位,能对纵向、水平、超高段的角度进行调整,螺杆调节器用于固定工具轨及轨枕。由于螺杆要求承载轨枕和工具轨的重量,所以要求有很高的承载力和稳定性,并可通过调节适应不同的超高。螺杆调节器适用于所有施工现场和采用了螺杆调节器支

架的整个安装。将螺杆手柄推入凹板和中间部件相应的角度孔中固定角位，拧动螺杆调节高程，拧转连动调节杆螺栓调整轨道中线，螺杆调节器能在3个方向进行调整，纵向（高度）、水平（移动）、超高段角度可调整。为避免施工不便及碰撞，螺杆顶端高出钢轨顶面不得超过70mm。

5. 排架粗调

（1）粗调轨排使用全站仪和人工配合起道机，利用轨距尺、垂球和3m小钢尺对轨排进行初步调整，实现轨排方向和高程处于正确位置，中线和高程误差均控制在5mm之内。

（2）调整原则为先高程后中线。高程误差宁低勿高，中线误差越小越好。

（3）每5m根据设计轨面高程减去实测地面高程算出该点的差值（起道量）作为高程控制的依据。

（4）在每5m点的地方将道尺一端放在基本轨的轨面上，另一端紧贴在垂直树立的3m小钢尺上，并随时保持道尺处于水平状态（水准泡的气泡居中），在12.5m轨排范围内均匀布置4对起道机，将轨排依次均匀顶起，当3m小钢尺上读数接近起道量时（一般低3～5mm为宜）停止起道，然后将道尺放在轨排上，利用水平关系调整另一股钢轨到位。此时安装好调节器螺杆，拧紧螺杆使之受力后拆除起道机。

（5）最后，利用轨距（1435mm）将方尺分中，并将垂球一端固定在分中处，另一端自由下垂找线路投影中心点，调整起道机安装在轨腰侧面顶推拉伸螺杆，当垂球中心与放样的线路中心重合时，按照第4个步骤再次复核调整高程，调整高程时采用高度调节螺杆。如此反复操作直到符合粗调要求。

6. 绑扎钢筋、钢筋接地焊接及绝缘性检测

（1）绑扎钢筋

根据我部以往施工经验，道床板上下层纵横向钢筋的摆放及绑扎在轨排粗调之后同时进行。对纵向钢筋与横向钢筋及轨枕桁架上层钢筋交叉处以及上层纵向钢筋搭接范围的搭接点按设计要求设置绝缘卡，用尼龙自锁带绑扎。底层钢筋绑扎完毕后，按梅花形布置预制好的混凝土垫块，垫块采用与道床同标号的砂浆制作。垫块间距1m×1m，保护层最小厚度35mm。钢筋间距允许偏差20mm。

布置钢筋时注意钢筋在纵向搭接时搭接量的要求，每根钢筋搭接量不小于700mm，两根相对钢筋搭接距离不小于1000mm，钢筋搭接要用绝缘卡进行连接绝缘。

（2）钢筋接地焊接及绝缘性检测

在隧道内将不大于100m的道床设置为一个接地单元（对于单线而言），布置形式为三纵一横，即三根纵向钢筋（上层两边最外侧一根和一根中间钢筋）分别搭接焊接，并与一根横向钢筋焊接在一起。横向焊接钢筋布置于综合接地单元内随意一处，但必须与三根纵向钢筋进行三处“L”焊接，横向长度不小于200mm，纵向不小于100mm。二根纵向钢筋在不大于100m时与下一单元进行绝缘（不焊接）处理一次，形成接地单元。三根纵向钢筋搭接焊接长度单面焊不小于200mm，双面焊不小于100mm，厚度均不小于4mm；其余纵向钢筋只进行搭接绝缘绑扎而不焊接。

（3）设置综合接地端子

综合接地端子的设置应符合设计要求，布置应结合线下施工的具体情况而定，尽可能地靠近接触网杆基础，端子接头应紧贴于模板内侧面。

7. 模板安装

（1）钢筋网绝缘性能检测合格后，清除钢筋网内的杂物，人工安装侧向模板和伸缩缝分隔板。安装工具为冲击钻、手锤、扳手、短钢筋（200mm左右）、木楔、3m小钢尺。

（2）首先根据一侧的模板边线先立好一侧模板，并用小钢尺大概卡到2800mm立好另一侧模板；单侧每两块模板之间一定要对齐，不得出现错牙现象，并用扳手拧紧上下连接螺栓。其次每2m左右安装1根横向拉杆以保证左右纵向模板间的尺寸，在安装纵向模板的横向拉杆时，要垂直于横向模板，并低于轨底10mm左右。然后待模板安装一定长度后（10～20m），开始固定模板。用冲击钻每隔1m左右在模板底部边沿的垫层上钻直径20mm的孔，钻孔深度80～100mm，再植入比孔径大2mm左右的短钢筋，最终加入木楔，调整模板线形。最后对立好的模板做最终的检查和调整，确保模板顺直，接缝连接牢固，加固稳当牢靠，并用干硬性砂浆对大的缝隙进行封堵，防止漏浆。

（3）检验模板的安装尺寸是否达到验标要求，同时确保侧向模板与轨道间无任何连接，钢模板固定牢固，模板已彻底地使用模板油进行处理。

(4)以上工作完成后,进行"轨距调整定位装置"的安装,它是控制轨距的关键,一般每2.5m左右安装一个。"轨距调整定位装置"可以在1350~1500mm范围内任意调节,通过它将两股钢轨有一个对外的撑力,很好地保证了支撑后轨排的轨距且在浇筑混凝土的过程中轨距不会发生任何变化。

8. 轨排精调

主要使用螺杆调节器及GEDO轨道几何状态测量仪进行轨道精确调整。根据电脑显示数据(可显示到0.1mm),调整螺杆调节器。通过转动螺杆调节器竖向螺杆,垂直调整轨道高程,通过转动螺杆调节器水平螺杆,实现水平调整,通过转动螺杆调节器轨距螺杆,实现轨距调整。在曲线地段,调整时可能产生水平位置和高度的冲突,因此必须在垂直及水平双方向同时进行调整。水平调整通过螺旋调整器进行。水平调整螺栓的旋转使用特殊丝杠同时进行。最终保证各项轨道参数的偏差值在允许范围内,并且越小越好。

轨道调整定位合格后,为保证轨道精度,第一遍、第二遍轨道调整主要在调节螺杆处,第三遍在每个轨枕处,第四遍采集数据。在第三遍轨道精确完成后,还要对轨道进行加固处理,防止混凝土浇筑时轨排横向移位及上浮。

9. 浇筑道床板混凝土

(1)混凝土浇筑前再次采用轨道几何状态测量仪对轨道状态进行检查,对不合格部位进行调整。调整范围含不合格部位前后各10m合格段,调整方法详见"轨排精调",不合格部位调整完毕后重新对全部待浇筑段进行检查,至全部合格为止。

(2)浇筑混凝土前首先用电阻仪及兆欧表测试接地及绝缘性能,然后用塑料薄膜将工具轨顶面及侧面覆盖,用塑料袋将螺杆调节器及轨距撑杆包裹严实,并在轨枕上放置防护罩。对轨枕四周及土工布进行洒水润湿,以保证混凝土与轨枕粘贴密实。

(3)混凝土运输至施工现场先做混凝土坍落度及其他性能指标试验,试验数据满足施工要求后方可进行混凝土浇筑。浇筑混凝土过程中要控制好混凝土的坍落度,采用罐车直接浇筑时,混凝土坍落度控制在16cm左右;采用泵车时,混凝土坍落度控制在18cm左右。

(4)混凝土道床板浇筑采用罐车—输送泵或罐车—溜槽组合方式施工,人工进行抹面修整。

(5)在浇筑混凝土时,混凝土直接在输送泵或溜槽倒入道床。捣固时从中心往两侧振捣,防止出现因混凝土冲击力大而引起钢轨向低处偏移。轨枕下面将振动棒斜向深入轨枕底部振捣,以确保道床板混凝土密实。振捣棒配备4~5台(含备用),左、中、右侧各一台进行振捣。振捣时振捣棒严禁碰撞工具轨及螺杆调节器。

(6)罐车内的混凝土用完之后,罐车离开工作区域,下一个罐车立即上前补充混凝土,依次进行混凝土浇筑施工。当混凝土不能连续浇筑超过24h时,要严格按照施工图要求设置施工缝。混凝土入模温度5~30℃。

(7)混凝土浇筑完成后要及时收面,并按设计预留一定的排水坡,同时要控制好道床板顶面的高程,道床板顶面高程及横向排水坡通过特制刮板来控制,刮板两端放置于工具轨上,通过工具轨轨面高程控制道床板顶面高程及横向排水坡,人工整平、抹光过程中禁止撒水泥。

(8)及时将钢轨、扣件、轨枕上残留的混凝土清理干净,保证轨道的清洁。

10. 松螺杆调节器和扣件

混凝土在凝固过程中,当用手指压钢轨底下混凝土表面无明显痕迹时,及时松螺杆调节器和钢轨扣件,释放轨道在施工过程中由温度和徐变引起的钢轨应力。将螺杆调节器降低1mm,钢轨扣件必须彻底松完(用手可以转动螺栓),使钢轨处于不受约束状态,并松开鱼尾板的螺栓。

在松解螺杆调节器后约1~2h就可以适当松开扣件。正确的时机应通过试验检测后与现场监理工程师共同确认。在螺杆调整器取出之后,立即使用水和毛刷进行清洁工作,以便下次使用。

11. 混凝土养生

混凝土浇筑之后,要及时进行混凝土的覆盖养护。在混凝土初凝后要及时进行洒水、保湿,以防止混凝土表面水分蒸发过快。再为保证养护质量我部计划配备150m左右土工布作为遮盖物,洒水覆盖养护时间不能少于7d。

12. 拆模板、螺杆调节器及工具轨

(1)道床混凝土强度达到后,即可拆除全部模板、钢轨及螺杆调节器,钢轨利用龙门吊拆除,模板拆除转运采用手推翻斗车进行。拆除模板、钢轨及螺杆调节器时必须加强对道床板混凝土的保护,避免碰撞。

(2)在螺杆调节器拆除之后及时对螺杆调节器进行清洁和涂油,以便下次再用。

(3)所有拆下来的螺杆调节器、模板及工具轨等及时往前倒运使用。使用自制龙门吊、运轨小车及手推翻斗车倒运。道床混凝土未达到设计强度75%之前,严禁在道床上行车和碰撞轨道部件。

13. 填充螺杆遗留孔

及时用无收缩混凝土对留下的孔洞进行封堵。

14. 质量检查

施工完毕后对已完工段进行全面质量检查,检查内容包括混凝土道床板外形尺寸允许偏差、综合接地等,总结前期施工经验,保证后续施工质量。并对存在的施工问题进行整改。

**四、质量验收标准**

(1)分枕过程中轨枕铺设间距允许偏差为±5mm,中线±5mm,高程0~-5mm。

(2)轨排组装完成后,轨距、轨枕位置和间距必须符合设计要求。允许偏差应符合表1规定。

**轨距、轨枕间距允许偏差** 表1

| 序号 | 检 查 项 目 | 允许偏差(mm) | 附 注 |
|---|---|---|---|
| 1 | 轨距 | ±1 | 变化率不大于1% |
| 2 | 轨枕间距 | ±5 | |

(3)轨顶高程满足设计值,允许偏差为0~-5mm。逐点调整轨道至设计中线位置,允许偏差为±5mm,并用全站仪精确测量复核。

(4)钢筋接地焊接及绝缘性检测:

①接地单元每100m一个。

②钢筋安装及接地焊接质量检查项目:钢筋安装符合设计要求,焊接符合规定,接地连接位置符合规定,混凝土保护层两侧和顶部最小厚度符合设计要求,允许偏差±5mm。

③非接地钢筋中,任意两根钢筋的电阻值不小于2MΩ。

(5)道床模板安装允许偏差符合表2规定。

**道床模板安装允许偏差** 表2

| 序号 | 项 目 | 允许偏差(mm) | 备 注 |
|---|---|---|---|
| 1 | 顶面高程 | ±5 | 均为模板内侧面的允许偏差 |
| 2 | 宽度 | ±5 | |
| 3 | 中线位置 | 2 | |

(6)精调后轨道几何状态允许偏差符合表3规定。

**精调后轨道几何状态允许偏差** 表3

| 序 号 | 检 查 项 目 | | 允 许 偏 差 |
|---|---|---|---|
| 1 | 轨距 | | ±1mm,变化率不得大于1‰ |
| 2 | 水平 | | 1mm |
| 3 | 轨向 | | 2mm/10m弦 |
| 4 | 高低 | | 2mm/10m弦 |
| 5 | 轨面高程 | 一般情况 | ±2mm |
| | | 仅靠站台 | +2mm,0 |

续上表

| 序　号 | 检 查 项 目 | 允 许 偏 差(mm) |
|---|---|---|
| 6 | 轨道中线 | 2 |
| 7 | 线间距 | +5,0 |

(7)混凝土道床板外形尺寸允许偏差符合表4规定。

**混凝土道床板外形尺寸允许偏差**　　表4

| 序　号 | 检 查 项 目 | 允许偏差(mm) |
|---|---|---|
| 1 | 顶面宽度 | ±10 |
| 2 | 道床板顶面与承轨台面相对高差 | ±5 |
| 3 | 伸缩缝宽度 | ±5 |
| 4 | 中线位置 | 2 |
| 5 | 平整度 | 3/1m |

## 五、质量控制要点

(1)分枕时轨枕线型平顺,与轨道中线基本垂直。

(2)粗调时一遍往往到不了位,只能大致到位,要根据实际情况调整2~3遍。起道机在调整高程和中线到位后拆除时,轨道均有不同程度的变化和回弹,要根据经验预留回弹量。非5m测量地段的高程和中线不能严格调整到位,需要根据经验顺接调整。

(3)防止接地端子污染。

(4)模板安装不能扰动已粗调完的轨排。模板安装要顺直,避免出现错台、错牙现象,并按照设计尺寸严格控制。

(5)轨排精调是关键工序,对轨道的几何尺寸最终位置能否达到设计及验标的要求起着决定性作用。一般情况下,最终线形调整在混凝土浇筑之前大约1.5~2h开始进行。调整长度比当班计划浇筑段长度保持不少于50m的距离。精调后超过6h没有浇筑混凝土或受到外部条件影响,则需重新进行测量复核。

(6)按要求进行混凝土坍落度、含气量等指标的检查。严格控制混凝土入模温度,须控制在5~30℃范围。

(7)浇筑混凝土前,如果轨道放置时间过长(超过12h),或环境温度变化超过15℃(钢轨长度12.5m时),或受到外部条件影响,必须重新检查或调整。

(8)浇筑混凝土过程中及时抹面,清洁轨枕、扣件、钢轨。

(9)为防止道床板产生裂纹,首先要保证混凝土的质量,生产中严格控制配比中粗、细骨料及水的计量,控制好水灰比,混凝土的搅拌时间必须达到要求,施工中不得发生离析现象,防止现场混凝土坍落度与配合比不匹配。一定要确保混凝土浇筑后的及时覆盖养护和二次抹面,使混凝土表面呈湿润状态。

(10)通过实验,掌握合适的松螺旋杆调节器和扣件时机。

## 六、安全注意事项

(1)施工机械设备使用前进行强制性的安全检查,加强保养,使其保持良好的工作状态及具备完好的安全装置。随同安全生产大检查,进行机械设备的安全状况检查,保证机械设备不带病作业。

(2)所有机械设备的操作人员经过严格的训练,持证上岗,并严格遵守操作规程,严禁违章作业。机械设备按照规定周期进行检修和例行保养。

(3)在施工现场和外界通行道路边界设置醒目的交通行车标志、安全警示标志。运输车辆横过行车繁忙公路时,设防护员并佩戴标志,进行车辆指挥和疏导。运输便道及时维修,保证运输安全。

(4)施工现场做到布局合理,场地平整,机械设备安置稳固,材料堆放整齐。施工现场设置醒目的照明、安全标语和安全警示标志,提醒所有施工人员注意安全。

(5)严格按照施工现场安全用电规程的要求,进行施工现场电力设施的布置和使用。非专业人员不使用和操纵专业电力机械和供电设施。用电施工机械设施安装触电保护器。临时用电采用三项五线制,一机一闸一漏,保证作业人员的用电安全。

(6)施工用模板、支架等承重结构,经设计计算,具备足够强度、刚度和稳定性,满足安全要求,严格执行施工设计的安全设计制。

(7)由安全检查人员督促施工人员在施工时使用劳保用品。所有作业人员不得饮酒上岗。

**七、环水保注意事项**

(1)在现场施工过程中,施工人员的生产管理符合施工技术规范和施工程序要求,不违章指挥,不蛮干。对不服从统一指挥和管理的行为,按处罚条例严格执行。

(2)开展文明教育,加强班组建设,提高班组整体素质。

(3)工程实施过程中全面开展创建文明工地活动,工区、作业队设文明施工负责人,定期与不定期检查文明施工措施落实情况,切实搞好文明施工。

(4)作业现场做到"工完料尽场地清",剩余混凝土定点丢弃。

(5)组建专业文明施工班组,负责场内场貌整洁、有序、文明。作业台架周围材料、机具堆放整齐。

(6)建筑材料按区域分类堆放整齐,生产区与生活办公区分隔,场容场貌整洁、有序、文明。

(7)施工现场设置以明沟、集水池为主的临时排水系统,施工污水经明沟引流、集水池沉淀过滤后,间接排入下水道。

<table>
<tr><td>交底人</td><td colspan="4"></td><td>年　月　日</td></tr>
<tr><td>复核人</td><td colspan="4"></td><td>年　月　日</td></tr>
<tr><td rowspan="3">接受人</td><td>工种</td><td>签名</td><td>工种</td><td>签名</td><td rowspan="3">年　月　日</td></tr>
<tr><td></td><td></td><td></td><td></td></tr>
<tr><td></td><td></td><td></td><td></td></tr>
</table>